天津市哲学社会科学规划研究项目成果
《基于天津党史人物活动轨迹追踪的革命遗址解析与保护利用研究》
（项目编码：TJDJ20XSX-006）

天津百座建筑中的百年党史

兰　巍　史煜涵　杨　静／著

天津出版传媒集团
天津科学技术出版社

图书在版编目（CIP）数据

天津百座建筑中的百年党史 / 兰巍，史煜涵，杨静
著 . -- 天津：天津科学技术出版社，2022.4（2022.6 重印）
ISBN 978-7-5576-9881-2

Ⅰ . ①天… Ⅱ . ①兰… ②史… ③杨… Ⅲ . ①中国共
产党 – 党史 – 史料 – 天津②革命纪念地 – 介绍 – 天津
Ⅳ . ① D235.21 ② K878.23

中国版本图书馆 CIP 数据核字 (2022) 第 033872 号

天津百座建筑中的百年党史
TIANJIN BAI ZUO JIANZHU ZHONG DE BAINIAN DANGSHI

选题策划：方　艳　刘　颖
责任编辑：李晓琳　刘　颖　张建锋
特约编辑：布亚楠　胡艳杰　张　冲
出　　版：天津出版传媒集团
　　　　　天津科学技术出版社
地　　址：天津市西康路 35 号
邮　　编：300051
电　　话：（022）23332695
网　　址：www.tjkjcbs.com.cn
发　　行：新华书店经销
印　　刷：天津新华印务有限公司

开本 710×1000　1/16　印张 26.25　字数 400 000
2022 年 6 月第 1 版第 2 次印刷
定价：168.00 元

序1 让初心薪火相传 把使命永担在肩

遵照习近平总书记"多学党史、新中国史，自觉接受红色传统教育"[①]的指示精神，3位来自不同学科领域的青年新锐，为纪念建党百年，几经努力，另辟蹊径，大胆创新，用自己丰盈饱满的知识谱系，共同完成了这部自成一体的新著——《天津百座建筑中的百年党史》。

天津是中国历史文化名城，也是民主革命时期"中国北部政治运动的中心"（李大钊语）。当年，各种新思潮一度在天津汇集交融，涌现出了一批思想新颖、气质光华的年轻人，遂使天津成为全国最早响应"五四"运动的城市，不但社会参与广泛，延续时间最长，而且，出于对马克思主义的深入感触与领悟，培育和锻炼出了多位中国早期无产阶级革命领导人。

那时候的天津，有各国租界之设，而租界又享有"治外法权"，反动政府无法直触革命势力，遂使租界一度成为革命与反革命较量的隐蔽和缓冲地带，促使中共天津地方党组织乃至中共中央北方局等党的领导机关，以及不同时期地下革命据点，都得以在天津出现。

历史往往是真挚的。经过第一、第二两次国内革命战争的洗礼，血的教训让中国共产党人深深懂得，中外国情不同，中国革命的道路只能是"农村包围城市"。又经过抗日战争和第三次国内革命战争两次大的历史拼搏，"农村包围城市"这一守经达权的革命战略和明白睿智的革命哲理，终为中国共产党领导下的中华人民共和国成立，铺就了成功之路。

习近平总书记说过，"一切向前走，都不能忘记走过的路"[②]。

100年来，中国共产党付出的一切努力，进行的一切斗争，做出的一切牺牲，都是为了人民的幸福和民族的复兴，这就是我们党的初心与使命。

穿过浓重岁月，回望百年风华，我们不难发现，天津作为中国北方革命中心，其红色基因深厚，革命文物丰富，在筚路蓝缕、奠基立业的历史征程中，

---

① 2019年9月16日至18日，习近平总书记在河南考察时的讲话。

② 2016年7月1日，习近平总书记在庆祝中国共产党成立95周年大会上的讲话。

在一幢幢带着时间印迹的历史建筑里，积淀下大量让生命感动的红色资源，留住了诸多舍生忘死的革命先辈足迹。近年来，深藏着红色资源的时光翎羽，隐埋着红色故事的历史碎片，在数以百计的历史建筑中得到了几近完整的开发。无数史实足以证明，党的百年历史，就是一部初心砥砺史。

更为重要的是，一个国家，一个民族，如果丧失了历史的记忆力，将无从探寻社会的良性发展道路，也无力阻遏精神荒漠的萌生与肆虐。所以习近平总书记特别强调："要在全社会广泛开展党史、新中国史、改革开放史、社会主义发展史宣传教育，普及党史知识，推动党史学习教育深入群众、深入基层、深入人心。"①因此，只有用好红色资源、讲好红色故事、搞好红色教育，厚植爱党、爱国、爱社会主义的情感，让红色传统发扬光大，始终保持奋发有为的进取精神，才能矢志不渝地走好新时代长征之路，才能让红色江山世代相传。

《天津百座建筑中的百年党史》的出版，使承载着一个时代的百幢红色建筑的固有特色，以及发生在其中的千回百折的红色故事，得以内外连绵贯通，并与时代一脉相连。通读全书，可以多方位、多视角地加深对天津百年党史的理解，扩大对红色遗址及其内涵的认知。回放当年的历史，用革命初心去点燃、去绽放这些红色资源的深厚底蕴，会使天津这座历史文化名城具有更加完整的精神与生命。

成功，没有现成的模式可以套用。衷心期望，在学术领域里的这一"青春组合"，站在"两个一百年"奋斗目标的历史交汇点上，结合新的时代条件，弘扬创新发展精神，善作善成，把党的百年历史发扬光大，用以赓续理想信念的星星之火。从党的精神血脉中，传承和汲取磅礴伟力，把个人的价值实现与新时代的需要紧密结合起来，应对新考验，迎接新挑战，赢得新时代，高调谱写中华民族伟大复兴的新篇章。

罗澍伟

2022 年 3 月 3 日

---

① 2021 年 2 月 20 日，习近平总书记在党史学习教育动员大会上的讲话。

序 2　传承革命历史初心使命　结合专业素养创新阐释

兰巍、史煜涵和杨静 3 位同志的新作《天津百座建筑中的百年党史》付梓，邀为作序。此书也是天津城建大学所承担的天津市哲学社会规划项目《基于天津党史人物活动轨迹追踪的革命遗址解析与保护利用研究》的结题成果，作为学校党委负责人，很高兴看到这部著作面世。

习近平总书记指出："历史是最好的教科书。对我们共产党人来说，中国革命历史是最好的营养剂。"[①] 党员、干部要多学党史、新中国史，自觉接受红色传统教育，把红色基因传承好，确保红色江山永不变色。天津作为中国北方革命中心，是李大钊、周恩来、邓颖超等革命先辈的初心之地，拥有大量的红色建筑和遗址遗迹，这些红色文化遗产承载着党领导天津人民进行英勇奋斗的光荣历史，是见证革命历史的一座座丰碑。充分发挥天津地方党史和红色资源的作用，发掘建筑所蕴含的红色历史，进而深入阐释党的革命斗争规律，讲好红色故事，将促进更深刻认识"中国共产党为什么能？马克思主义为什么行？中国特色社会主义为什么好？"

深度阐释和解读革命历史经验和规律，需要将党史、军史、近代史、建筑史和城市史等学科交叉融合，《天津百座建筑中的百年党史》在此方面做出可贵探索。此书汇聚了党史、建筑和城市历史演变、测绘图和历史地图等丰富内容，力图勾勒、还原当时历史环境原貌，带入式地生动讲述革命历史，有很强的感染力和说服力。

严谨历史考证需要作者有较高的专业素养和对这项工作的热爱。首先，要能够对收集来的不同专业的资料进行综合研究、判别，做到翔实准确。其次，善于发挥不同学科的互补优势，从不同角度找到革命历史线索并落实到具体建筑。如党史记载中的某个模糊旧址，其考证往往涉及相关的城市史、建筑史、房地产、历史图像等资料，甚至要查阅当时的电话号码簿、报纸和相关文献档案。再次，由于近代天津城市空间变迁，一些重要的红色旧址多已灭失，作者

[①] 2013 年 7 月 11 日、12 日习近平总书记在河北调研指导党的群众路线教育实践活动时的讲话。

充分发挥其在建筑历史专业的优势，对其空间格局和周边历史环境进行了复原，这也是以历史空间阐释革命历史的基础。

此书既兼顾重要人物、重要会议、重要事件的主线，也将天津红色建筑所蕴含的丰富的红色故事用于充实这条主线，并提出一些新的研究视角。如对经济隐蔽战线及其旧址的研究，无疑深化了对革命历史复杂性的认识。又如对红色建筑背后革命历史的内在关联的揭示，书中从历史和空间等角度进行整合。细心的读者不难发现其中所蕴含的党的机构、重要事件、重要会议和党史人物活动轨迹等多主题的建筑组群，结合地缘、城市发展进程、选址、组织运作和组织关系等知识，可以说是一个党史学习教育的崭新方式和有益拓展。

我了解到作者在研究过程中不仅是穷搜、苦读相关文献，而且注重把教学科研和社会服务项目紧密结合，带领师生进行详细的实地考察。例如书中的蓟州区刘亚楼驻地就是实地探访得来的众多新发现的红色建筑之一。还有对一些重要红色建筑革命历史真实性的甄别，则基于先进检测技术的运用和第一手实测数据。在近两年的时间里，他们的考察足迹遍布天津全境。有过这番经历，对天津党史和红色文化遗产就有了比较科学、准确的解读。

《天津百座建筑中的百年党史》的出版，体现了天津城建大学师生深入贯彻落实习近平总书记关于"用好红色资源，传承好红色基因，把红色江山世世代代传下去"的重要指示批示精神的主动作为和使命担当。此书也是坚守立德树人初心，推进革命历史教育与专业素养教育相结合，加强课程思政建设的创新举措；是弘扬爱国主义精神，厚植爱党、爱国、爱社会主义情感的重要实践。对于充分发挥好红色资源、发扬好红色传统，加强革命传统教育，具有重要意义。这个成果为党史教育提供了新的史料支持。

基于上述理由，我向读者推荐这部著作，希望它能够成为读者了解天津党史和天津红色文化遗产的重要读本。

史庆伟

2022 年 3 月 3 日

前言
PREFACE

　　天津是一座在近代化历程中发展起来的、具有世界影响力的大都市。它曾经吸纳了世界文化的精粹，也创造了推动时代向前发展的潮流，在近代中国历史上留下浓墨重彩的一笔。除了洋气，近代天津同样是一座革命之城、一座红色之城，有着优良的革命传统和红色基因，因为这里是党领导北方革命活动的重要基地，城市历史中的这抹红色烙印，不应被它外表的洋气所遮掩。

　　解读一座城市的红色内涵，不仅需要时间坐标，还需要空间上的坐标。在天津数量众多、风貌各异的建筑遗存中，很多建筑都从时间和空间上见证了近代中国共产党在城市地区和近郊地区的革命活动轨迹，集中体现了党的城市革命斗争的各种考量因素，充分彰显了党的地下工作者对城市地理、社会空间的自觉利用，是城市肌理与红色基因的完美结合，生动绘制了近代天津红色文化图谱。

　　本书是天津城建大学兰巍作为项目负责人主持的天津市哲学社会科学规划研究项目成果（项目编号：TJDJ20XSX-006）。本书在普查天津400余处红色旧址和遗址遗迹的基础上，从获得的一手实测数据和资料中，精选了反映新民主主义革命时期历史的100处天津红色建筑，从建筑历史与风貌特征入手，以建筑为切入点讲述革命历史，挖掘建筑红色内涵，从中共党史、建筑史、城市史、近代史等多专业视角深入细致解读天津地方党史。

　　本书在案例选取和排列上，首先涵盖了新民主主义革命时期党在天津的重要领导机构，并列在每段历史时期的最前面；其二，涵盖红色内涵丰富的各级文物保护单位或现存的近代建筑，包括党史人物活动地和重要事件发生地；其三，大体上以党的领导机关、党的情报和联络机关、学生运动、工人运动、旧居（故居）、纪念馆为序依次排列，力求通过有代表性的案例，全面梳理党史人物在天津的革命活动、组织关系及旧址（遗址、遗迹）之间的关系。

循脉潜行，宗史时用，向史而新。习近平总书记提出"学史明理，学史增信，学史崇德，学史力行"[①]。聚焦传承城市建筑的"有形的记忆"和"无形的记忆"，挖掘城市空间、城市建筑的红色内涵，保护好、管理好、运用好这些红色建筑和遗址遗迹，用活红色资源，讲好党史故事，将天津地方党史与近代天津城市史相结合，以身处的城市、身边的建筑为切入点，串连城市红色记忆，生动细致地阐释和解读天津党史，才能把红色基因传承好，把红色精神发扬好，使广大群众加深对城市历史文化的理解与认可，形成融入天津、建设天津、发展天津的强大动力。

最后，希望本书能够让读者进一步了解天津这座城市的红色历史，使国家记忆、社会记忆转换成个人的切身体悟，也希望通过这项工作，为天津留存更多的城市精神和人文底蕴，并进一步推进天津优秀建筑文化遗产与历史文脉保护事业的发展。

---

① 2021 年 2 月 20 日，习近平总书记在党史学习教育动员大会上的讲话。

目 录
CONTENT

第四部分　抗日担当　艰苦卓绝　彰显横流砥柱（1937.7—1945.8）

第五部分　无畏独裁　摧枯拉朽　筑就人民江山（1945.8—1949.10）

第一部分

五四星火　遍布津门　点燃红色引擎（1919.5—1924.9）

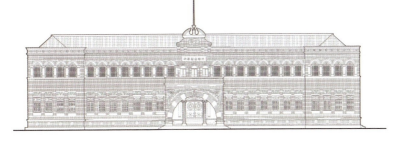

建筑·党史

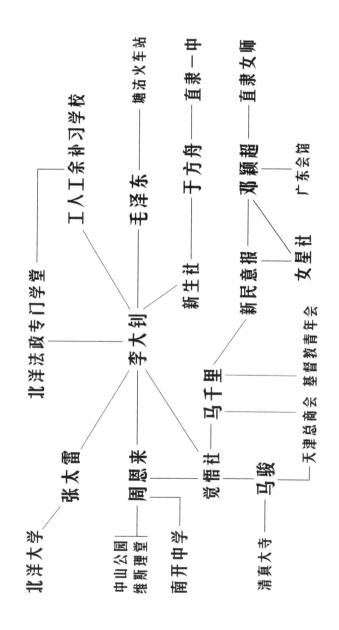

北洋大学 —— 张太雷

北洋法政专门学堂 ——┐

工人工余补习学校

毛泽东 —— 塘沽火车站

新生社

于方舟 —— 直隶一中

李大钊

邓颖超 —— 直隶女师

新民意报

女星社 —— 广东会馆

中山公园
维斯理堂 ┐ 周恩来 ┐

南开中学 ┘

觉悟社 —— 马千里

清真大寺 —— 马骏 ┐

天津总商会 基督教青年会

1919.5—1924.9

北洋法政专门学堂遗址

位于河北区新开河西岸志成道 33 号

◎北洋法政专门学堂历史照片

» 建筑历史与风貌

北洋法政专门学堂创办于 1907 年，是中国最早建立的一批法政专门学校之一。学校以养成法政思想、培养法政人才为目标，培养了大批法律、政治、经济、商学等方面的人才。自创立以来，学校曾六易校名：北洋法政专门学堂、北洋法政学堂、北洋法政专门学校、直隶法政专门学校、河北省立法政专门学校、河北省立法商学院。

办学初期，学校仿日本司法省法律学校之治，学制 6 年，前 3 年为预备科，后 3 年为正科。课程设置上，以政治、法律为主课，另设英语、日语、历史、写作等课程。1929 年 4 月，改组成立河北省立法商学院，大学部设法律、政治、经济、商学四系，学制四年。1947 年在原址复校，招收法、商两系一年制学生。1952 年院系调整中，法、商两系分别并入北京政法学院和天津南开大学。

北洋法政专门学堂自建校以来一直是一所具有光荣革命传统的学校，该校师生积极参与辛亥革命、"五四"运动、"五卅"运动、"一二·九"运动等近代反帝爱国运动。中国共产党的创始人之一李大钊即是该校首批学生。[①]

北洋法政专门学堂建校之初占地 281.51 亩。东起志成路，西至转盘街，南至今南口东路，北为水坑荒地。校园紧临新开河北岸，与河北新车站（今天津北站）隔河相望，其校门前曾有旱桥"法政桥"，过桥向南经大经路，不远即是劝业会场（早期革命活动地——今中山公园前身）。当时，新开河南北两岸汇聚众多新式学堂，除北洋法政专门学堂外，还有北洋女子师范学堂（直隶女子师范学校前身）、北洋工艺学堂（直隶公立工业专门学校前身）等，形成北洋新政时期新式教育学校组群。

◎ 北洋法政专门学堂历史照片

从河北省立法商学院时期的学校

---

① 中共天津市委党史研究室.天津市革命遗址通览.北京：中共党史出版社，2012：99.

◎ 北洋法政专门学堂礼堂局部外观

全图来看，学校布局分为东、西两
路。东路以主楼和教学楼围合成较
大的庭院，以礼堂为中心对称布置。
西路的若干组校舍以连廊连接，形
成几个大小不同的内院。

◎ 北洋法政专门学堂正立面三维扫描图

　　北洋法政学堂原礼堂在 1920
年前后改为图书馆，为二层四坡顶建筑，青砖外檐。原主楼为二层坡屋顶建筑，
立面采用古典段落划分，入口为拱券门廊，正立面檐口中心设巴洛克式山花，
表现出中西合璧的建筑特色。解放后，礼堂经过改建、扩建，其残留的部分历
史结构并入后建新礼堂之中。

　　为缅怀李大钊的光辉事迹，继承和发扬革命传统，1989 年 2 月 23 日，中
共天津市委、市政府批准将天津市政法管理干部学院作为北洋法政专门学堂的
延续，并在该校建立李大钊纪念室。

» 红色往事

北洋法政，百年赤子李大钊之母校

　　1907 年 9 月至 1913 年 6 月，李大钊在北洋法政专门学堂学习生活长达 6
年时间，接受了系统的西方政法教育。[1] 在津求学期间，正值中国社会大变革

---

[1] 中共天津市委党史研究室. 天津市革命遗址通览. 北京：中共党史出版社，
2012：99.

◎ 李大钊（1889 — 1927），河北乐亭人，中国最早的马克思主义传播者，中国共产党的创始人之一，"五四"运动时期和党创建时期，曾在天津传播马克思主义、指导天津中国共产党组织和社会主义青年团组织的建设[1]

时代，通过阅读各种政治著作，青年李大钊"政治知识之日进，而再建中国之志趣亦日益腾高"[2]，于是，在勤奋学习之余，他积极投身到风云变幻的革命洪流中，先后参加清末天津学界请开国会、实行宪政等政治运动。1912年，他参加该校学生组织的北洋法政学会，任编辑部部长，先后组织编译了《支那分割之命运》《蒙古与蒙古人》两书。1913年，他创办《言治》月刊，先后发表论著、杂文、诗歌等30余篇。通过这些文章，可以看出，这一时期的李大钊写作勤奋，精力充沛，而且社会责任感很强，有着强烈的反帝爱国思想。6年的求学生活，为李大钊在学识上、思想上都打下了坚实的根基，毕业之时，他已成长为一名革命的民族主义者。

李大钊对母校有着深厚的感情，毕业后依然与师友保持着密切联系，可以说北洋法政专门学堂不仅是他成长的摇篮，也是他开展革命活动的重要阵地之一。自1916年6月从日本回国至1927年4月在北京英勇就义期间，李大钊曾多次来津回母校走访。其中，1923年12月，来校参加母校成立18周年校庆及一系列重要活动，停留一周左右时间。在纪念大会演讲中，李大钊对母校做了很高的评价："那时中国北方政治运动首推天津，天津以北洋法政为中心，所以我校在政治运动史上是很重要的。"当时正值第一次国共合作前夕，为筹备来年年初即将召开的国民党第一次全国代表大会，尽快建立中共天津地方组织，李大钊还在学校秘密组织召开了推选直隶省国民党一大代表的会议，并亲自指导天津地方党组织的筹建工作[3]。

---

① 中国共产党天津志编修委员会，天津地方志编修委员会.天津通志.中国共产党天津志.北京：中共党史出版社，2007：1.

② 中国李大钊研究会.李大钊全集：第5卷.北京：人民出版社，2006：226.

③ 中国共产党天津志编修委员会，天津地方志编修委员会.天津通志.中国共产党天津志.北京：中共党史出版社，2007：28.

在近代中国动荡的社会环境下，北洋法政专门学堂虽六易校名，但该校师生继承大钊先生遗志，在历次学生运动中挺身而出。20世纪30年代中期，天津特科负责人南汉宸通

◎ 直隶省立法商学院时期的校门

过法商学院秘书兼政治系教授杨秀峰（地下党员）和法律系讲师阮慕韩（地下党员）与时任院长杨亦周建立工作关系。在杨亦周的掩护下，地下党员温健公、何松亭、闻永之等相继进入该校任教，并以教授、讲师身份在校内外文化界和教育界上层知识分子中开展统战工作。通过组织各种学会向青年学生传播马克思主义，宣传党的方针政策，发动学生参加抗日救亡运动。1935年"一二·九"运动爆发后，天津法商学院进步师生迅速行动起来，成为天津大中学校的一面旗帜。12月18日，以天津法商学院为核心，北洋、南开等十几所大中学校数千名学生举行了抗日游行大示威。

全面抗战前夕，该院师生由于抗日救亡活动十分活跃被汉奸和华北国民党反动势力视为仇敌，这些人先是逼走院长杨亦周，后又逮捕爱国学生，镇压罢课运动。1937年2月，学院被武力封闭，强行解散。

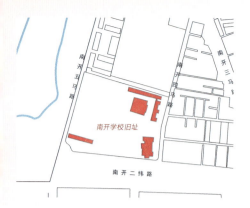

南开学校旧址

位于南开区南开四马路 22 号

◎ 南开学校东楼外观

» 建筑历史与风貌

南开学校始创于 1904 年 10 月，由天津近代著名爱国教育家严修和张伯苓创办，初名敬业中学，是天津最早的私立中学，也是南开系列学校（即现有一所大学、三所中学）之始。1906 年，兴建新校舍，因地处"南开洼地"，故更名南开学校。1911 年，北洋客籍学堂、长芦官立中学堂并入。1914 年，直隶省工业专业学校和北洋法政专门学堂附设的中学堂并入。至 1923 年，南开学校中学部（简称南开中学）在校学生人数达 1 600 余人，成为华北最大的中学学府。

全面抗战爆发后，学校被迫停课。1938 年，其部分师生内迁重庆，与同为南开系列学校的重庆南渝中学组建重庆南开中学，留津师生由天津英租界耀华学校收编为耀华学校"特班"。抗战胜利后，1946 年在原址复校。

南开中学是近代天津学生运动的中坚力量。周恩来总理曾于 1913 年 8 月至 1917 年 6 月就读于南开中学①。中国共产党成立后，校内党团组织活动一直比较活跃，领导进步师生同帝国主义和封建势力进行了不屈不挠的斗争。

南开学校旧址现存文物建筑有东楼、北楼、南楼、礼堂、西斋宿舍等。现为全国重点文物保护单位，特殊保护等级历史风貌建筑，第一批天津市革命文物。

南开学校东楼（今伯苓楼）建于 1906 年。建筑坐西朝东，二层砖木结构，带地下室，青砖外檐，坡屋顶，建筑面积 952 ㎡。建筑立面采用古典段落划分构图，对称布局。砖砌拱券门厅以爱奥尼克柱式支撑，拱顶石、拱肩的"南""开"两字及丰富纹饰，形成标志性的门楣中心。首层设长方形窗，二层设有连续罗马式拱券窗，以红砖壁柱支撑。二层中间三个拱券稍小，以爱奥尼克柱式支撑。屋顶中央是巴洛克式三角形断山花，两侧带有涡卷，在强调立面对称构图的同时，也丰富了建筑天际线。山花上的龙纹、女儿墙腰部的"卍"字纹饰，以及门廊拱肩的传统纹样，都呈现出中西合璧的装饰特征。建筑在传统对称、段落划分的同时，博采各种建筑形象并自由组合，呈现出典型的折中主义风格。求学南开

---

① 中央文献研究室 . 周恩来年谱（1898—1949）. 修订本 . 北京：中央文献出版社，1998：12-24.

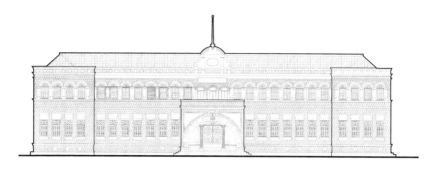

◎ 南开学校东楼正立面测绘图

时期周恩来曾在东楼东四讲室读书。

南开学校北楼建于 1913 年，为二层砖木结构楼房，青砖外檐。首层设罗马式连拱外廊，二层设连续拱券窗，并带有简单细节设计，使立面产生对比效果。

南开学校南楼（范孙楼）建于 1929 年，是为纪念近代著名教育家、南开学校创办人严修先生的兴学之功而建。建筑由中国工程司建筑师阎子亨设计，占地 1 568 ㎡，建筑面积 4 649 ㎡。南楼为 3 层砖混结构（局部 4 层，带地下室）建筑。建筑坐西朝东，平面呈"主"字形。首层中部为大厅，沿内廊四周设教学和办公用房。主入口处设塔司干式柱廊，墙体角部饰以壁柱。立面采用横向 3 段、竖向 3 段划分，二、三层之间设带有齿饰的线脚装饰。正面主入口设四根爱奥尼克柱式支撑的门廊，两翼设方形附壁柱。建筑外檐的红砖清水墙与白色古典柱式、附壁柱、线脚装饰、山花等元素有机融合，兼有纪念性建筑的庄重、雄伟和中国传统砖砌工艺的丰富、细腻。

瑞庭礼堂建于 1934 年，砖木结构，外檐为清水墙面，入口设置中国传统纹样

◎ 南开学校南楼历史照片

雨棚，造型突出竖向体块的并置，具有装饰艺术风格特征。

» 红色往事

总理母校，南中星火接续相传

周恩来就读于南开期间，勤奋刻苦，品学兼优，才华出众，被当时校长张伯苓称为"南开最好的学生"。南开学校课业重、要求严，对国文、英语和数学三门学科尤其重视。学生时代的周恩来即喜欢文史，对政治非常感兴趣，因此国文成绩最佳，其作文有理有据、说古通今、议论明通，多次被列入"传观"之列，还曾被校董严修逐段给予赞扬。保存至今的周恩来在南开时期的作文本和刊登在《敬业》《校风》等刊物上的文章是这一时期其写作水平的集中体现和印证。

周恩来的数学成绩也很好，心算比一般同学的笔算还快，《校风》上曾记载到：他是笔算速赛 48 名最优者之一，代数得满分。刚入学时他的英文基础比较差，为了攻克这一难关，他学习刻苦，每天早晨起床后将梳洗和吃早饭以外的时间，以及中午和下午的课余时间都用来学习。一进入二年级，他的英文就相当好了[1]。

总之，周恩来在学业上是当之无愧的优等生，四年中各科总平均成绩为89.72 分，这在当时是相当难得的，特别是在其参与众多课外活动的情况下仍能取得这样的好成绩，更是难能可贵。从毕业同学录中的一段话可见其大略，"其余课程，前二载俱臻上乘，肆以理事日繁，乃稍逊前，然觉未以他事妨学业，致失正鹄。故毕业成绩仍属最优"。

南开学校鼓励学生开展丰富多彩的课外活动，以培养学生做事能力与服务精神。在这种校园文化的熏陶下，学生时代的周恩来充分展现了其出色的组织协调能力。南开四年，他将学习同祖国的命运联系起来，积极参加爱国学生运动，曾参与组建过敬业乐群会等全校性及班级性组织近 10 个，并在其中担任重要职务。周恩来还经常组织同学参观工厂、农村，读报纸杂志，召开时事

---

[1] 金冲及. 周恩来传（1898—1949）. 北京：人民出版社，1989：12.

座谈会、辩论会，评论时事，讨论救国救民的真理，通过作文和演说揭露当时中国政治的黑暗腐败。

1917年毕业后，周恩来为了探求救国真理，赴日本留学，开始接触马克思主义，其思想发生重要转折。1919年4月回国，周恩来准备进入南开学校大学部读书。不久，"五四"运动爆发，周恩来即在天津投入到反帝反封建的爱国运动洪流之中①。

自中国共产党成立之初至天津解放，党组织和地下党员在南开中学始终坚持领导学生运动，地下党员、共青团员和进步学生团结学校广大师生，为民族解放事业进行了不懈的斗争。"五卅"运动期间，天津各界群众曾3次在南开操场举行集会并示威游行。南开中学学生先后组织三四十个演讲队，走街串巷，深入僻壤穷乡，宣传反帝爱国思想。在《大公报》上发表《告父母书》，声讨英、日残杀中国工人和学生的罪行，号召不买英日商品、不用英日钞票、不为英日人做事、商人罢市等。

抗日救亡运动中，南开中学学生成为天津市学生抗日救亡运动的重要力量。1935年，南开中学共800余人参加天津学生"一二·一八"抗日爱国示威游行，并在南开操场组织召开全市学生大会。在1936年"五二八"大游行中，全市学生大会再次在南开中学操场召开，大会决定罢课3天，南开中学学生代表吴祖贻发表了题为《抨击国民党政府亲日媚外政策和华北时局的演

◎ 周恩来曾经读书的教室

① 金冲及 . 周恩来传（1898—1949）. 北京：人民出版社，1989：12.

变》的精彩演说。

解放战争时期，在地下党员和进步同学的组织下，南开中学先后成立南钟社、南星社等50多个社团，利用公开、隐蔽相结合的手段，组织阅读、出版进步书刊，团结教育一

◎ 周恩来（二排右三）在南开学校毕业时的合影

大批同学走上革命道路。当时，南钟社组织的无线电研究会成员自己动手组装了一台短波收音机，夜晚冒着危险，把新华社广播新闻记录下来，第二天油印成传单，在学生中传阅。天津解放前夕，南开中学留校学生组成"应变（护校）委员会"，转运贵重仪器和物品，保护学校财产，出版《南中通讯》油印小报，报道护校斗争情况，胜利完成护校任务。

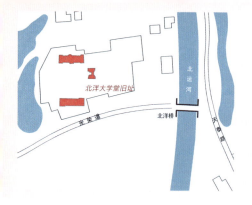

北洋大学堂旧址

位于红桥区光荣道 2 号（今河北工业大学内）

◎ 北洋大学堂南楼外观

» 建筑历史与风貌

北洋大学堂创建于 1895 年 10 月，是中国第一所新型大学，今天津大学前身。初名北洋西学堂，聘请美国人丁家立为总教习（即教务长）。学校以美国哈佛、耶鲁等大学学制为蓝本，学堂内设头等学堂及二等学堂，学制均为 4 年。头等学堂设法律、采矿、土木工程、机械四科，二等学堂相当于大学预科，设英文、数学、各国史鉴等课程。1902 年更名为北洋大学堂。

民国之始，学校先后多次变更校名：北洋大学校、北洋大学、国立北洋大学、国立北平大学第二工学院、国立北洋工学院。全面抗战时期，西迁入陕，与北平大学、北平师范大学等合并为西安临时大学，而后改西北联合大学、西北工学院。1946 年 1 月，恢复北洋大学校名。

北洋大学历史悠久，驰名中外，北洋学生读书刻苦、成绩优异，而且有着强烈的爱国热情，在国家和民族生死存亡的关键时刻，能够挺身而出，是天津学生爱国民主运动的中坚和骨干，为党组织在北洋大学开展革命斗争打下了良好基础。中国共产党早期重要领导人之一、天津第一位共产党员、广州起义总指挥张太雷即北洋大学毕业生。

北洋大学堂旧址现存 3 座早期建筑，即原北洋大学堂北楼、团城、南楼。现为全国重点文物保护单位，重点保护等级历史风貌建筑。

北楼建于 1936 年。建筑坐北朝南，主体为 3 层砖混结构，外檐为红砖清水墙面，局部为混水墙面。建筑采用对称布局，中间局部高起。设计立面强调竖向构图，用红砖砌筑形成贯穿二层的竖向划分，间以简洁竖向纹饰，入

◎ 北洋大学堂北楼正立面测绘图

◎ 北洋大学堂南楼正立面测绘图

◎北洋大学堂南楼主入口门廊

口门廊重复竖向构图，具有装饰艺术风格特征。

南楼建于1933年，坐南朝北，三层砖混结构楼房，平屋顶。建筑立面设计简洁，采用纵向三段式结构，每段中间又各有变化。总体呈对称式布局，强调竖向线条的设计，具有装饰艺术风格特征。主入口设门廊，屋顶设山花，外檐为红砖清水墙面、平屋顶。建筑布局对称，形体简洁大方。

团城建于20世纪初，曾为北洋大学办公地，是一组砖木结构坡屋顶平房，建筑外檐为青砖墙面，女儿墙采用中国传统雉堞造型。建筑形体方圆结合，简洁古朴。

◎团城外观

从北洋之光到"小解放区"

张太雷是中国共产党早期的重要领导人之一,杰出的无产阶级革命家,著名的政治活动家、宣传家,是中国共产主义青年团的创始人之一和青年运动的卓越领导人,是广州起义的主要领导人。1916年春至1920年夏,张太雷在北洋大学法科读书,在校期间积极参加革命活动,被誉为"北洋之光"。1919年2月,张太雷不顾学校当局的严格控制,以北洋大学法科学生为骨干发起组织了进步团体——社会改造社,其宗旨是建立一个民主自由、有科学文化的新社会。

"五四"运动爆发后,张太雷积极投身其中,成为天津地区爱国运动的骨干之一。1919年5月5日,天津《益世报》《大公报》报道北京学生抗议集会和火烧赵家楼的爱国行动。同日,北洋大学即发表通电,要求"拒签和约""释放学生",并表示将"协同行动"。6日,张太雷与天津高等工业学校学生谌志笃、南开学校学生马骏、省立一中学生方舟等组织联络北洋大学和天津中等以上10所学校学生代表近千人齐聚北洋大学礼堂集会示威,一致表示要坚决和北京学生站在一起,为"外争主权、内除国贼"而斗争。会上,决定成立天津学生临时联合会,公推北洋学生张鉴暄为会长。会后,北洋大学致电北京政府,要求释放被捕爱国学生,并致电北京大学表示声援。在天津中等以上学校总罢课期间,北洋大学学生在学生自治会的领导下,成立44个演讲团分赴津郊,向工农商各界宣传爱国思想,深受群众好评。

经过"五四"运动的洗礼,张太雷与中国共产主义运动的先驱李大钊建立了联系,开始接触并信仰马克思主义,参加了李大钊组织的北京大学马克思学说研究会。1920年6月毕业后,张太雷仍以《华北明星报》编辑和翻译的身份在校内继续活动。10月,张太雷又加入李大钊发起成立的共产主义小组,成为中国共产党最早的党员之一,也是天津最早的共产党员。不久,李大钊派北洋学生谌小岑来津,会同张太雷成立天津社会主义青年团,张太雷任书记,成员7名,其中,北洋大学3人。这是中国共产党成立前,建立较早的地方团组织之一,为天津早期党组织的建立奠定了基础。

1931年，"九一八"事变后，北洋工学院学生成立抗日救国会，决定立即赴南京请愿，这是当时华北地区第一个学生抗日组织。

解放战争时期，北洋大学学生自治会逐渐发展成为地下党领导的群众组织。自治会是公开的学生运动的组织者和领导者，先后组织开展了以抗暴、反内战、反饥饿、反迫害为主要内容的学生爱国运动，有力地支持了人民解放战争。1947年10月，中共北洋大学支部成立。同时党的外围组织"民青""民联"不断壮大，成员发展至百余人。由于进步力量占了绝对优势，北洋大学被群众誉为"小解放区"，被国民党当局称为"地下人员基地"。

1948年8月，被列入国民党黑名单的北洋大学师生达36人。20日凌晨，国民党军警特人员公然进入北洋大学逮捕进步学生，押上警车，被进步学生及时发现，并成功拦车抢人。学生自治会当即组织召开全体同学大会，选举产生人权保障委员会，开展了"一人被捕，全体坐牢"的签名运动，并请校长向军警交涉，最终，军警不得不空手离去。事后，根据上级党组织的决定，凡是上

◎ 北洋大学学生在1919年的"五四"运动中

黑名单的同学立即被转移至解放区。

　　天津解放前夕，地下党员在校内再次建立临时党支部，展开针锋相对的反南迁斗争。地下党员通过绘制解放战争形势分析图，用红旗标注已解放城镇，随着红旗越插越多，直观生动地向同学们展示了全国胜利在望的局势。学生会按班级做细致的思想工作，发动东北籍同学以亲身体会讲述入关后所受流浪之苦，说明南迁之害处。经过激烈斗争，全体学生大会通过决议，反对南迁。天津战役打响前夕，校党支部根据上级指示，依托校学生自治会组织成立护校应变委员会。由于学校地处战斗前沿，应变委员会有组织地将师生转入女子师范学校，并把图书、仪器、设备等校产转移到南楼地下室，为战争结束后迅速恢复教学秩序打下了良好基础。

天津普通中学堂旧址

位于红桥区芥园道13号（今铃铛阁中学内）

◎ 天津普通中学堂礼堂外观

◎ 旧址礼堂主入口

» 建筑历史与风貌

天津普通中学堂始创于1901年，是天津最早的官立中学，1903年更名"天津府中学堂"，校址原为天津西北城角稽古书院，即铃铛阁。辛亥革命后，先后更名直隶省立天津中学校、直隶省立第一中学、河北省立第一中学、河北省立第一中学，校名几经更换，天津人仍习惯称之为"官立中学"。天津解放后，更名天津市第三中学，1960年迁至新建校区，原校址另组建铃铛阁中学。

天津官立中学历史悠久，长期以艰苦朴素、治学严谨、成绩优异著称，其学生具有光荣的革命传统。整个新民主主义革命时期，该校学生运动一直十分活跃，在天津学生运动中颇具影响。校内中共党团组织建立较早、活动时间较长，党的工作基础比较雄厚。

旧址现存早期建筑有礼堂、图书馆各一座，均为二层砖混结构楼房，总建筑面积2 700 ㎡，原稽古书院碑尚存。现为天津市文物保护单位，重点保护等级历史风貌建筑。

礼堂建于1933年，由阎子亨设计，为二层砖木混合结构楼房（局部三层）。建筑平面呈"丁"字形，前部二层均为教室，后部三层，首层是教室，二层和三层作为礼堂，室内装饰简洁。建筑外檐为青砖清水墙面，入口部分为混水饰面。立面采用壁柱等竖向元素，女儿墙上砌筑的花式雉堞，形成丰富轮廓线，是一

◎ 旧址礼堂外檐局部

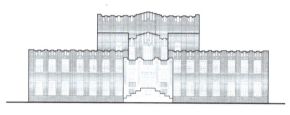

◎ 旧址礼堂正立面测绘图

座具有装饰艺术风格特征的建筑。1933 年 8 月 22 日，《益世报》曾刊文称省立一中新礼堂"依世界最新之直角式绘样，单纯而美观"，表明阎子亨的设计风格受到当时世界流行的装饰艺术派（Art Deco）建筑风格的影响。

设计者以挺拔的竖向体块统领整个建筑，窗被墙体分割成竖长的形状，在重复分割整个立面的同时，通过宽窄不一的竖线条塑造了建筑的挺拔感。花式雉堞式的女儿墙，以及主入口门廊，也与建筑立面整体韵律相融合。

» 红色往事

从"五四"先锋到抗日据点

在轰轰烈烈的"五四"运动中，天津官立中学是爱国学生运动的主力军之一。1919 年 5 月 6 日，官立中学（时称直隶省立第一中学）学生代表于方舟、韩麟符等赴北洋大学参加天津中等以上学校学生代表大会。会后，于方舟等回校召集各班正、副班长，传达大会精神，并对响应北京学生打倒卖国贼、抵制日货，要求取消二十一条不平等条约活动做了部署，号召同学们一致行动起来共救国难。官立中学各班随即纷纷行动起来，订立爱国公约，成立演讲队，组建"抵东雪五会"（即抵制东洋日本、昭雪五七国耻）"雪耻救国会"和"学生救国团"

等班级组织，并在此基础上成立了"直一中学救国团"。在于方舟、安幸生的组织带领下，官立中学学生参加了声势浩大的天津各界国耻纪念日示威游行和全市学生罢课大示威，并参加了向省公署请愿和街头演讲等活动。

"五四"运动期间，官立中学学生组成的演讲队赴直隶胜芳演说，深受当地群众欢迎，反响强烈。据天津《益世报》载：当地居民"皆喜形于色，纷纷约请讲演者日不下十余处，且多备茶水桌椅静候以待。及至，皆踊跃欢呼，至听时，无一人言语者，听者多受感动，时或愤愤于面，怒声载道，咸以某国人欺我太甚也。有声言不买日货者，志极坚决"。演讲后，更有当地绅商自动捐钱，"以备进行一切而谋救国"，可见演说之效果。

为激发群众的爱国热情，结合时事宣传，官立中学救国团编印《醒》报，主要登载各界爱国运动的新闻和宣传材料等，在市内销售颇广，与《天津学生联合会报》《南开日刊》一并成为"五四"运动中深受群众欢迎的刊物。此外，学生们排演了新剧《爱国潮》，全剧分上下两集，共12幕。由卖国政府秘密勾结日本签订卖国条约起，至火烧赵家楼，曹汝霖、陆宗舆、章宗祥被打跑了，仍策划借助列强势力压迫爱国学生运动为止，是一部简版的五四爱国运动史。此剧在官立中学堂礼堂、江苏会馆、广东会馆等处演出30余场，场场坐满，引起广大群众强烈共鸣。

经过"五四"运动的洗礼，至1924年天津建党和大革命时期，官立中学学生运动领袖于方舟、安幸生都成为天津早期党组织的领导者、组织者和革命活动家，于方舟更是成为中共在天津第一个领导机构——中共天津地方执行委员会的第一任委员长。

全面抗战时期，官立中学是天津地下党的一个重要据点。这一时期，党组织坚持隐蔽政策，更加秘密地组织抗日救国活动。官立中学的一批进步学生为寻求救国救民之路，相继组建了各种秘密读书会，搜集阅读大量进步书刊，收听延安和国外的广播，传播战斗胜利的消息。

1939年冬，由王文源、刘文、贾萱3名中华民族解放先锋队队员牵头组建的斯巴达俱乐部即是党组织直接影响和领导下的秘密读书会之一。俱乐部成员通过各种渠道选购了300余册进步书刊，分类分散存放，供成员借阅。俱乐部成立不久，通过成员秦良（穆增勤）的兄弟穆增茂牵线，与中共平津唐点线工作委员会下属的天津城市工作委员会（简称天津城委）建立联系。经天津城委书记顾磊介绍和批准，一部分成员先后参加了党的外围组织——青年抗日先锋队。至1941年4月，成员刘文、贾萱、王文源、赵琪先后入党，并在校内建立党支部，受顾磊直接领导。由于4名党员都是省一中的学生，所以称"省一中党支部"。这是全面抗战爆发后，天津市内建立的第一个地下党支部。在党的领导和教育下，省一中党支部在沦陷区险恶环境中坚持斗争，积极慎重地开展工作，紧密联系周围群众和进步青年学生。至抗战胜利前夕，省一中党支部已有党员20余名，积极分子100余名，成为党在城市中强有力的一支队伍。

解放战争时期，官立中学党支部按照学委指示，坚持隐蔽方针，组织力量继续得到巩固和发展。先后发起了反"甄审"斗争、敬师助学运动和反抗国民党当局逮捕、关押进步学生的请愿斗争，并向解放区输送了一批青年干部，为解放战争的最终胜利做出了贡献。

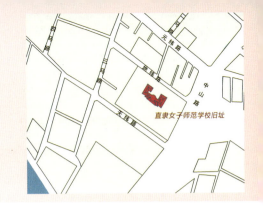

直隶女子师范学校旧址

直隶女子师范学校旧址

位于河北区天纬路 4 号（今天津美术学院内）

◎ 直隶女子师范学校教学楼历史照片

» 建筑历史与风貌

　　直隶女子师范学校（简称直隶女师）创办于1906年，初名北洋女师范学堂。1913年5月更名直隶女子师范学校。此后，又更名直隶第一女子师范学校、河北省立第一女子师范学校。1929年6月，借部分校址增设河北省立女子师范学院。1930年9月，院校合并，总称河北省立女子师范学院，分设师范、中学、小学、幼稚园4部。从此，院校一体，成为全国女子教育中体制最为完善的高等学府之一。全面抗战期间，学校被迫停办。1946年在原址复校。解放后，经过两次大规模院系调整，只保留音乐、美术两系，并先后更名河北艺术师范学院、天津艺术师范学院。1980年2月，天津音乐学院迁出，原校舍由天津美术学院单独使用。

　　直隶女子师范学校是一所历史悠久、具有光荣革命传统的学校。"五四"运动中，以邓颖超、郭隆真为代表的直隶女师学生积极响应北京的爱国运动，在反帝反封建斗争中 "名震津门"①。此后，直隶女子师范学校学生继承和发扬先辈光荣传统，在历次重大爱国政治运动中都积极站在斗争前列，在近代天津学生爱国运动和妇女解放运动中发挥了重要作用。

◎ 直隶女子师范学校教学楼正立面测绘图

　　直隶女子师范学校旧址现分南北两院，北院遗存一座新古典主义风格三层混合结构带地下室教学楼（习称"北大楼"），坡顶出檐，主入口设两根爱奥尼克柱式支撑的二层高门厅，两侧为方形附壁柱，上筑三角形山花，坡顶正中设有八

① 金凤.邓颖超传.北京：人民出版社，1993：17.

◎直隶女子师范学校教学楼外观

角形拱顶阁楼。北大楼拆除后，按原样式重建改为三层混合结构建筑，外檐和平面布局都有一定改变。现为天津市文物保护单位，第一批天津市革命文物。

» 红色往事

爱国不分男女，唤醒女界共同救国

五四惊雷响彻中华大地，同样震动了原本校规非常严格、实行封闭式管理的直隶女子师范学校校园，以邓颖超、郭隆真为代表的直隶女子师范学校学生在"救国不能后人""爱国不分男女"的口号鼓舞下，积极投入到这场伟大的爱国运动之中。

1919年5月6日，直隶女子师范学校学生发起成立女界爱国团体的倡议，得到了社会上广大妇女的热烈响应，要求参加此团体的女性不仅有各校女生、女教员，还有一些职业妇女和家庭妇女。5月25日，天津女界爱国同志会在东门里江苏会馆召开成立大会，到会会员达六七百人。会上群情振奋，一致表示以坚强不屈之精神向帝国主义和军阀政府展开不妥协的斗争。大会公推直隶女子师范学校毕业生刘清扬为会长，邓颖超、郭隆真为演讲队队长①。天津女界爱国同志会成立后，与天津学生联合会、天津各界联合会一起在"五四"爱国运动中并肩作战。

"五四"运动一周年后的"五七"国耻纪念日当天，直隶女子师范学校学生再次不顾学校当局反对，坚持走出学校，在学生联合会演讲部的带领下兵分三路，前往街头、演讲所和居民家里宣传爱国思想，在社会上引起很大反响。然而，学生们在外宣讲一整天后，晚上回校自修时发现教室门已被学校当局锁上。第二天一早，学校又挂出牌示："查学生等无故罢课，殊属有犯校规，奉教育厅令，全体开除学籍"。已接受了"五四"新思想的女学生当然不会被吓倒，各班班长和学生联合会、女界爱国同志会的负责同志马上召开紧急会议，议定应对办法：全体学生立刻搬出学校，外地学生由在津学生分担食住；到教育厅质问厅长在国耻纪念日做爱国演讲是否算违反校规；不达完全胜利绝不回校。就在大家连夜收拾行装，将行李堆到大门口时，校方担心事态扩大，急忙派人到校门口阻拦学生，并指责学生："昨天无故罢课，今天又全体离校，这不是要把学校给解散了吗？"学生们据理力争："是学校不要我们，我们不能赖在学校里，所以我们必须即日搬出学校……将来学校若被解散，那就是学校当局的责任，学生不能负责任。"随即成群结队地离开学校。离校后，各年级学生代表与学生联合会、女界爱国同志会的成员经常在几个同学家中开会研究对策。5 月 19 日，学校当局迫于各方压力答应学生可无条件回校，事件宣告结束。

1936 年暑假，天津学联成立"暑期义务教育促进会"，选择天津近郊农村作为活动地点，深入群众进行抗日救亡宣传，河北女师的学生被分在津郊小园村活动点。学生们刚进到村里时，农民不明白这些市里来的"洋学生"究竟想干什么。于是，同学们主动接近村民，与村民拉家常，很快就与村民熟悉了。村民开始帮着她们收拾住处、教室，借给她们生活用具。同学们一面进行开课

---

① 金凤 . 邓颖超传 . 北京：人民出版社，1993：22.

准备，一面在村里张贴抗日标语。白天，同学们给孩子们补习功课，教他们唱《五月的鲜花》等救亡歌曲，给他们讲《最后的一课》等故事。孩子们觉得这种学校很有意思，教室里总是坐得满满的，还有很多站着听的。虽然孩子们不能完全领会所讲的内容，但在他们幼小的心灵里埋下了抗日救国的火种。晚上，同学们给大人们讲课，用农民听得懂的话语向他们宣传抗日道理。比如，学生们讲日本人的经济掠夺，讲他们低价买中国的棉花，高价卖给中国棉布，走私不纳税，这是喝中国人的血，吃中国人的肉。讲到海河浮尸案和天津便衣队暴乱时，村民们非常气愤。除了讲课，同学们还组织歌咏队、话剧演出队，到各义教点及附近村庄演出。学生们排练的都是有关抗日救亡和妇女解放的节目。义教结束时，学生们组织召开村民大会，在操场上演出话剧《打回老家去》，受到村民的热烈欢迎。

为期一个暑假的义教活动不仅使抗日救国的思想开始在农民群众中广泛生根发芽，更使城里的学生亲眼看到并切身体验了广大农民水深火热、艰难困苦的生活状态，思想感情发生了深刻的变化。正如一位参加义教的学生所言：我们"住在小土屋里，牲口的臊味熏得头疼，老鼠到处窜，蚊子嗡嗡飞，……吃的是棒子面、腌黄瓜，但是同学们相互鼓励，以苦为荣，始终洋溢着革命的乐观主义精神。"很多学生表示，自己来时是幼稚的青年学生，回去时以成长为共产主义战士。他们深深地认识到必须推翻这个黑暗的社会制度，祖国才能得救，劳苦大众才能翻身得解放。

觉悟社旧址

位于河北区宙纬路三戒里49号

◎ 觉悟社旧址外观

» 建筑历史与风貌

觉悟社成立于 1919 年 9 月 16 日，是周恩来领导的天津爱国学生进步组织，是当时天津反帝爱国运动的领导核心之一，在北方革命社团中享有很高的声望。

旧址为三合院布局，由 7 间平房组成，外檐为青砖清水墙面，硬山瓦顶，占地面积 175.69 ㎡。1976 年唐山大地震时受损，1982 年旧址按照原貌进行重新修建。1984 年 9 月 16 日，成立天津觉悟社纪念馆。1988 年 9 月 10 日，邓颖超为觉悟社纪念馆题写匾额。觉悟社旧址是天津市重要的爱国主义教育、红色旅游基地。现为全国重点文物保护单位，重点保护等级历史风貌建筑，第一批天津市革命文物。

三戒里是旧式里弄，建于 1903 年袁世凯辟建大经路（今中山路）之时兴建。1919 年 12 月，觉悟社开始以三戒里 4 号为固定社址。这里是觉悟社社员李锡锦的家，她将自家院内东厢房腾出，专供觉悟社使用。房间原本是李锡锦和堂妹李锡志（即李愚如）的寝室兼客厅。三戒里 4 号是觉悟社使用时间最长的一处社址。

◎ 觉悟社旧址正立面三维扫描图

◎ 觉悟社旧址立面测绘图

» 红色往事

觉悟社，"五四"学运的光辉旗帜

"五四"运动之初，天津爱国学生组织都是男女分设。随着斗争的深入，一些学生运动中的骨干力量开始希望打破男女界限，建立统一的组织。1919 年 9 月 16 日，天津学生联合会和天津女界爱国同志会的骨干，周恩来、邓颖超、郭隆真、刘清扬、谌志笃、马骏等共 20 名男女进步青年组织成立"觉悟社"①，同时确定该社的宗旨、任务、入社条件和组织形式，并决定用白话文出版社刊《觉悟》。觉悟社的主要活动有组织演讲，讨论研究新思潮，推动反帝反封建革命斗争深入发展。

觉悟社虽然只是学生进步社团，但组织相当严密。社规中规定发展社员需有 3 名介绍人，且经全体社员通过。社内采取委员制，大家分担社务，重大问题由全体社员讨论。社员对外以抓阄所定的号码为代号，再以号码的谐音为代名，如周恩来为 5 号，代名为"伍豪"，邓颖超为 1 号，代号为"逸豪"；马骏为"念久"（即"廿"和"九"的谐音）。因为 20 人是在 50 个号码（从 1 到 50）中任意抓取代号，所以 20 名社员的代号不是连续的。

觉悟社成立后不久，决定邀请北京高校名教授来津讲演。9 月下旬，根据周恩来的提议，觉悟社邀请北京大学教授李大钊来天津演讲，指导觉悟社活动。李大钊对觉悟社打破封建隔阂，将男女同学组成团体，出版《觉悟》等活动都非常赞许，并建议大家好好阅读《新青年》和《少年中国》上的进步文章，"分类研究各种学术问题"。此后，觉悟社还先后邀请周作人、钱玄同、刘半农等学者来津演讲，并开过各种问题的讨论会，分组研究白话文学、学生根本的觉悟、妇女解放等新思潮专题。成员个人还献出自己的图书，建立图书馆，共同钻研新思潮的各种理论，探索改造中国社会的道路②。10 月，北京《晨报》报道了天津觉悟社的有关情况，称赞觉悟社会员是"天津学界最优秀、纯洁、奋斗、觉悟的青年""是天津的小明星"。

1920 年初，天津学联被查封后，面对白色恐怖，觉悟社活动转移至法租界

---

① 中共天津市委党史研究室.天津市革命遗址通览.北京：中共党史出版社，2012：110.

② 中共中央文献研究室.周恩来年谱（1898 — 1949）.北京：中央文献出版社，1998：33-34.

天祥里，并在不远处的维斯理堂多次召开会议。8月初，刚刚获释的周恩来在天祥里发起召开觉悟社年会。会议由周恩来主持，总结了一年多来天津学生和各界救国运动的经验教训，指出今后的救国道路，并要深入劳工群众，依靠劳动阶级，团结各地的爱国团体，采取共同行动，才能挽救中国的危亡。会议为期3天，会后14位社员合影留念，留下了那张众所周知的觉悟社成员合影照片。此后，在李大钊的指导和支持下，觉悟社部分成员陆续赴法国勤工俭学，国内社员也分散各地，这次年会也成为觉悟社的最后一次年会。

◎觉悟社部分社员合影

　　觉悟社存在的时间虽然只有一年多，但其作用和影响在近代中国青年运动史上占有极其重要的地位，是五四运动时期我国青年革命运动一面光辉的旗帜。

  扫码关注公众号，
听讲解

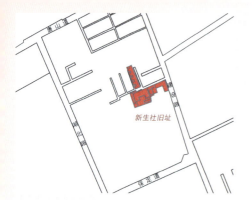

新生社旧址

新生社旧址

位于和平区建设路芸芳里 2 号

◎ 新生社旧址外观

» 建筑历史与风貌

新生社是"五四"时期继觉悟社之后涌现出的又一著名学生进步社团，其社员大都是直隶省立第一中学和直隶第一女子师范学校的学生。

新生社所在的芸芳里分为4条支巷，里内为二层砖木结构楼房，1916年由英商先农公司建造，以芸芸芳草之意命名。芸芳里2号外檐为清水砖墙，建筑面积63㎡，瓦垄铁屋面。旧址三面临巷道，一面与临房相连，设有前后门。现为和平区文物保护单位，第一批天津市革命文物。

» 红色往事

更带有"社会主义色彩"的新生之社

"五四"运动时期，新生社与觉悟社、天津学生联合会等革命团体并肩作战，逐渐成为领导天津学生运动的核心组织，带领学生们开展了广泛的反帝反封建革命活动。

相较于觉悟社，新生社成立时间稍晚，社团组织比较宽松开放，但与觉悟社一样，新生社也一直受到李大钊同志的特别关怀和具体指导。社员们经常在一起阅读李大钊同志推荐的有关介绍马克思主义的文章，诸如《庶民的胜利》《布尔什维主义的胜利》《我的马克思主义观》等等。这些文章就像是一盏盏指路的明灯，为社员们指明了方向，给大家照亮了前进的道路，坚定了他们信仰共产主义的决心。通过学习，社员们同李大钊建立了深厚的革命友谊，并把李大钊当成了自己的良师益友和引路人。

"五四"运动后期，觉悟社主要成员因工作和学习的原因逐渐离开天津，分赴各地或出国，而新生社的于方舟、安幸生等人一直留在天津，继续从事爱国学生运动。1920年4月1日，为了更加广泛深入地宣传马克思主义，新生社创办了自己的刊物——《新

◎学生时期的于方舟

生》，社员们将学习的心得体会、研究讨论的成果，撰写成文章公开发表，并通过刊物传播到社会，使更多的人能够了解和接受新思想。此外，《新生》杂志还首次提出了关于在天津建立共产党组织的问题，在当时被誉为是一份"全带有社会主义色彩"的革命刊物。

据说，新生社成立后也曾邀请李大钊来津讲演，虽缺乏确凿的史料依据，但可以肯定的是，于方舟和李大钊的关系非常密切，他后来也成了北京马克思学说研究会成员。此外，新生社比觉悟社更带有"社会主义色彩"，也和李大钊的影响分不开。

1920年10月，根据李大钊的意见，新生社改组为"天津马克思主义研究会"，并创办会刊，专门介绍十月革命后苏俄的情况，宣传革命主张。不久，根据革命需要，于方舟将天津马克思主义研究会改为社会主义青年团小组，新生社中的一些成员先后加入了团小组，他们后来大都成了天津建党时的第一批共产党员，其中，于方舟、安幸生等人还成为天津地方党组织的创始人和主要领导者。可以说，新生社的创立及其社会实践活动，为天津党组织的建立奠定了坚实的基础，在天津革命史上谱写了一曲壮丽的凯歌。

女星社旧址

位于河北区宙纬路三戒里 46 号

◎ 女星社旧址入口

◎ 女星社内景

» 建筑历史与风貌

女星社成立于 1923 年 4 月，是由邓颖超、李峙山、谌小岑等一批具有初步共产主义思想的马克思主义者和进步分子创办的，是从事妇女运动的进步团体 ①。社团以"实地拯救被压迫的妇女""宣传妇女应有的革命精神""力求觉悟女子加入无产阶级的革命运动"为宗旨。1925 年，随着骨干社员相继离津南下，女星社停止活动。

女星社最初设在河北区大经路（今中山路）五昌里 10 号，不久迁至河北区中山路达仁里 10 号。1992 年在三戒里 46 号建成天津邓颖超纪念馆，占地面积 330.44 ㎡。旧址为砖木结构平房，外檐为青砖清水墙面，拱券大门，硬山瓦顶。现为天津市文物保护单位，重点保护等级历史风貌建筑，第一批天津市革命文物。

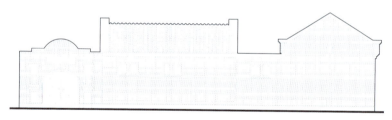

◎女星社正立面测绘图

» 红色往事

女界星火，点亮津门妇女解放运动

女星社简章规定，入社不分男女，但必须具备"对妇女运动有热烈的感情""志趣同本社宗旨相和""能履行本社社规，由社员二人介绍，经全体通过方可接纳

---

① 中共天津市委党史资料征集委员会，天津市妇女联合会 . 天津女星社 . 北京：中共党史资料出版社，1985：1-2.

为正式社员"。女星社除正式社员外，还发展了社友。1923年9月，女星社发出公开信，广泛征集社友，至10月中旬在天津、上海、北京、长沙等处共发展社友20多人。女星社社员、社友大多是文化教育界的女性知识分子。

◎1923年女星社组织的女星第一补习学校开学典礼（前排右三为邓颖超）

女星社成立之初，即创办了自己的宣传刊物《女星》，作为进步教育家马千里创办的《新民意报》副刊随报发行。每期4版，主编李峙山，谌小岑负责发稿、校对、发行等事务。每期文章内容及对读者来信的答复，都事先经女星社同仁共同研究决定。《女星》每期发行700余份，并加印1000份，分寄全国各地报刊团体和朋友。《女星》的出版发行，深受天津广大女性读者的欢迎。

1923年女星社还开办了"女星第一补习学校"，推行女子教育，培养其自主能力，以谋求妇女的彻底解放。为办好女星第一补习学校，社员们自行编教材，教材内容生动活泼，形式新颖，教法灵活多样，并且组织学员投身社会实践，体会劳动者疾苦，提高觉悟。

1923年秋，中共早期女党员、女师毕业生刘清扬自法国回津，加入女星社，加强了女星社的组织和领导力量。社员们研究认为，有必要在《女星》之外再出一张讨论妇女问题的报纸。1924年1月1日，《妇女日报》创刊，该报在更广的范围内讨论与妇女切身利益有关的政治、经济、教育、婚姻家庭等方面的问题，刊载了多篇反帝反封建和声援工运、学运、妇运的文章与新闻报道，时任中共中央妇女部部长的向警予给予《妇女日报》极高的评价，称之为"中国沉沉女界报晓的第一声"。

《新民意报》社遗址

位于和平区原南市东兴大街 9 号（今麦购国际大厦南侧）

◎《新民意报》社历史照片

» 建筑历史与风貌

《新民意报》创刊于 1920 年 9 月，是天津爱国教育家马千里在周恩来等人协助下创办的以宣传新文化、新思潮，表达民众意愿为宗旨的进步报纸。

《新民意报》社所在的南市地区地处租界与旧城区之间，又被日本人划为"预备租界"，从而导致归属不清，无人管理，被天津人称为"三不管"。正因为无政府、无警察，也就没有社会管控，导致舆论环境宽松，南市逐渐成为近代天津报业和印刷业的集聚地，聚集了百余家报社、通讯社、印刷厂等，一批革命青年和进步人士先后在此创办了《天津学生联合会报》《新民意报》等进步刊物，热情宣传马克思主义。可以说，南市地区既是穷苦百姓的炼狱之地，又是新生文明的孕育之地。

» 红色往事

新民意，新思想，唤起民众新觉悟

马千里先生创办《新民意报》与其人生当中的一段铁窗生涯息息相关。1920年 1 月 23 日，天津学生联合会日货调查员在调查商家私运日货时遭到日本浪人

◎ 天津《新民意报》连载周
恩来的《警厅拘留记》

◎ 周恩来出狱后根据被捕代表的日记和回忆编写的
《检厅日录》

毒打，时称"魁发成事件"。当时担任天津各界联合会副会长、抵制日货委员会主席的马千里先生，率领各界联合会代表，到省公署请愿，亦遭到反动当局的逮捕。

25 日，天津军阀政府反以"扰乱社会"治安为借口，查封天津各界联合会和学生联合会。29 日，周恩来等人领导数千名学生、民众再次请愿，军阀政府出动大批军警镇压，周恩来、郭隆真、于方舟等学生代表被捕入狱。在狱中，马千里和周恩来一起计划，出狱后要办一份能够反映民意、反对帝国主义侵略、反对统治阶级压迫、唤起民众觉悟的报纸[①]。

1920 年 7 月，在全国舆论和天津各界声援下，直隶当局不得不释放周恩来、马千里等人。获释后，两人立即筹备创办《新民意报》，社址选定在近代天津印刷业和报业最为集中的南市地区，二层楼房内楼下是机房，楼上是排字车间和办公室。

《新民意报》以犀利的文字猛烈抨击旧中国内政外交的黑暗，深刻揭露了倚仗帝国主义的北洋军阀祸国殃民的罪行，还以显著版面，连续刊载了周恩来撰写的《警厅拘留记》和《检厅日录》，两部书稿讲述了被拘捕代表在狱中生活和在法庭上斗争的情况[②]。

为了使宣传形式更加多样化，《新民意报》还编辑了许多副刊随同报纸一起发行。这些副刊大都是当时爱国青年组织和进步团体的出版物。如觉悟社社员邓颖超等主编的《觉邮》，以刊登社员通讯的形式，发表了周恩来从法国写来的一些重要文章。副刊还发表过一些热情宣传马克思主义的文章，如马千里等主编的《星火》，便以相当多的篇幅介绍了苏联十月革命的情况，登载了李大钊的《社会主义下的经济组织》《马克思经济学说》《史学与哲学》等文章。此外，还有邓颖超等主编的《女星》、马氏学会创办的《明日》，以及于方舟等创办的《向明》等，都曾以副刊形式随报发行。

1924 年 12 月，孙中山在津下榻张园期间，中共天津地委书记于方舟、组织部部长江浩曾到报馆与马千里商量联合各界人士组成国民会议促成会事宜，

① 中共天津市委党史研究室.天津市革命遗址通览.北京：中共党史出版社，2012：26.

② 中共天津市委党史研究室.天津市革命遗址通览.北京：中共党史出版社，2012：26.

以拥护孙中山北上和召开国民会议的主张，反对段祺瑞的"善后会议"，得到马千里支持。1925年1月，马千里与中共天津地委主要领导积极筹备建立国民会议促成会，讨论制定国民会议章程及宣言书。国民会议运动广泛兴起后，江浩与马千里多次共商会务，并多次在公开场合宣传演讲，号召人民团结起来，打倒帝国主义，废除不平等条约；打倒军阀，统一中国；拥护国民会议召开，解决国事。

《新民意报》因旗帜鲜明地反帝、反封建、反军阀专制，宣传新文化、传播新思想的丰富内容，成为进步人士和先进青年们争相阅读的报纸，成为唤起民众向反动统治者开展斗争的有力武器。但反动当局却视之为"赤化"报纸，报社负责人和一些与报社有来往的人，常常接到恐吓电话或邮件，马千里等人家门口也常有便衣特务。

1924年10月29日晚10点，直系军阀当局以"通奉嫌疑"突然查封报馆，将在报馆内的18名工作人员全部逮捕，押至戒严司令部。1925年1月《新民意报》被迫停刊。该报发刊四年来对马克思主义在天津的早期传播，促进人民大众特别是青年人的觉醒，起到了非常重要的作用。

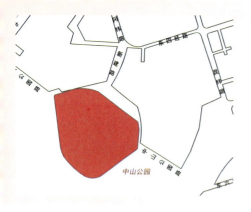

中山公园

中山公园

位于河北区中山路公园路 3 号

◎ 劝业会场（今中山公园）入口历史照片

» 建筑历史与风貌

中山公园始建于 1905 年，初名"劝业会场"，规模宏大，相当于当下园区规模的 3 倍，北起大经路（今河北区中山路），南至金钟河（今已被填平），东临昆纬路，西靠近北洋造币总厂，共占地 90 余亩，是天津最早的

◎ 中山公园正门

向公众开放的公园。1912 年后更名为"天津公园""河北公园"。1928 年，南京国民政府为纪念孙中山先生的丰功伟绩而将公园更名中山公园，并将原来公园北边的大经路更名为"中山路"，沿用至今。当时，公园的总体设计旨在体现振兴实业、提倡国货之思想，既是民众文化娱乐的场所，也是公众集会活动的场所。

公园正门设置在大经路（今中山路）上，建有四柱牌楼，中间横匾书有"劝业会场"。正门到钟楼之间的道路两侧设有商铺店面，钟楼后是山水池阁及环状绿带，由环状绿带包围的是中心操场。环状绿带以外围绕建设有劝工陈列所、教育品参观室、学务公所、北洋译学馆、学会处、教育品制造所等建筑群。清末至抗战爆发前，园内和周边曾相继设立直隶布政使署、直隶按察使署、直隶学务公所、省图书馆、省博物院等机构。全面抗战时期，中山公园被日军占据，遭到严重破坏。天津解放后，屡次修建。园内尚存十五烈士纪念碑和魏士毅女士纪念碑等文物。中山公园是天津市重要的革命纪念地和爱国主义教育基地，现为天津市文物保护单位，第一批天津市革命文物。

魏士毅女士纪念碑立于 1929 年 3 月，系悼念 1926 年"三一八"惨案中为国捐躯的燕京大学天津籍女学生魏士毅而立。碑通高 2.05 m，碑身呈塔状，正面镌刻"魏士毅女士纪念碑"，碑座呈方形。现为天津市文物保护单位。

天津十五烈士纪念碑立于 1931 年，系天津各界人民为纪念 1927 年 4 月 18 日惨遭反动军阀杀害的江震寰等 15 位革命志士而树立。碑通高 6.60 m，碑身呈塔状，以豆青石刻制。方形基座采用白色大理石砌筑，周长 20 m，庄严肃穆。此碑曾埋

入地下，1984年天津市人民政府复立此碑。现为天津市文物保护单位，第一批天津市革命文物。

◎ 园内局部

» 红色往事

一座公园，见证一座城市的觉醒

中山公园自建成之初，即成为天津民众集会活动的首选之地，特别是抗日战争爆发以前，许多具有重大历史意义的革命活动都在此举行，众多重要历史人物曾莅临公园。1910年，天津掀起资产阶级立宪请愿的热潮，12月19日，距中山公园不远的北洋法政、高等工业学堂等校学生在园内集会，公推正在法政学校学习的李大钊等人为代表赴直隶总督衙门请愿①。1912年民国成立之初，孙中山应袁世凯之邀北上，路过天津，在中山公园参加了天津国民欢迎会，即席发表演讲，而后参观了设在公园内的国货陈列所。1915年6月9日，天津救国储金募捐大会在中山公园举行，正在南开学校就读的周恩来登台演讲，号召人们奋发图强，振兴本国经济，誓雪国耻，坚决不当亡国奴。会后周恩来写下了《广募救国储金致友人书》，宣传救国储金运动②。

五四运动爆发后，1919年6月9日，天津各界人士在中山公园内举行公民大会，声援北京爱国学生。大会召开的前一天晚上，在学生联合会的通宵努力下，中山公园内外布置得整齐严肃，在公园中心的亭子里有乐队，亭子抱柱上悬挂巨幅对联：振民心，合民力，万众一心；御国敌，除国贼，匹夫有责。

---

① 中共天津市委党史研究室.天津市革命遗址通览.北京：中共党史出版社，2012：97.

② 中共中央文献研究室.周恩来年谱（1898—1949）上.北京：中央文献出版社，2007：15.

会场四周设置了 20 多个演讲台，供学生演讲使用。

　　大会于下午 1 点正式开始，到会公民有 2 万多人，会场内外被挤得水泄不通。首先由学生联合会副会长马骏致辞，马骏在演讲中慷慨激昂地说道："我们五四爱国运动的爆发，已一个多月了，全国人民热血沸腾在抗议呼救。但至今卖国政府，在国际外交会议上还未拒绝签字，卖国贼曹汝霖、陆宗舆、章宗祥至今还未罢免惩办，他们都是官官相护，一鼻孔出气，要想达到我们救国的目的，只有靠我们人民大众团结起来，奋斗到底！"群众潮涌般地高呼："不当亡国奴""共救国难""取消二十一条"等口号。随后，由学联和女界爱国同志组成的讲演队在 20 多个讲台上同时发表讲演，演讲队员的手中都拿着白布旗，上书"宁为玉碎，不为瓦全""共诛国贼""还我青岛""抵制日货"等标语。许多听众也自发上台讲话。一名学生更是跑上讲台，用小刀割破手指，在一块白布上，写下血书"睡狮已醒"四个大字，群众随即奋起高呼："誓死救国"！这次公民大会成为一次全市公民的动员大会，广大民众受到了深刻的爱国教育，更大规模的群众爱国运动在天津轰轰烈烈地开展起来。

清真大寺

位于红桥区小伙巷大寺前街 8 号

◎清真大寺大殿抱厦外观

» 建筑历史与风貌

清真大寺始建于清朝初年，地处天津旧城西北角回民聚居区，是天津建设较早、规模较大的清真寺之一，也是国内著名的清真寺之一。

清真大寺坐西朝东，占地面积5 000 ㎡，建筑面积2 200 ㎡。历经多次修葺，由门厅、礼拜殿、讲堂和沐浴室组成，是天津现存规模最大的清真寺。门前照壁以砖石砌筑。壁面镶汉白玉石匾"化肇无极"四字。门厅面阔、进深各3间，青瓦硬山顶。明、次间各开砖雕拱券门。后檐接出卷棚廊厦，廊柱间置坐凳栏杆。

礼拜殿为寺内主体建筑，以4组建筑勾连搭构成。前面为卷棚顶抱厦，廊柱间置坐凳栏杆。中部为两座庑殿顶大殿，面阔5间，进深6间。门外以石筑望柱栏板围绕。后面大殿面阔7间，进深3间。殿顶并立亭式阁楼5座。中间阁楼最高，青瓦八角攒尖顶。两旁阁楼较低，均六角形。南、北两端阁楼檐下悬"望月""喧时"匾额。讲堂设于南、北厢房，各附耳房。北跨院为沐浴室。殿堂内外砖木雕饰工艺精细，多为花卉图案。寺内有阿拉伯文、汉文匾额和楹联共61方，均保存完好。清真大寺是天津市保存完好的宫殿式建筑群，现为天津市文物保护单位，特殊保护等级历史风貌建筑。

清真大寺组群组织体现出与中国传统建筑群组织的差异。一是清真大寺组群按东西轴线展开，中国传统建筑组群一般按南北轴线展开。二是中国传统建筑群强调居中原则，而清真寺则强调以西向为尊，其重心所在的后窑殿处于建筑群的西端。清真大寺的后窑殿屋顶形式最

◎ 礼拜殿正立面测绘图

◎ 礼拜殿侧立面测绘图

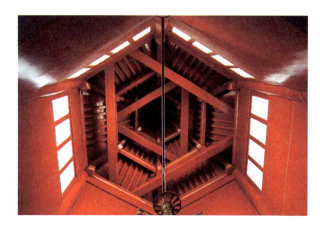

复杂、高度最高，都提示其处于建筑群中最显要的地位。

◎清真大寺大殿内部结构

» 红色往事

见证回汉团结，共担反帝爱国之责

天津老城西北角是历史悠久、全国闻名的回民聚居区。自近代之始，天津回族与汉族爱国人士即一道积极捍卫国土，抵御外敌。民国以来，由于近代天津教育发达，很多回族青年能够进入南开中学、官立中学、直隶女师等新式学校学习，接受新思想，并在校内积极组织参与爱国学生运动。"五四"运动浪潮波及全国各地，少数民族先进知识分子也参与其中，共同行动，并肩展开反帝反封建斗争。

在天津，回族青年马骏和刘清扬、郭隆真正是少数民族进步学生的杰出代表。1919年8月间，山东济南镇守使、戒严司令马良严厉镇压群众爱国运动。先是派兵捣毁济南伊斯兰教救国后援会，逮捕并杀害会长马云亭和朱春煮、朱春祥3名爱国回民人士。随即济南各校学生代表300余人在督军署前请愿，亦遭到军阀当局变本加厉的镇压，史称"济南血案"。

反动军阀马良的暴行震惊全国，激起各地群众的极大义愤。天津学生通过《益世报》《天津学生联合会报》的报道得到消息，马骏、刘清扬、郭隆真等人立即到老城西北的回族聚居区开展宣传动员，声讨马良和卖国政府媚外残民的罪行，并于8月8日在清真大寺门前召集伊斯兰教群众200余人集会，

3人先后发表讲演，历数马良在山东的残暴行径。大会决议将马良曾经为清真大寺南寺、北寺所题匾额一律撤掉砸毁，以示深恶痛绝之意。大会还决议以天津各界联合会的名义组织赴京请愿代表团，并于8月23日会同北京、山东代表3 000余人在北京新华门向时任大总统徐世昌请愿，强烈要求惩办马良。

发生在天津清真大寺的回族群众爱国运动，特别是回族进步青年的挺身而出，沉重打击了反动军阀马良的嚣张气焰，有力推动了全国范围内反帝爱国斗争的发展。

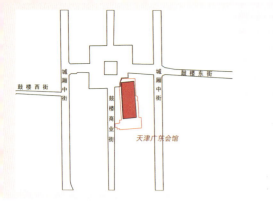

天津广东会馆

天津广东会馆

位于南开区南门里街 31 号

◎ 天津广东会馆主入口

» 建筑历史与风貌

天津广东会馆建于 1907 年，是广东旅津人士设立的集聚会、办公、休养、食宿于一体的民间组织，位于天津老城中心鼓楼东南侧。1860 年，天津开埠通商后，逐渐发展成为当时华北地区的工商业中心。一批广州和香港的买办随外国商船来津。同时，洋务运动中清朝政府选派出国的留学生也陆续学成回国，落脚天津。众多广东籍人士云集天津，广帮势力逐渐壮大。1903 年，在时任天津海关道、旅津广东人唐绍仪（第三批留美幼童）的倡建下，广东旅津人士筹集白银 9 万余两建成广东会馆。广东会馆是清代天津 20 多处会馆中，规模最大、功能最齐备、建筑最精美的一处。

广东会馆坐北朝南，由南部四合院、北部戏楼、东西两侧箭道等组成，具有我国北方和岭南建筑风格相融合的特点。总平面呈长方形，占地面积 2 768.08 ㎡，是天津现存规模较大、构造精巧的会馆建筑。著名戏剧艺术家梅兰芳、谭富英、尚小云等都曾在此演出。1986 年 1 月建成天津戏剧博物馆，是中国第一个专业性戏剧博物馆。现为全国重点文物保护单位，特殊保护等级历史风貌建筑。

会馆最南边是砖砌的照壁，穿过宽阔的广场，是一座高大的门厅，面阔 3 间。前檐明、次间作开敞式前廊，明间正中高悬"岭海珠辉" 4 字木匾。中柱次间砌墙正中作六角砖雕假窗；明间安装大门，石筑门额镌刻"广东会馆" 4 字。门厅采用青瓦硬山顶，山墙砌成岭南常见的阶梯状，因为五级，故称"五岳朝天"。正房前檐明间置"岭渤凝和"匾额。檩、垫、枋彩绘"苏式彩绘"。前山卷栅顶前廊，廊柱间置木雕大、小额枋和雀替，上施平板枋承斗拱，三踩单抄。东、西配房作廊庑式，并与门厅和正房的廊厦连成一体，组成回廊。正房以北是一小天井及戏楼。

戏楼是会馆的主体建筑，为二层四合院。南房为戏楼的后台，面阔 5 间，进深一大间，明间和次间的位置，向北伸出舞台。舞台中心上部作"鸡笼"式藻井，以微型斗拱木隼接而成，构造精巧，台前不设边柱，堪称一绝。北房楼上为包厢，楼下为茶座。东、西厢房楼下为休息室，楼上为包厢。四合院内的天井，上筑

◎ 广东会馆戏台内景

◎ 广东会馆正房外观

玻璃大罩棚，下辟观众座席。

会馆里的革命活动

20世纪初，广东会馆是天津知名的演出剧场和集会场所。1912年8月24日，孙中山先生应同盟会燕支部之邀，在会馆发表演说。1919年"五四"运动期间，天津女界同志会在会馆演出新剧《亡国恨》《木兰从军》《伊藤博文》等，以募捐救济灾民。

1925年"五卅"运动期间，天津工人群众在广东会馆召开庆祝中华海员工业联合会天津支部成立大会。会上，各行业工会代表纷纷提出"愿全市各业工人团结起来成立天津总工会"，以更加有效地开展争取中华民族独立、反抗帝国主义的斗争，立即得到各行业工人群众的赞同。于是，中共北方区委和中国劳动组合书记部及时选派唐山有丰富工运经验的刘亚斋等人来津，帮助天津工人筹建总工会事宜。

经过一段时间的筹备，在中共天津地委领导下，1925年8月4日，由纺织、印刷、海员、油漆、码头5大工人团体联合发起，在广东会馆组织召开了天津市工会代表大会，正式宣告天津总工会成立。出席大会的有纺织、印刷、海员、油漆、码头、地毯、雕刻、津浦、京奉等全市20多个工会组织的代表50多人。他们代表了全市7 000多名工会会员和与工会有联系的十几万工人群众。大会首先由天津总工会执委刘亚斋报告筹备经过及发起成立天津总工会的重大意义，接着是各工会代表发言，一致表示拥护成立天津总工会，以加强天津工人阶级的团结，更好地开展反帝爱国斗争。应邀到会的天津各界联合会、学生联合会代表等，他们先后在会上发表热情洋溢的讲话。大会最后通过了《天津总工会章程》，选举出天津总工会委员15人，组成执行委员会。委员会下设总务、财政、宣传、纠察、组织5个部，主持开展各项工作。

1925年8月成立的天津总工会诞生于轰轰烈烈的五卅运动之时，是中共天津地委领导下的、天津最早的全市性工人阶级群众组织，体现了天津全市工人群众在党的领导下实现大联合、大团结，体现了工人阶级依靠自身力量谋求解放、奋勇前进的意愿。

天津总商会遗址

位于红桥区北马路原前进里胡同内

◎ 天津总商会议事厅历史照片

» 建筑历史与风貌

天津总商会成立于 1903 年，初名天津商务公所、天津商务总会。1918 年定名天津总商会，是由天津商界按行业组织起来的社团组织，是当时天津地方最大、最有实力的非官方机构。由于地处老城商业中心区，又属公共建筑，距省公署、警察厅等政府机构和官立中学、直隶女师等官办新式学校亦不远。因此"五四"运动期间，周恩来、马骏、邓颖超、马千里等爱国知识分子曾频繁在总商会开展活动，成为天津爱国学生及各界群众集会的重要场所之一。

天津总商会原建筑建于 1908 年，占地面积近 1 000 ㎡，入口设拱券门廊。主体建筑是一座三进四合院，分为前院、议事厅和后院。内院正房为议事厅，是一座典型的清末罩棚式会馆建筑，厅前设游廊，大厅上方设玻璃天窗，室内光线明亮。

» 红色往事

一座商会，同时见证"五四"与"五卅"

1919 年 6 月 9 日，正当天津学联在中山公园举行公民大会之时，天津商界在总商会召开董事紧急会议，讨论罢市问题，犹豫不决。天津爱国学生领袖马骏被推为公民大会代表，前往总商会列席董事会，催促商界罢市。马骏在中山公园与总商会之间奔走，传达各界群众意见，并警告商会如不能立即罢市，公民大会之全体公民将前往商会请愿。总商会董事和行业代表不得不接受公民大会要求，决定从 10 日起全体罢市。但次日清晨，商界竟然毁约开市。学生联合会得到报告，当天上午即推马骏等各界代表 40 余人前往总商会提出质问。

马骏向商会各董事质问道："国人奔走呼号原为救国，目前公民大会全体公民一致表示誓死救国，商界诸君竟不能牺牲眼前利益，使罢市坚持到底，请问诸君爱国良心何在？国民资格何在？"在场一商董，不屑地问马骏是哪里人，在天津有无财产？马骏即愤然起立回答："鄙人是吉林人，天津固无财产，然鄙人尚有生命热血可流于诸君面前。"说完即挺身以头向石柱撞去。旁边的商会文牍长赶忙上前抱住马骏，解释称："昨晚曹锐（直隶省长）欺骗我们，说大总统已批准曹汝霖的辞职，所以我们才开市的。"商会想以此作借口，来掩饰其为私利而妥协的行为。马骏当面揭露和斥责其托词。商界代表深恐引起全市人民的义愤，不得不马上答应："从明天起继续罢市。"爱国学生运动领袖马骏在总商会议事厅以头撞柱血谏天津商界坚持罢市斗争，写下了"五四"运动史上慷慨悲壮的一页。

在"五四"运动高潮中，在天津学联推动下，天津工人阶级、商界先后加入"五四"运动。为进一步加强组织和动员各界爱国人士投入这场反帝爱国斗争，1919年6月18日，天津工商学各界联合会在天津总商会议事厅举行成立大会，包括工人、学生、妇女、教育、新闻、工商、士绅、宗教各界的30个团体，计170个单位加入各界联合会，大会推举卞月庭为会长（因卞月庭没有就任，会长实际上由马千里担任），会议确定以"拥护公理，发展民权；提醒国民爱国思想；督促实业，主务各机关兴办实业，振兴国货；关于内政外交随时觉察，负陈请建议政府之责"为宗旨。

天津各界联合会在天津学生联合会、女界爱国同志会、店员救国十人团的积极支持下，加强了天津人民在"五四"运动中的团结统一，特别是在联合抵制日货活动中，给日本帝国主义在华经济以沉重的打击，把爱国反帝斗争推向深入。当时负责学联执行科的周恩来等曾前往总商会与会长共商抵制日货办法。1919年7月6日，天津各界联合会的演讲团18人在河北旱桥外北四区和南竹林村北口进行反帝爱国宣传，听众达1 000多人，"劳动界居大多数"。演讲三四个小时，秩序井然，"无论男妇，其一种乐闻不倦及被感动之气象，形容于外，有不能以言喻者"。

此后，天津各界群众慰劳赴京请愿代表和欢迎周恩来、马千里、马骏等20余名爱国志士胜利出狱大会也是在此举行的。1925年，"五卅"惨案发生后，为声援反帝斗争，时任中共天津地委妇女部部长的邓颖超在此再次组织召开天津各界联合会成立大会，并担任主席，总商会遂成为天津地委领导"五卅"运动的指挥部，也成为全国为数不多的同时见证"五四"运动、"五卅"运动的历史建筑。

東马路

天津基督教青年会旧址

东门内大街

天津基督教青年会旧址

位于南开区东马路 94 号

◎ 天津基督教青年会旧址外观

» 建筑历史与风貌

基督教青年会是基督教新教的社会活动机构之一，也是国际性的宗教团体。天津基督教青年会成立于 1895 年 12 月，由美国传教士来会理创办，是中国第一个城市基督教青年会。近代天津曾是基督教青年会在华总部所在地，也是基督教青年会最活跃的城市之一。1914 年，天津基督教青年会在老城厢东马路建成新会所。

天津基督教青年会广泛接纳知识界人士为会员，包括教育家、医生、工商业者、银行家、高级职员等，而且不问是否信仰基督教，因此宗教色彩并不鲜明，而文化形象更加突出，加之其活动多具国际性与时尚性，客观上形成了以传播西方文化、娱乐活动为媒介的社交中心，对天津广大青年学生有较大的吸引力。

建筑坐西朝东，三层砖木结构带半地下室，占地面积 1 000 m²，建筑面积 4 000 m²。立面采用横纵三段式划分，建筑平面呈正方形，正立面楼门入口处设高台阶，两侧饰双半圆立柱，门额上有"青年会"阳文字样，墙体以红色缸砖砌筑，平屋顶，四面出檐，檐口原有山花，门窗开阔，整体造型中西合璧。首层前厅宽敞，后部有室内篮球场和剧场。室内篮球场按国际标准设计，规范合理，四周筑环绕看台，曾举行过中国第一场篮球比赛。剧场曾举办关于奥

◎ 天津基督教青年会旧址正立面

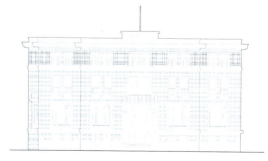

◎ 天津基督教青年会正立面测绘图

运会演讲。二、三层设"德、智、体、群"等分部。曾为天津市少年宫,房间多辟为教室及活动室。现为天津市文物保护单位,重点保护等级历史风貌建筑,第一批天津市革命文物。

» 红色往事

学生爱国集会游行活动的集聚地

1919 年,在轰轰烈烈的"五四"反帝爱国运动和抵制日货运动中,天津基督教青年会对天津人民和广大学生的爱国运动表示支持,多次为市民及学生的游行示威活动提供场所,成为群众组织爱国集会游行的集聚地。5 月 7 日,天津各校学生举行"五七"国耻①纪念集会和示威游行,从天津基督教青年会出发,绕老城一周后回到天津基督教青年会。7 月 3 日至 4 日,天津基督教青年会育才学校借青年会礼堂演出新剧,所得捐款,悉数捐入天津学生联合会。8 月 31 日下午 4 时,学生演讲团为欢迎赴京请愿代表回津,自天津基督教青年会前出发,赴各处演讲,并于 6 时赴新车站(北站),欢迎回津代表。10 月 2 日,天津各校学生 4 000 余人在天津基督教青年会集合赴省公署请愿。

天津基督教青年会还充分发挥其影响力,争取社会各种爱国力量,积极推动"五四"运动向纵深发展。著名爱国教育家、天津基督教青年会成员马千里与学生一道,为救国奔走宣传、出谋划策,号召群众提倡工业、抵制日货,使广大市民深受感动。6 月 18 日,马千里凭借其在教育界的威望和社会活动能力被选为天津各界联合会副会长,同时担任"抵制日货委员会"的主席,在抵制日货、提倡国货的运动中发挥了重要作用。他曾在演讲中大声疾呼:"今日成立斯会,原赖各界热心国事,惧中土之沦亡,然必须同心协力,相辅前进,无论何种党派或官僚派如何设法从中破坏,我等必竭力抵御之。"怀着坚定不移的决心,马千里终日不顾个人的安危,不计自己的得失,把全部精力投入了各界联合会的工作之中。

---

① 1915 年 5 月 7 日,日本就对华"二十一条"不平等条约向北洋政府提出最后通牒,当时爱国群众即把这一天定为"国耻日"。

1920 年初，直隶省长曹锐和天津警察厅长杨以德对学生爱国运动采取高压政策，先后封查了天津各界联合会和学生联合会，周恩来、马千里、马骏等20 余人被捕。军阀当局的暴行激起了津门爱国人士的共同抵制和抗议。7 月，在被捕同志的坚决斗争和社会舆论的压力下，审判庭不得不宣布释放全体代表。天津基督教青年会慰问团积极参与各界人士组织的庆祝活动，并为每位代表送上特制的纪念章，上刻"为国牺牲"，以表达天津基督教青年会及广大社会同仁对周恩来、马千里等人爱国之举的嘉奖。

维斯理堂遗址

位于和平区原滨江道 201 号（今滨江商厦所在地）

◎ 维斯理堂历史照片

» 建筑历史与风貌

维斯理堂建于1913年,由美以美会(后称"卫理公会")筹建,堂内设有800多个座位,是天津最大的基督教教堂,也是天津卫理公会的中心教堂。1958年,天津基督教会实行联合礼拜,维斯理堂成为4座联合教堂之一,更名为滨江道教会,亦称天津基督教会滨江道堂。

◎1939年天津大水中的维斯理堂

维斯理堂地处劝业场商业繁华区,1913年5月建成,由天津建华工程公司兴建。维斯理堂占地面积2 403.34 ㎡。建筑面积1 565 m²,为二层(局部三层)砖木结构建筑,外檐清水墙面,铅铁圆顶,侧面山墙带有齿状水泥装饰。首层开方形窗,二层开券窗,立面左侧筑方形尖顶塔楼,开老虎窗,因建筑式样新颖,有"八角楼"之称。礼拜堂内圆外方,堂内矗立8根大圆柱,拱形大圆顶,形成八角形。大礼堂分3层,高15 m,钟楼高约18 m,顶端装有1 m多高的包铜大十字架,堂内装有铁腿木折椅850个。

大礼拜堂标志性的高坡顶具有都铎风格特色,规整布置的门窗及墙角隅石具有文艺复兴风格特征,檐部和券窗则类似罗马风,建筑整体呈现出折中主义风格特征。

牧师楼为砖木结构的二层楼房,是牧师们的宿舍。1935年,教徒捐款在大堂东侧扩建二层混合结构外堂楼房1座,楼下有小礼堂对外布道,楼上有客厅及办公室,并有过桥与大堂相通。同时在大堂南侧建了教会附属小学校。

» 红色往事

一座教堂,成为进步学生的避难所

1919年9月21日,李大钊应觉悟社社员周恩来、郭隆真、邓颖超等人的邀请来到天津。当日上午,李大钊在维斯理堂做讲演,主要内容是介绍国际形势、第一次世界大战和十月革命胜利的重大意义,指出了被压迫民族求解放的途径。讲演结束后，又前往刚刚成立不久的觉悟社，与社员交流思想，指导社员学习马克思主义思想和社会主义学说。

1920 年 1 月 23 日，在抵制日货运动高潮中，反动当局殴打并逮捕了检查日货的爱国团体负责人马千里、马骏等 24 人，并查封了包括天津学联在内的多个爱国团体。面对反动军阀对反帝爱国运动的强力镇压，进步学生公开集会已无法举行。这时觉悟社发展的新社友中有一对夫妇是维斯理堂职员，二人对学生爱国运动表示同情，默许进步学生在教堂开会，而教堂地处租界，能够有效防止反动军阀的干扰破坏，于是天津学生联合会即暂定每星期在法租界维斯理堂开会一次。

1 月 26 日至 28 日，周恩来、郭隆真、邓颖超等觉悟社社员在维斯理堂地下室连续 3 天召开秘密会议，决定于 1 月 29 日举行更大规模的示威，并对地下工作和后勤联络等也都做了安排。1 月 29 日，在周恩来为首的学生联合会的发动组织下，20 多所学校数千名学生前往省公署请愿，直隶省长曹锐不但不出面相见，反而下令军警用武力血腥镇压学生，酿成震动津城的"九一廿九"惨案（民国九年一月二十九日），周恩来、郭隆真、于方舟等代表被捕，关押在警察厅。直到当年 7 月方被全部释放。不久，周恩来等部分觉悟社成员在李大钊的帮助下赴法勤工俭学。

天津工人工余补习学校遗址

位于河北区宇纬路原东兴里四段 12 号（今胜天里居民区）

◎天津工人工余补习学校师生在校门口合影

» 建筑历史与风貌

天津工人工余补习学校成立于 1921 年 9 月，是在李大钊具体指导下，由革命知识分子于树德、安体诚在恒源纱厂工人宿舍创办，是中国共产党在天津建立的第一所工人学校[①]。学校以"使工人利用工作余暇，补习学识"为办学宗旨，在补习知识之时，实际上也是当时中国共产党团结教育工人，指导工人运动，开展革命工作的重要阵地，是马克思主义与天津工人运动相结合的重要标志。

东兴里是 1919 年由江西督军李纯建造的里巷。因为李纯原住在河北区水梯子大街东兴里，所以此里巷建成后名为"东兴里"。东兴里是规模较大的里弄式住宅，基地呈正方形，占地面积约 2 hm²。弄内设横竖各 3 条弄道，将全里划分为 16 个方形组团，每个组团由 4 ~ 7 个分户单元组成。各分户单元皆为三合院，其朝向不尽相同，未考虑朝向合理性，弄道四通八达，环境杂乱。1976 年，东兴里震损，1979 年改建为胜天里居民区。

» 红色往事

天津劳工运动的一道曙光

工人工余补习学校成立之时，在天津《益世报》上刊登了《工余补习学校

◎ 天津工人工余补习学校创办人于树德（左）、安体诚（右）

章程》，其中规定：学校分普通部和特别部两部。普通部招收识字工人，授以工人常识、国文、数学、尺牍等；特别部分为国文科、英文科、数学科，由工人择修一科或数科。学校设有专任教员和辅导教员若干名，在天津直隶法政专门学校

---

① 中共天津市委党史研究室.中国共产党天津历史.北京：中共党史出版社，2005：52.

任教的于树德、安体诚亲自到工余补习学校任教。参加学习的学生以附近恒源纱厂工人、学徒工为最多，也有新车站（北站）的铁路工人。

开课之初，工人们在教员的带领下，大声朗读"你织布，我纺纱，赚得钱来都归资本家……"。教员除为工人补习文化知识外，还特别注意通过读报、谈心、讲故事、做报告等形式，以浅显的语言向工人宣传进步思想，启发工人觉悟。通过学习，工人们第一次听到俄国工人阶级在列宁领导下，夺得十月革命胜利和奋力建设社会主义的消息；第一次明白了劳动群众团结斗争求解放的真理。

学校第一期招收学员40多人，但在很短的时间内，就吸引了数百工人到课堂旁听。经过工余补习学校的教育，一批工人运动骨干迅速成长起来。一些工人运动的党团会议、集会等活动也经常在学校举行。1922年3月12日，社会主义青年团天津执行委员会在学校正式成立。7月，中国劳动组合书记部天津支部也在学校建立。

为促进工人觉悟，1922年4月，校内又建立了天津工人图书馆。5月，学校为纪念马克思诞辰104周年，创办了天津"五五书报代卖社"，介绍文化、科学书刊，传播新思想，其收入的一半用于工人运动的经费开支。

1922年暑期，学校一度被警察局查封，学校被迫转入地下，后因纱厂老板一面限制工人外出上课，一面搬请警察当局取缔学校，补习学校停办。

天津工人工余补习学校历时一年，在党的领导下，学校将宣传马克思主义同工人运动有机地结合起来，取得了很好的成绩。当时，天津报纸称它是"普及劳工教育之先声"，上海《民国日报》赞扬它是"天津劳工运动的一道曙光"。

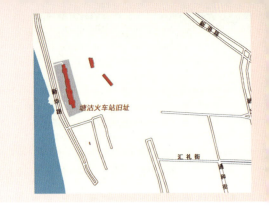

塘沽火车站旧址

位于滨海新区新华路 128 号

◎ 塘沽火车站旧址外观

» 建筑历史与风貌

塘沽火车站（今塘沽南站）是原唐胥铁路延长线的端点，1888年4月建成，1907年重修，是中国铁路现存历史最久、保存最完整的火车站。塘沽火车站曾经是天津铁路枢纽的重要组成部分，在中国的铁路建设史上有过卓越的贡献。清末民初，修建铁路的大量材料都需要从国外进口，当时中国最大的铁路材料处——塘沽材料处即设在塘沽火车站，大量施工材料由此运往全国各地的铁路工地。

1912年京奉铁路通车，经过塘沽火车站，形成向东再向北的90°弯道。1943年，塘沽火车站由京山（即京奉线北平到唐山段）线上剔出，使京山线由新河站（今塘沽站）直接连通北塘站，从而使京山线不再另拐90°的弯道，缩短5 km的运输距离。改线后另从支线由新河站连接塘沽火车站（即今塘沽支线），塘沽火车站在客运方面主要是津塘市郊列车，天津人俗称"塘沽短儿"。2004年10月，该站结束客运业务。

旧址现保留有完好的砖木结构建筑群和系列站区设施，占地25 930 ㎡，由英国人金达主持修建。现为全国重点文物保护单位。主体站房是砖木结构平房，坐东朝西，与铁轨方向平行布置。房屋顶为灰瓦坡顶，白灰灰口，上开老虎窗，屋顶端部设有女儿墙。外檐为青砖墙面，木质门窗，尖脊坡顶具有英式建筑特征。建筑正面山墙原设有半圆形格窗，格窗内并置两个半圆形饰线。

扳道房建于建站初期，距主站房180 m，原为一座青砖外墙平房，后加建为二层砖混结构小楼，外檐刻有"TANGKU"（塘沽）站名标志。三跨机修车间的外檐由红砖砌筑，呈现独特的铁路建筑风格。

◎ 扳道房正立面

» 红色往事

1918 年 8 月，刚刚从湖南一师毕业的毛泽东与萧子升、罗学瓒、罗章龙等 20 多名准备赴法勤工俭学的青年离开长沙前往北京。毛泽东在北京的主要活动是主持湖南青年留法勤工俭学工作。这年冬天，毛泽东曾同罗章龙等到天津大沽口观海，看要塞炮台[①]。

前往天津当日，一行人乘坐早班车来到塘沽火车站（今塘沽南站），大家顺海河北岸步行来到"海门古塞"大沽口炮台，观望大海和海河口。当时春寒风冷，河口还结着冰，但几名热血青年都兴致勃勃，被浩瀚无边的大海所震撼，各个心潮澎湃。十几个青年干脆选了一块背风朝阳的地方，围坐在一起讨论起祖国的未来，抒发个人的理想与抱负，有人提议以海为题，每人作诗一首，十几个人都即兴作了诗，真可谓"指点江山，激扬文字"。青年毛泽东也写下了："苍山辞祖国，弱水望邻封"的著名诗句[②]。

那天观海时，一名同学带了个大提包，临回去时和大家拾些贝壳做纪念。回程时，塘沽火车站的巡警见提包鼓鼓囊囊，起了疑心，认为是走私货，非要检查不可。这名同学故意不让检查，巡警疑心更大了，抢过提包，拉开一看，里面都是贝壳，众青年一起哈哈大笑。此掌故也在同行人之间流传了下来。

[①] 逄先知.毛泽东年谱（1893 — 1949）.北京：人民出版社，1993：38-39.

[②] 中共天津市委党史研究室.天津市革命遗址通览.北京：中共党史出版社，2012：47.另参见"张宪中，邕思.毛泽东诗词艺术赏析.沈阳：辽宁人民出版社，1997：387."

天津造币总厂旧址

位于河北区中山路与宇纬路交叉口东 50 m

◎天津造币总厂旧址外观

◎ 造币厂遗存建筑

» 建筑历史与风貌

天津造币总厂全称为财政部天津造币总厂，是民国北洋政府的中央造币厂。其前身为 1902 年由周学熙创办的北洋银元局，厂址初设在今中山路东侧，先是铸造铜辅币，后开铸银元。1905 年更名为"户部造币总厂"，是中国第一座现代化造币厂。民国元年，原北洋造币局和造币总厂合并，更名为天津造币总厂。1928 年，工厂随北洋政府解体而完全停顿。天津造币总厂为民国北洋政府统一币制、稳定金融秩序等做出了重要的贡献。中国共产党成立初期，中共地下党员曾进入工厂领导天津造币总厂工人运动。

天津造币总厂建成于 1905 年，又称"东厂"（原天纬路 26 号工厂称"西厂"）。厂址占地面积 31 916 ㎡，布局原为多路多进四合院，以东西向箭道间隔贯通。现仅存平房 70 余间，砖木结构，硬山顶。正房面阔五间，采用前出廊或"勾连搭"式。厢房面阔三间，平面多为"凹"字形。入口砖砌拱券门楼和砖雕花饰犹存。门额有吴鼎昌所书"造币总厂"四字。天津造币总厂为晚清至北洋时期国内规模最大、设备最精、技术最先进、产品最丰富的造币企业。造币总厂旧址为全国同类物质文化遗产中级别最高、遗存最多的一处。现为天津市文物保护单位。

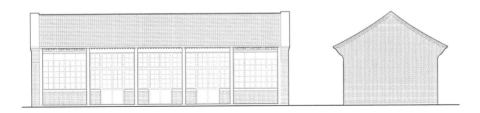

◎ 天津造币厂旧址遗存建筑正立面、侧立面测绘图

凋零造币厂，工运随势起

袁世凯复辟失败，北洋军阀虽继续掌权，但政局动荡，经济日趋衰竭，造币厂虽属财政部，但白银来源短缺，生产处于半停顿状态。至"五四"运动前后，天津造币总厂工人生活非常艰难。"五四"运动爆发后，天津学生联合会曾开会决定，深入天津造币总厂、津浦铁路工厂等产业工人集中的大企业之中，广泛发动工人建立并加入工会。在进步青年知识分子的影响下，一部分天津造币总厂工人逐渐提高觉悟，开始为维护自身利益反抗压迫。

随着大革命的兴起，天津造币总厂失业工人斗争随势而起。天津《益世报》曾记载了天津造币总厂工人罢工及索薪的情况。1924年11月17日，天津《益世报》报道："员司欠薪已三月，亦未发放分文。又因该厂之停顿，影响西厂炼铜处，亦于日前停工。" 1925年1月8日报道："天津造币总厂员司，因欠薪日期甚久，饥寒交迫，呼吁无门。曾在该厂工程处会议，推举代表，赴日界吉野街王桂寿宅索薪。乃王氏以该厂已经停工，监督职务解除，竟不肯负责，置之不理。全体员司大愤，又拟开会讨论办法。" "五卅"运动后，天津造币总厂工人在地下党员的组织下，反抗压迫的积极性越来越高，罢工斗争有声有色，一浪高过一浪。

第一次国共合作失败后，党组织在造币厂等天津大企业的活动也陷入低潮。1929年10月至1930年2月，地下党员、河北临时区委书记徐文雅（徐彬如）曾短暂建立天津造币厂党支部。

周恩来邓颖超纪念馆

位于南开区水上公园北路 1 号

◎ 周恩来邓颖超纪念馆外观

◎ 周恩来邓颖超纪念馆内汉白玉雕像《情满江山》

» 建筑历史与风貌

周恩来邓颖超纪念馆建成于 1998 年 2 月，占地 1 386 m^2，馆舍建筑面积 960 m^2。馆内藏品丰富，文物价值弥足珍贵。

周恩来、邓颖超同志青年时代曾在天津学习、生活和从事革命活动，中华人民共和国成立后两位伟人一直关心天津的工作，关注天津的发展，多次亲临天津视察指导工作，把天津作为自己的第二故乡[①]。

为了世代缅怀铭记周恩来、邓颖超的丰功伟绩和高尚品德，1996 年，中共天津市委、市政府决定并报请中共中央批准，建立周恩来邓颖超纪念馆。党和国家领导人十分关心纪念馆的建设，江泽民同志为纪念馆题写了馆名。1998 年 2 月，在周恩来诞辰 100 周年纪念日前夕隆重开馆。周恩来邓颖超纪念馆不仅成为天津重要的爱国主义教育基地，也是天津标志性的现代文化设施之一。

---

① 中共天津市委党史研究室，天津市旅游局，中共天津市和平区委员会. 红色印迹. 北京：中共党史出版社，2007：198.

◎ 按历史原貌仿建的西花厅

纪念馆主体建筑的平面呈"工"字形，建筑造型借鉴中国传统建筑元素并简化创新。序厅屋顶以中国古代最隆重的重檐庑殿顶为原型，将其提炼为斗状四坡顶，融传统神韵与现代抽象建筑语汇为一体，简洁庄重。其余建筑屋顶皆采用硬山顶。入口通廊、雨篷和硬山山墙两侧，将柱、枋等元素集中表现，丰富了建筑的虚实对比。建筑整体造型设计在体现纪念性建筑庄重感的同时，又不失平实亲切的意味，墙身和柱廊采用同色调花岗岩，和谐统一。

纪念馆基本陈列分为 3 大展区，即主展厅、按 1：1 比例仿建的北京中南海西花厅专题陈列厅和专机陈列厅。主展厅内有：周恩来生平展"人民总理周恩来"和邓颖超专题展"邓颖超——20 世纪中国妇女运动的先驱"；西花厅专题陈列厅设有复原陈列和主题文物展"伟大的情怀"；专机陈列厅陈列着苏联政府赠送给周恩来总理的伊尔–14 型 678 号专机，现为国家二级文物。纪念馆的展陈主题突出，天津地域特色鲜明，生动再现了周恩来、邓颖超两位伟人光辉灿烂的一生以及为祖国、为人民鞠躬尽瘁的优秀品质和崇高精神。

扫码关注公众号，
听讲解

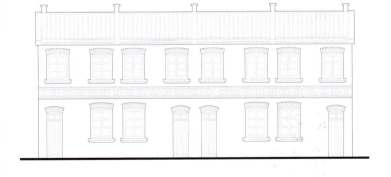

第二部分

革命浪潮 升腾跌宕 涌动昂扬战意（1924.9—1927.7）

建筑·党史

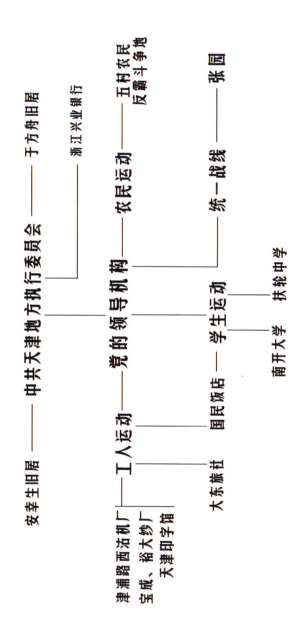

党的领导机构
├── 安幸生旧居 —— 中共天津地方执行委员会 —— 于方舟旧居
│   └── 浙江兴业银行
工人运动
├── 津浦路西沽机厂
├── 宝成、裕大纱厂 —— 工人运动
└── 天津印字馆

农民运动 —— 五村农民反霸斗争地

学生运动
├── 大东旅社
├── 国民饭店 —— 学生运动
├── 南开大学
└── 扶轮中学

统一战线 —— 张园

1924.9—1927.7

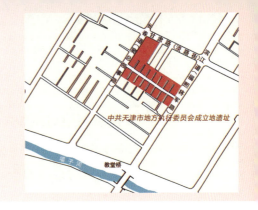

中共天津市地方执行委员会成立地遗址

中共天津地方执行委员会成立地遗址

位于和平区长春道原普爱里 21 号（今欧乐百货所在地）

◎ 中共天津地方执行委员会成立地历史照片

» 建筑历史与风貌

中共天津地方执行委员会（以下称"中共天津地委"）成立于1924年9月，隶属中共北京区执行委员会（后改组为中共北方区执行委员会，简称北方区委），于方舟、李季达先后任委员长（后改称书记）。中共天津地委是新民主主义革命时期中国共产党在天津建立的第一个领导机关。

中共天津地委成立地所在的普爱里是由法国天主教会普爱堂于1919年投资

建造，占地4 432 ㎡，建筑面积3 277 ㎡，每户建筑面积59 ㎡，属于较低标准的新式里弄住宅。普爱里的主弄道贯通全里，是连接滨江道与长春道之间的街道。里弄内以近端式支弄联结16排住宅单体，由于支弄较短，故里内环境杂乱。普爱里全部为二层砖木结构联排式住宅，每个分户单元占用一个开间，平面布局紧凑，设有前、后院。户内以一层起居室

◎中共天津地委成立大会会场复原

为中心组织内部空间，设有卧室、厨房、厕所等，起居室后部设置楼梯，转角位置作扇形踏步。建筑外檐为红砖清水墙面，檐口和一、二层券窗间带有红砖图案点缀，双坡屋顶，大筒瓦屋面。该建筑于1961年辟为中国共产党天津建党纪念馆对外开放，1982年列为天津市文物保护单位，1994年列为天津市爱国主义教育基地。

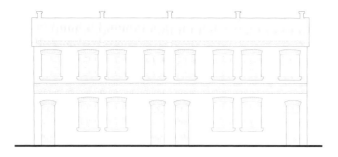

◎普爱里正立面复原图

◎于方舟（1900—1927），河北宁河人（今属天津市）。"五四"运动中天津学界主要领导者，是进步青年团体新生社的发起人。1923年入党，1924年9月当选为中共天津地委委员长

◎江浩（1880—1931），河北玉田人。1920年参加北京共产党早期组织。1924年9月当选为中共天津地委组织部主任

◎李锡九（1872—1952），河北安平人。1922年加入中国共产党，1924年9月当选为中共天津地委宣传部主任

» 红色往事

普爱里，党在天津的第一个领导机关

在中国共产党酝酿成立和创建初期，天津一批早期共产主义者，如张太雷、江浩、李锡九、于方舟、于树德、安体诚、安幸生、李培良等人已经相继加入中国共产党。这批干部大都被派往外地开展工作，天津未能建立党的组织。1923年6月，中国共产党召开第三次全国代表大会，决定采取党内合作的形式同国民党建立联合战线，确定党在当时的中心任务是进行国民革命运动。

1924年1月，孙中山在广州组织召开了有中国共产党代表参加的国民党第一次全国代表大会，标志着以国共合作为基础的革命统一战线正式建立。经李大钊推荐，于树德、于方舟、江浩、李锡九等人作为北方代表出席了这次大会，于树德当选为国民党中央执行委员。

为了适应革命形势发展的需要，李大钊指示于方舟、江浩、李锡九等人返津后加紧筹建中共天津地方组织和国民党地方组织。于方舟等人回津后于2

月底在普爱里 17 号组建了国民党直隶省党部和天津市党部，于方舟、江浩、李锡九等人担任了国民党直隶省党部和天津市党部的主要领导人。在国民党地方组织的掩护下，于方舟等人秘密开展中共天津地方组织的筹建工作。

1924 年春，于树德等 5 名党员和候补党员成立了天津党小组。于树德任天津党小组组长，直属于中共北京区委，这就为中共天津地委的建立奠定了基础。1924 年 6 月，根据中共中央和青年团中央"关于党、团组织分开，经过审查将超龄团员尽量转入党组织"的精神，天津社会主义青年团 10 余名超龄团员陆续转为中共党员。这样，当时天津已有共产党员近 20 名，建立中共天津地方组织的条件基本成熟。

1924 年 9 月，天津全体共产党员在法租界 24 号路（今长春道）普爱里 21 号（原 34 号）江浩家中举行中共天津地方执行委员会成立大会。江浩是中国共产党的早期党员和出色的革命家，毛泽东曾称赞他"是一位像松柏那样长青的革命元老"。早在 1911 年辛亥革命之时，江浩与李锡九就曾在天津建立同盟会北方支部，往来于京津之间，组织反清武装斗争。民国成立后，又以直隶省议员、国会议员等身份，在北方从事革命活动。1922 年前后，江浩大女儿江韵清进入直隶第一女子师范学校第一附属小学任体育老师。可以说，江浩对于天津的社会情况非常熟悉，有一定的社会关系，是天津的"老革命"。国民党第一次全国代表大会后，江浩从上海致信正在天津工作的女儿江韵清，让她在天津租一所小房子，最好在租界区，交通要方便，要有后门，便于秘密工作。根据父亲要求，经过一番挑选，江韵清最后选定法租界普爱里 21 号（原 34 号）。这栋小楼是一处里弄民居，一楼一院，前后两个门。里弄东面是新兴商业区，西面临近墙子河（今南京路），河对岸即是杂草丛生的老西开旷野，主弄道的南口是现在的滨江道，有绿牌电车通行，北口是今天的长春道，四通八达，一旦发生意外极易疏散。由于临近老西开教堂，又属教会房产，这一带的住户大多是天主教徒，江浩以参议员身份偕夫人刘玉莲和小女儿江汰清住在这里。人们都知道这里是参议院议员江浩的家，但实际上也是党在天津领导革命活动的战斗司令部。

中共天津地委成立大会讨论了党在天津的具体工作方针和行动纲领,选举于方舟为委员长,江浩为组织部主任,李锡九为宣传部主任。原中共天津小组组长于树德专门从事国民党北京执行部的工作。会议期间,江浩的爱人和小女儿以干家务活为掩护,在门口负责放哨。不久,中共天津地委增设农工部,主任为李培良。

中共天津地委的成立是中共天津历史上的重大事件,也是天津近代革命史上的重大事件,从此天津人民的革命斗争有了更加有力的统一的领导核心。天津的工人运动、农民运动、学生运动、妇女运动进入一个新的历史时期。至1926年,中共天津地委领导下的党支部已发展到24个,党员发展到450余人。

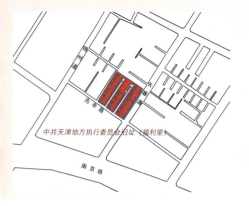

中共天津地方执行委员会旧址（福利里）

中共天津地方执行委员会旧址（福利里）

位于和平区兆丰路福利里 21 号

◎ 中共天津地委旧址（福利里 21 号）外观

» 建筑历史与风貌

福利里 21 号是中共天津地委的第二处办公地。1924 年 9 月，中共天津地委在普爱里 21 号成立后不久，为安全起见即迁至对面街区内的福利里办公，福利里 21 号是中共天津地委机关中目前仅存的 2 处旧址之一。

福利里位于和平区中部，兆丰路东段北侧，由两条并行里巷组成，均南起兆丰路，北端不通行。1919 年至 1921 年由高桂滋建房成巷，并命名至今。里内为二层砖木结构楼房，福利里 21 号位于弄内靠南一侧并毗邻连通兆丰路的主弄，交通较为便利。

◎福利里巷内

» 红色往事

福利里，地委机关选址的智慧

大革命时期，北方尚处在北洋军阀统治之下，天津更是北洋军阀的大本营和重要活动中心。中共天津地委成立后先后 7 次变更办公地点，反映了这一时期革命斗争形势的复杂与危险。而每处地委机关选址的主要考量因素就是工作环境的隐蔽性、安全性和紧急情况下迅速转移的便捷性。

从福利里 21 号看，这里地处在法租界。近代租界地区事实上是"国中之国"，历届中国政府乃至抗战初期的日本占领者，都无法对租界实施直接管辖权。而租界在政治上又标榜民主自由，这就减少了反动势力对革命活动的干扰破坏，在一定程度上为党的城市工作提供了一个相对"安全"的缓冲地带。近代天津，多国租界并立，各国租界的执法主体以及法律体系的差异导致界内警察不能越界执法，加之地处九河下梢，因此在众多河陆相接、租界毗邻、华洋接壤之地会形成制度管理上的缝隙区，特别是河道上的桥梁更是三不管、没法管的地方。这些政治管控薄弱的地方，正是党的地下工作者最为"偏爱"的区域。

以福利里为例，西侧为锦州道，是法、日租界分界线，南邻墙子河（今南京路），河对岸的老西开地区为法、日、中三方争议地区，这里租界毗邻、河陆相接、道桥纵横、路网复杂，且当时尚属城乡接合部，河道两侧的建筑多是刚刚建起的连片里弄式的二层砖木小楼，以民居为主，人员密集。党的领导机关大多以家庭为掩护在此活动，遇紧急情况可迅速转移至别国租界或河对岸。若非大案要案，租界警察一般不会越界或过河执法。城市主路、弄道、支巷错综复杂，也提高了革命活动的隐蔽性和紧急情况下快速转移的灵活性，同时增加了租界警察的执法抓捕难度。

从 1924 年 9 月成立至 1927 年 8 月撤销的三年时间里，中共天津地委的 8 处办公地都位于英法租界内，其中 7 处集中分布在墙子河（今南京路）沿岸的里弄式民居内，集中体现了革命活动在选址上的考量因素，印证了中国共产党早期城市革命活动的轨迹特征，也集中体现了地下工作者对天津城市空间特点的充分认识和自觉利用。

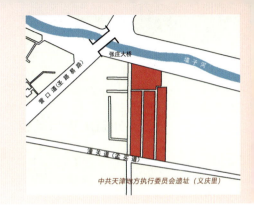

中共天津地方执行委员会遗址（义庆里）

中共天津地方执行委员会遗址（义庆里）

位于和平区南京路原义庆里 40 号（今世纪都会商厦所在地）

◎ 义庆里 40 号历史照片

» 建筑历史与风貌

义庆里 40 号是中共天津地委的第三处办公地。1924 年底，中共天津地委机关从福利里迁至此处办公。

义庆里建成于 1924 年，由 7 条纵横交错的支巷组成。1922 年，由中法义隆房产公司投资建造，取公司名首字及庆贺之义命名。旧址为二层砖木结构小楼，每栋建筑面积 60 ㎡ 左右，属于较低标准的新式里弄住宅。建筑首层设有小院，前后开门。旧址于 1982 年被公布为天津市文物保护单位。

» 红色往事

义庆里，租界里的大革命基地

1924 年底，中共天津地委从福利里迁至义庆里 40 号。当时正值国共合作高潮之时，国民党直隶省党部和天津市党部执行委员大部分是中共党员和共青团员，而中国共产党的活动是秘密的，国民党的活动是半公开的，因此义庆里 40 号实际上也成为党领导天津革命统一战线的重要活动基地，中共天津地委领导人于方舟、江浩、邓颖超、安幸生等经常在此开会。

1925 年"五卅"运动爆发，全国范围内的反帝爱国斗争掀起高潮。为适应斗争形势发展的需要，中共北京区委派李季达来津担任地委书记，以加强对天津革命活动的领导。李季达到天津后，出于安全考虑，将地委机关转移至弄道另一端的义庆里 17 号，并住在那里。而义庆里 40 号仍然作为一处半公开的革命交通联络点使用，各地大批函件和印刷品邮到这里，外地来京的革命同志也到这里联络住宿。党还在此举办过革命理论学习班，许多同志经过培训，被派到广州黄埔军校和农民运动讲习所，有的还被派往苏联学习。

8 月，军阀李景林和张宗昌组成的直鲁联军占领天津后，形势急转直下，党领导的各革命团体被迫转入地下。义庆里 40 号作为国民党天津市党部被重新启用，由共产党员、共青团天津地委组织部部长江震寰以国民党天津市党部常委的身份在此主持机关工作。然而，由于这一机关使用时间较长，因此重新启用后已无秘密可言。且早在 1924 年 12 月 4 日，义庆里 40 号即被英租界工部局搜查过。重新启用后，英租界警察和军阀当局经常派遣暗探，监视和尾随出入这里的人员。

1926 年下半年，北伐军打垮了直系军阀吴佩孚的主力，逼近长江流域。盘踞在中国北方的反动军阀惊恐万分，对革命力量加紧镇压，一切言论、出版、集会、结社的自由一律取消，疯狂叫嚣一句口号："不问敌不敌，只问赤不赤。"整个北方笼罩在一片白色恐怖之中。11 月 23 日，军阀当局勾结英租界当局以"组织党部、宣传赤化、阴谋暴动"为由，出动大批巡警搜查义庆里 40 号，正在机关办公的江震寰、邬集中、王春善、马增玉 4 人遭逮捕，摆在外面的《国民党党纲》《孙中山演说集》和许多宣传品、文件等被没收。当时机关工友、共产党员李风和正到胡同外的水铺打水，往回走时从华人巡捕处得知义庆里正在抓人，李风和遂迅速离开现场，并设法通知党组织。

案件发生后，中共天津地委立即设法通知下级组织和有关同志，并通过在《华北晚报》社工作的地下党员公开报道义庆里事件，向同志们发出警报。但是仍有 11 名未接到通知的同志，被敌人逮捕，整个事件时称"义庆里事件"。11 月 25 日，英租界工部局将江震寰等 15 人引渡给军阀当局，引渡速度之快，

◎李季达（1901—1927），四川巫山人。"五卅"运动期间担任中共天津地委书记，直接领导天津反帝爱国运动。1927 年 11 月，在天津英勇就义

◎江震寰（1904—1927），河北玉田人，江浩之子。1924 年加入中国共产党，曾任青年团中共天津地委组织部部长。1927 年 4 月 18 日，在天津英勇就义

说明英租界当局与奉系军阀早有预谋。

义庆里事件发生后，先是在党的机关报《向导》发表了题为《天津英租界引渡国民党员之严重意义》的文章，指出"这一严重事件是英国帝国主义致奉鲁军阀的见面礼之一"。广州国民政府也致电英国外交部，抗议天津英国工部局对国共人员的拘捕和引渡，指出如果被捕者受害，后果将由英国政府负责。正在广州的原中共天津地委负责人江浩向国民党中央申请营救费，获拨5 000元。江浩派地下党员迅速返津营救，临行前江浩特别叮嘱："不要偏重营救震寰（江浩之子）一人，要顾及全案。"由于这一案件被军阀当局视为要案，虽经党组织多方营救，但最终未能成功。党组织仅打通了监守人员，可与狱中人员互通信息，生活上给予一些接济。江震寰在狱中给已有身孕的妻子的信中写道："敌人虽打得我们皮开肉绽，但是他们得不到任何东西。我们把坐牢看作是休息，牺牲就是个人革命的成功。"他在遗言中为未出生的孩子取名"赤星"，叮嘱妻子一定要"抚孤之承我志，……以实现中国的社会主义革命为期"。

1927年4月，蒋介石在上海发动反革命政变，大肆屠杀共产党员和革命群众。自此南北军阀沆瀣一气，之前迟迟未动手的奉系军阀开始对革命志

◎ 江震寰等15位烈士临刑前视死如归

士举起屠刀。4月18日，义庆里事件中被捕的15位革命者在南市上权仙影院对面的刑场被杀害。江震寰年仅23岁，在遇害的15位烈士中，年龄最小的只有16岁。

1931年，天津各界人士为纪念大革命中牺牲的十五烈士，在中山公园立碑公祈，烈士们为革命事业英勇献身的崇高气节，一直为后人所崇敬。

中共天津地方执行委员会旧址（求志里）

位于和平区长沙路求志里 17 号

◎ 中共天津地委旧址（求志里）主入口外观

» 建筑历史与风貌

求志里 17 号是中共天津地委的第八处办公地，也是最后一处办公地。1927 年"四一二"反革命政变后，中共天津地委书记李季达将机关办公地迁至求志里。8 月，中共顺直省委成立后，中共天津地委改为中共天津市委。

求志里主入口设券门，临街为二层楼房，红砖墙面，宝瓶栏杆女儿墙。原在转角处建有标志性塔楼，后震毁。

◎求志里 17 号内部

» 红色往事

求志之里，中共天津地委最后一处办公地

求志里所在的黄家花园地区是英租界扩充界和墙外推广界的过渡地带，这一地区路网复杂，丁字路口、斜交叉路口、断头路多，道路"东西不畅、南北不通"，是一处便于隐蔽和迅速转移的理想环境。沿求志里弄道前行，直至里弄尽端的一处转角门栋内，一楼左手边的房间正是曾经的中共天津地委机关。"义庆里事件"发生后，中共天津地委机关开始频繁转移办公地点，几经辗转，李季达将机关设在英租界求志里。

当时，李季达和中共天津地委组织部部长粟泽共同负责纺织、地毯行业的地下党和工运工作。1927 年 8 月，中共天津地委下辖的小刘庄区委管辖的海京地毯三厂党组织遭到破坏，粟泽等被捕。军警在搜查粟泽居所时搜出了其妻赵玉玲寄的一封来信，按照信封上留下地址，敌人埋伏在赵玉玲担任校长的南开体育社典华学校附近继续抓人。王贞儒（时任中共天津地委妇女部部长、李季达妻、赵玉玲好友）得到粟泽被捕的消息后，立即去典华学校给赵玉玲送信。两人见面后刚说了几句后，军警突至，将两人一同逮捕。王贞儒一夜未归，李季达次日早晨便去学校寻找，又被敌人逮捕。此后，天津党组织先后有 12 人被捕。

李季达和王贞儒被捕后，党组织立即派人前往王贞儒家中报信，并商量营救办法。王贞儒出身天津名门，其父王赞是当时天津总商会会长王竹林家的账房先生，大伯父王襄是中国甲骨文发现者之一，叔父王雪民（王钊）是天津著名的篆刻家。尽管王家人和党组织四处活动，多方营救，还曾发动 50 多家巨商出面具保，但终无效果。

11 月，李季达等于南市刑场被公开枪杀，牺牲时年仅 27 岁。据当日天津《益世报》报道：李季达等虽"发须过长，但面色不改，立在车上（第一辆大车），大声疾呼，打倒军阀！……坚持到底"等口号。在被"押赴刑场，游街示众"之时，李季达做了义正词严、大义凛然的临别演说，"气壮山河，怒发冲冠持续一个多小时""其壮烈情景，感天惊地，鹄立候观的津埠人民无不为之感动"。李季达牺牲后，军警不准收尸，岳父王赞买通抬尸人，通过亲友偷偷将尸体抬出来，埋在天津老城西门外白骨塔。

1928 年初，王贞儒经地下党组织和家人营救保释出狱。此后，王贞儒开始从事天津妇女、儿童的社会救济工作，在天津救济院一直工作至天津解放。中华人民共和国成立后，邓颖超多次来津看望王贞儒，并用自己的工资为王贞儒补贴医药费，直至王贞儒去世。

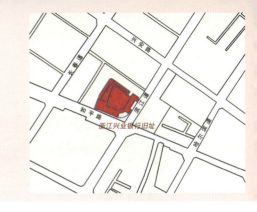

浙江兴业银行旧址

位于和平区和平路 237 号

◎ 浙江兴业银行旧址外观

◎浙江兴业银行旧址外檐细部

◎浙江兴业银行旧址内部

» 建筑历史与风貌

　　浙江兴业银行创立于1905年，是由浙江铁路公司于1907年发起集资而创办的中国最早的民营商业银行之一。浙江兴业银行创立之初总行位于杭州，陆续在全国各地设立分支行。1914年，总行迁至上海。浙江兴业银行天津分行成立于1915年10月24日，主要经营各种存放款和汇兑业务，同时发行带有天津地名的交换券。1952年12月，该行参加公私合营，正式结束营业。

　　建筑两面临街，平面略呈轴对称，整座建筑围绕穹顶展开空间布局。地下层运用石材混凝土结构，以保证结构的稳定。在地下室平面中心用混凝土砌筑了圆形的空间作为货币储藏室，其外圆内方的形象与中国古代铜钱形象相呼应。大楼一层以14根大理石贴面的爱奥尼克圆柱形成的空间为中心进行统筹布局。柱身齐腰高度处设1圈大理石表面的柜台进行围合，构成了很有意趣的圆形营业大厅。大厅布局宏伟、装饰豪华均刻饰以大理石和花岗岩表面，突显了建筑物的等级。柱顶额枋上承托大厅穹顶，穹顶用天花进行细致划分，花向上逐层缩减。大厅内部室内地面瓷砖划分仔细，由中心向外逐层展开，一直过渡到入口处，形成了饶有兴致的地面铺装。建筑主入口设在两沿街立面的转角处，以多立克双柱式及扇形转角形成视觉中心。主入口大台阶向内缩进几米，突出了主入口的宏伟气势。建筑门窗形式多样，局部采用三角山花和拱券等西方古典建筑语汇。

设计者将古罗马的爱奥尼克柱式与多立克柱式有机结合，并运用了古罗马的叠柱式和券柱式构图手法，使柱式构图成为整座建筑的重要部分。建筑立面构图简洁、大方、庄严，以双柱控制了整个立面，具有严格的中轴线，内部装饰手法多样，体现了新古典主义建筑的基本设计原则。

» 红色往事

藏在银行保险柜里的重大机密

1927 年 4 月 12 日，蒋介石在上海发动"四一二"反革命政变，大肆捕杀共产党员。18 日，奉系军阀在天津处决江震寰等十五烈士。28 日，在北京杀害了李大钊等中共北方区领导者和革命志士 20 人。

面对白色恐怖，根据上级指示，李季达在疏散市内大部分党员后，仍坚持

◎ 浙江兴业银行沿街立面测绘图

和妻子留津开展地下斗争。李季达一面嘱咐各级组织谨慎行事，一面将党组织的重要文件和500名党员的名单，放在出身天津名门的新婚妻子王贞儒缝制的一个白布包里，并设法让妻子将白布包存放于法租界浙江兴业银行总行的第一号保险柜里。6月，中共中央指示在天津成立中共顺直临时省委，中共天津地委改组为天津市委，李季达任省委宣传部、工人部部长兼天津市委书记。

尽管此时革命形势风云突变，李季达夫妇以家庭为掩护的中共天津地委机关辗转多处，但两人对革命的胜利仍然充满坚定的信心。王贞儒在《悼亡夫季达》中曾回忆道："季达多才多艺，工作累了他就拿起箫，我则以笙相伴，我们吹《国际歌》，怕人听到不敢大声，只能小声地吹片段。我总觉得不尽兴，说什么时候能完整地吹《国际歌》就好了。季达说：'等胜利了吧！到时我们痛痛快快大声地吹，让周围人都听到。'那时我们坚信'英特纳雄耐尔'（指国际共产主义）一定会实现！"中华人民共和国成立后，党组织曾多方查询浙江兴业银行保险柜内的文件和党员名单，却始终未找到，这也成为天津党史上的一大遗憾。

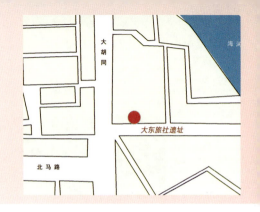

大东旅社遗址

位于红桥区原东北角附近（今天津解放广场所在地）

◎ 大东旅社历史照片

101

◎天津总工会旧址历史照片

» 建筑历史与风貌

大东旅社位于天津老城东北角，由奉系军阀李景林等人集资开办，名为旅社，实则是一处公开的鸦片烟馆。旅馆有 23 个房间，每间能容纳 200 余人同时吸食鸦片。清末民初，随着天津开埠通商和河北新区的开发建设，大东旅社所在的东北角地区形成一片完整的集金融、文化、娱乐于一体的商业街区。

该建筑为砖木结构楼房，入口设有券门。外檐立面设有附壁柱，开方窗，并带有窗套。女儿墙设有简单装饰。

» 红色往事

旅社里的总工会

1924 年第二次直奉战争后，冯玉祥领导下的国民军与奉系矛盾加剧。1925 年下半年，在全国反奉反帝运动高潮之时，冯玉祥发动反奉战争，在中共天津地委的积极策应和配合下，于年底攻占天津。此后，之前被军阀李景林封闭而被迫转入地下的天津总工会立即恢复，并没收大东旅社，将其作为总工会新址挂牌办公，这里遂成为党的一个重要活动基地。

1926 年元旦下午，天津总工会在大东旅社举行隆重的升旗典礼，全市工会派代表参加此次活动，并表示热烈祝贺和拥护。天津总工会会旗高悬在大东旅社楼顶，鲜艳的红色会旗随风飘扬，标志着全市工友们的胜利，到会全体代表脱帽向会旗致敬。会场周围悬挂着中华全国总工会、天津学生联合会、天津妇女协会、天津农民协会、国民党直隶省党部和国民党天津市党部赠送的牌匾，上边书写着"中国工人阶级万岁""革命先锋""劳工神圣"等标语。

升旗典礼由天津总工会负责人安幸生主持，他在发言中说道："本总工会自八月间被李贼景林压迫封闭后，所有一切组织表面上虽是无形消散，而内部的进行未尝一日停止，所以李贼败去，就有这样多的群众在本总工会的旗帜之下，以举行今天这样盛大的升旗礼，这可表明军阀只能摧残我们工会的形式，不能消灭我们工会的精神，以后望各工友加倍努力，以期得到最广大最坚固的团结"。升旗仪式完成后，全场欢声雷动，响起一阵阵"工人团结起来""天津总工会万岁"的口号声。会后各业工会干部、会员代表齐集总工会会议室，详细讨论了工会会务工作，制定工作计划，调整了总工会领导成员，栗泽任总工会主任，安幸生任总工会秘书，委员有陶卓然、郭隆真等。

国民军占领天津期间，大东旅社成为各革命团体活动的指挥中心，青年团天津地委和一些革命团体的总部都设在这里。党组织创办的《工人小报》《救国日报》也在这里编审、印刷、出版。天津党团组织的负责人经常出入旅社，于方舟、李季达、江震寰等也曾在这里居住过。

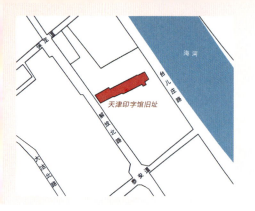

天津印字馆旧址

位于和平区解放北路 189 号

◎天津印字馆旧址外观

»建筑历史与风貌

天津印字馆始建于 1886 年，是英国人在天津创办的首家铅字印刷厂，也是天津最早拥有现代印刷设备的印刷厂。印刷厂从 1894 年开始承印英文版《京津泰晤士报》（天津英租界工部局的机关报），并翻译国外科技书刊。此外路透社天津分社也在此办公，这里实际上成为英租界当局的文化机构。

天津印字馆由英商永固工程司库克和安德森设计，一、二层为混

◎天津印字馆正立面测绘图

合结构楼房，三层为屋顶间，正立面为混水墙面，部分为细卵石墙面，并饰以上升感极强的白色直线装饰条纹，灰白相间，色彩活泼。前部山墙临街，大坡屋顶，铁瓦屋面。建筑立面采用玻璃和实墙交替使用的手法，采光良好，立面层次丰富。

建筑立面设计原型与欧洲许多国家的"半露木"传统民间建筑有关。这类建筑通常以半露木形成立面线条，大框架则直接作为建筑结构，其间支架方位增加装饰效果，共同造就框格情趣。天津印字馆的设计者脱离了木结构的"直接"表现，将墙面开窗节奏和装饰线脚加以情趣化的精心设计，使建筑形象别具一格。

»红色往事

天津印刷业的红色烙印

近代天津新闻出版事业的发达带动了印刷业的兴盛，印刷工人成为天津工人运动中的一支主要力量。"五四"运动后，天津印刷工人曾自发组织了印刷工人救国联合会。

◎《大公报》关于天津印字馆工人运动的报道

中共天津地委成立后，在地下党员的组织发动下，天津印刷工会在法租界石教士路（今黑龙江路）临近海河的一家门脸房内成立。不久，又在对面的平和里一处里弄民居内成立了印刷工会党支部，中共天津地委派地下党员陶卓然等负责工会和党支部工作。随着革命形势的发展，印刷工会组织不断发展壮大，逐渐成为天津市内一支强大的工人运动力量。

天津印字馆平时对工人就极尽压迫之势，"五卅"运动爆发后，又利用《京津泰晤士报》滥发不实言论，诋毁、诬蔑群众反帝爱国斗争为"赤化暴动"。馆内中国工人多主张不与英国人合作，制本部进步工人刘凤林经常与学生接洽，酝酿罢工，被工头张某举报，英国人遂以"勾结学生"为由开除刘凤林，引起厂内工人更大不满。

印刷工会决定先卡断帝国主义在华喉舌。1925年6月11日，印刷工会党支部首先发动日文《天津日报》的全体中国工人宣布罢工。随后，承印《京津泰晤士报》的天津印字馆全体中国工人也在印刷工会领导下行动起来，密谋再次组织罢工。6月底，印刷工会根据中共天津地委指示，组织3000多名印刷工人"全体辞事"，印字馆部分工人参与其中，致使英、日当局报社工作完全瘫痪。最终，英、日厂主不得不出面请求工人复工。

天津印字馆也是中国共产党优秀党员爱泼斯坦走上记者之路的始发地。伊斯雷尔·爱泼斯坦生于波兰，犹太人，国际著名记者、作家。他信仰马克思列宁主义，是为数不多的几名加入中国共产党的外国裔人士。1920年，年仅5岁的爱泼斯坦随家人从哈尔滨搬到天津，在这座当时中国为数不多的近代化大都市生活了17年。1922年，爱泼斯坦进入"英国公学"（即今二十中学所在地）

接受正式教育。学生时代的爱泼斯坦即显露出极高的写作天赋，在"英国公学"的校刊中做编辑和版面设计工作。时任《京津泰晤士报》主编彭内尔与爱泼斯坦一家是老相识、老邻居，对爱泼斯坦的才华非常赏识，打算在他中学毕业后即招他进入报馆。当然，彭内尔主要是考虑爱泼斯坦写东西快而且不费劲，且作为"当地雇员"，爱泼斯坦的工资只相当于从英国本土来的"本国雇员"的1/6，而且可以省去数额不小的差旅费和带薪休假费用。

在1931年前后，只有15岁的爱泼斯坦正式加入《京津泰晤士报》。当时，报纸每天出版16至20页，但报社编辑部一共只有7名工作人员。爱泼斯坦上手很快，经过一段时间的锻炼已经可以独当一面了，从看校样、做标题、排版式，到写本地新闻、体育报道、音乐戏剧评论，彭内尔对其非常信任。彭内尔身体不适或外出时，爱泼斯坦甚至可以代写社论。

从小生长在中国的爱泼斯坦对中国和中国革命是同情的，这一时期在他写的社论中已经显示出一些颇为激进的观点，例如1933年在一篇社论中，他对德国新上台的希特勒进行攻击，当时天津的德国纳粹分子因此勃然大怒。也正是在报馆爱泼斯坦通过撰写书评，结识了《红星照耀中国》的作者埃德加·斯诺，从此开启了两人长达40年的友谊。

尽管爱泼斯坦工作出色，工资不高，但报社经理在发现其随身带了一本关于美国共产党的书时，还是立即将其开除。

南开大学

位于南开区卫津路 94 号

◎ 南开大学思源堂外观

◎南开大学全景历史照片

» 建筑历史与风貌

南开大学创建于 1919 年，由近代著名教育家严修、张伯苓秉承教育救国之理念创办，是天津最早的私立大学。成立之初，校舍位于南开中学南面，设文、理、商三科，学生百余人。1923 年 9 月迁入八里台新校舍，设文、理、商、经济四学院，学制 4 年。20 世纪 30 年代初，有学生 400 多人，教职员 100 多人。全面抗战爆发后，校园遭日军轰炸焚毁。按照教育部令，南开大学、北京大学、清华大学在长沙合并组建国立长沙临时大学。1938 年迁往昆明，更名为国立西南联合大学。1946 年回津复校并改为国立南开大学。

新民主主义革命时期，该校是天津历次爱国学生运动的中坚。早在"五四"运动时期，以南开大学第一届学生周恩来为代表的师生就积极参加了反帝爱国运动[1]。中国共产党成立之初，即在该校学生中发展共产党和青年团组织。1924 年底，中国共产党在南开大学建立党支部，该党支部是天津最早的中共基层党支部之一。抗战时期，广大师生积极投入抗日救亡运动，站在抗日斗争第一线。解放战争时期，该校师生积极投入了国统区第二条战线的斗争。

学校早期的大型建筑物今仅存 1925 年落成的思源堂。思源堂为三层混合结构，带地下室。建筑立面采用新古典主义的段落划分，横向三段，纵向五段，两翼凸出，对称布局，正立面设有 6 根爱奥尼克柱式支撑的门廊，檐口正中设

---

① 中共中央文献研究室.周恩来年谱（1898—1949）.北京：中央文献出版社，1998：34.

◎ 20世纪二三十年代南开大学思源堂　　◎ 被日军飞机炸毁的南开大学秀山堂

置山花。建筑外檐为清水红砖墙面，朴素大方。现为全国重点文物保护单位，重点保护等级历史风貌建筑，第一批天津市革命文物。

»红色往事

私立名校，允公允能，爱国力行

"五四"时期，南开大学的革命进步力量在李大钊的关怀、帮助下发展起来。1922年9月，天津"五四"学生运动领导者之——于方舟化名于绍舜，考入南开大学文科，在探求知识的同时，继续积极从事革命活动。中国社会主义青年团天津地委成立后，于方舟等南开大学学生开始筹建中国社会主义青年团南开大学支部。1924年5月4日，天津学联在南开大学大礼堂举行纪念"五四"运动5周年大会，中国社会主义青年团天津地委候补委员邓颖超作《五四之历史》的报告。

大革命时期，随着中共天津地委的成立，南开大学进步力量在反帝爱国斗争中不断壮大。1925年6月4日，南开大学召开全体大会，讨论响应"沪案"办法。大会决定暂时停课，由师生组成"南开大学五卅后援会"，以"促使国人通力援助'沪案'，作外交后盾"。

在党、团组织发起的抵制英日商品、与英日实行经济绝交的斗争中，南开大学充分发挥商科优势，于6月上旬成立"经济绝交社"，创办《绝交报》，用大量事实和数据说明帝国主义商品侵入对我国民族工业造成的危害，并公布帝国主义向中国倾销布匹、烟草、煤油等各种商品的调查数据，还以等值商品如购买国货可兴办大学的数量、修筑铁路的里程数和市民可分得的金额数为对比，直观生动地向民众说明帝国主义的经济侵略直接关系到每一名国民的切身利益，进而呼吁各界市民行动起来，一致加以抵制。经济绝交社还编写了诸如"不吸英烟，留下万万钱，有了万万钱，好比活神仙"等通俗易懂的歌谣，呼吁市民不买洋货。在南开大学经济绝交社的带动下，全市各界经济抵制运动广泛地开展起来，推动了反帝爱国运动的深入。

1931 年"九一八"事变至 1937 年"七七"事变期间，南开大学成为天津抗日爱国运动的重要基地，校内党团组织也在抗日救亡斗争中得到了恢复和发展。"九一八"事变后，南开大学东北籍学生召开紧急会议商讨对策，随即南开大学成立国难急救会，并加入天津学生救国会。1931 年 11 月，日本在天津制造便衣队暴乱，先后两次纠集市内流氓、汉奸等民族败类制造武装暴乱，使天津人民遭受了巨大损失。因为南开大学临近日本租界，又与日本驻屯军兵营和便衣暴徒的集合处相邻，所以战乱随时可能殃及学校。学校遂宣布戒严，并组织师生工友设岗巡逻，全体女学生暂避英租界。日本当局早已把南开大学爱国学生视作眼中钉。11 日，日军破坏通往南开大学的电源，使学校断电断水。南开大学被迫停课长达 1 个月。期间日本铁甲军还一度在学校门口架起小钢炮，炮口对准学校。日本侵略者的嚣张行径，激起了南开大学师生的极大愤慨。南开大学地下党员抓住时机，在校内建立了党的外围组织——反帝大同盟，并通过办工友夜校，组织进步社团等方式，扩大在学生中的影响力。1935 年秋，以地下党员沙兆豫等人为首组织的进步读书会——铁流社，秘密学习马克思主义著作和进步书刊，讨论国际国内形势。1936 年 2 月，以铁流社为核心组建南开大学民族解放先锋队。7 月，南开大学党支部再次成立。在学校党团组织的领导下，南开大学爱国救亡运动蓬勃展开，成为屹立在日租界边上的坚强抗日堡垒，而日本特务机关则通过八里台的南开农场专门搜集有关南开大学师生抗日活动的情报。

这一时期，南开大学创办者、教育家张伯苓表现出鲜明的爱国立场和强烈的抗日救亡精神。早在 1928 年 10 月，张伯苓就在校内组织满蒙研究会（后更名为东北研究会），以日文教员傅恩龄为主任，主要吸收在校东北学生及热心满蒙问题的学生入会。研究会下设视察部和研究部，前者主要通过调查、讲演等方式了解日本国情及其在中国东北的侵略情况，后者主要搜集、整理、研究资料，分组分门进行学术研究。在日本军事侵华不断升级的情况下，公开主张全国团结起来共同抗日，甚至"曾拟挺身入江西苏区，主停内战，一致对外"。对于南开大学师生开展的各种抗日救亡斗争以及校内共产党及其他革命组织的活动，张伯苓都基本采取支持和默许的态度。

　　西安事变和平解决后，抗日民族统一战线初步形成。面对新形势，中共天津市委进一步加强对南开大学抗日爱国运动的领导，由中共天津市委负责人姚依林直接领导南开大学党的工作。1937 年寒假期间，校党支部在学生宿舍举办了为期四五天的新党员学习班，学习班由姚依林亲自主持和辅导。1937 年 2 月，姚依林指示入党不久的南开大学经济研究所职员李文定创办党内刊物——《世界》。期刊为 16 开版面，旬刊，每期 8 页，主要供平津及华北地区党员、民先队员阅读。期刊的印刷和大部分稿件的写稿工作都由姚依林直接负责，李文定负责编辑、发行。姚依林经常以"徐文信"的笔名为《世界》期刊撰文，以指导学生运动的发展。

　　私立南开大学时期，南开师生坚持自立、自强、自制原则，发扬穷干、苦干、实干精神，以"允公允能"为校训，培养出一大批爱国青年知识分子，他们当中一些人经历革命斗争的历练逐步成长为党和国家的重要骨干，一些则为民族解放事业献出了宝贵的生命。

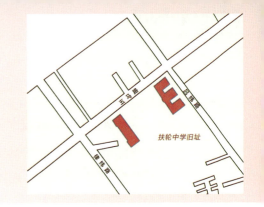

扶轮中学旧址

位于河北区吕纬路 93 号

◎ 扶轮中学北石楼外观

» 建筑历史与风貌

天津扶轮中学创办于 1918 年秋，初名天津扶轮公学第一中学，是我国第一所铁路职工子弟中学，面向京奉、津浦、京汉、京绥四路员工子弟招生。1922 年，收归交通部管辖，更名为交通部部立天津扶轮中学校。1928 年后，隶属国民政府铁道部。1937 年天津沦陷后，校舍被日军强占，学校被迫停办，部分师生随铁路职工向"大后方"南撤。抗战胜利后，在原址复校，面向交通部所属的路、电、邮、航等系统员工子弟招生。天津解放后，先后更名为天津铁路职工子弟中学、天津铁路一中。2005 年 9 月，恢复天津扶轮中学校名。

天津扶轮中学是一所历史悠久、富有革命传统的学校。由于学校主要招收铁路职工子弟，产业工人的后代比较集中，学生具有比较强烈的革命斗争性。在近代天津反帝爱国运动中，该校师生始终走在斗争前列，为党培养了大批革命骨干力量，为中华民族解放事业和社会主义革命和建设事业做出了重要贡献。

扶轮中学旧址两栋老校舍楼由庄俊设计，天津振元木器场承建，分别于 1919 年和 1921 年建成投入使用。南楼为教学楼，北楼为办公兼宿舍楼，以塔楼为中心对称布局。两楼为混合结构二层平顶楼房，均用青石条砌成平面，且平面为对称布局，体量适宜舒展，外立面采用石材饰面，花饰女儿墙，外檐转角设隅石，檐口带有齿饰，具有简洁的现代建筑特征。现存石楼的青石条砌筑工艺具有较高的科学价值。现为天津市文物保护单位，重点保护等级历史风貌建筑，第一批天津市革命文物。

◎ 北石楼正立面三维扫描图

◎ 扶轮中学南石楼正立面测绘图

» 红色往事

扶轮师生，站在革命车轮的最前沿

扶轮中学创建之初正值北洋军阀混战不休，中国先进知识分子开始觉醒之时，在轰轰烈烈的"五四"运动和京汉铁路工人大罢工的影响下，扶轮中学师生在近代天津学生运动中表现出了英勇斗争的气概，写下了爱国反帝斗争的壮丽篇章。

◎ 扶轮中学北石楼

1925年爆发的"五卅"运动中，扶轮中学学生积极响应天津学联号召，是天津市中等以上学校最先罢课的10所学校之一，成为天津声援"五卅"运动的一支先锋队。当时，扶轮师生"视英日帝国主义如不共戴天之仇人"，组织沪案后援会，分成总务、宣传、游行三大部，各部又分成若干队，散发传单，宣传演讲，以期唤醒国人。沪案后援会在校内外展开募捐活动，所得700余元托中孚银行汇寄上海，支援罢工工人。

1931年"九一八"事变后，天津各大学校在党组织的发动下，纷纷组织南下请愿团，到国民党中央政府所在地南京请愿。11月中旬，扶轮中学组成了上百人的南下请愿队伍，住校生全部加入请愿行列，高三学生朱继章被推举为领队。南下当天，由于当局阻拦，致使学生无法上车。进步学生姜耀宗等人挺身而出，卧轨拦车，请愿队伍方坐上南下列车。南京之行虽没有取得直接的效果，但是这次请愿对学生的思想影响相当大，许多人不再相信蒋介石会抗日，朱继章等一些爱国学生参加了党的外围组织反帝大同盟，直接投身到党领导的抗日救亡斗争中。

1936年，为抗议日军增兵华北、屠杀中国民工、制造"海河浮尸案"的残暴行径，天津党组织决定领导爱国学生和各界群众，发动抗日示威大游行。5月28日，扶轮中学学生所在的北路游行队伍到达金刚桥后，因军警阻拦而不能与南路游行队伍会合。这时，扶轮中学学生刘幕皋等人奋不顾身地手挽手、肩并肩地向前冲，并高呼"拥护二十九军抗日到底""打倒日本帝国主义""中国人不打中国人"等口号。刘幕皋冲过金刚桥后，站在桥头发表慷慨激昂的演讲，北路队伍遂如潮水般冲破警察的最后一道防线，到达官银号，南北两路游行队伍胜利会师。刘幕皋等同学在金刚桥头冲锋时的影像被记者拍下，刊登在《永生》杂志封面上。这次游行非常成功，对唤起民众一致抗日起到了很大作用。

"五二八"大游行后不久，扶轮中学成立了第一个党支部，校内反帝爱国斗争进入一个新的阶段。支部成立时只有3人，后逐步发展壮大，至1936年秋开学之时，扶轮中学党支部已有党员15人，连同党的外围组织中华民族解放先锋队队员60多人，约占全校学生的15%，是当时天津地下党在大、中学校中最大的组织。此外，地下党员广泛发展群众组织，如画刊小组、数学研究会、时事座谈会、读书会等，通过进步社团团结各方爱国力量。当时，日本人在华北出版的《防控月刊》中称："北平的清华、天津的扶轮是共产党的大本营"。

全面抗战爆发后，扶轮中学很多进步学生陆续离开天津，直接奔赴延安和冀东抗日前线，以满腔热情和赤胆忠心在抗日战场冲锋陷阵，表现出大无畏的献身精神。

宝成、裕大纱厂旧址

位于河东区郑庄子西台大街 38 号

◎ 裕大纱厂公事房外观

» 建筑历史与风貌

宝成、裕大纱厂都位居天津近代六大纱厂之列，位于海河市区段下游东岸的郑庄子地区，与河对岸小刘庄地区的北洋、裕元纱厂隔河相望。裕大纱厂创办于1920年，1922年正式开工生产。创办人陈承修，股东多为有一定政治背景的金融界人士、军政要人及社会名流，注册资本号称300万，实际134万元。裕大纱厂的经济、技术和经营管理均受债权人日商东洋拓植株式会社（简称东拓公司）控制。1925年5月，裕大纱厂被日本东拓公司分支大福公司吞并。

宝成纱厂创建于1922年，与裕大纱厂仅一墙之隔，是民族工业企业，创办人刘柏森，注册资本300万元。1936年1月，宝成纱厂亦被日本大福公司吞并，与原裕大纱厂合并，组成天津纺织公司。1945年日本投降后，更名为中国纺织建设股份有限公司天津第三棉纺织厂。中华人民共和国成立后，更名为天津市第三棉纺织厂。2015年，原址改建成天津棉3创意街区，是天津保存较好的近代棉纺织厂的孤例。

◎棉3创意产业园

◎棉3创意产业园鸟瞰图

◎棉3创意产业园内老厂房

» 红色往事

纱厂工人怒砸裕大，共产党人宁死不屈

1925 年上半年，随着"五卅"运动的狂飙迅速席卷全国，在中共天津地委的直接指导和帮助下，天津各个行业先后成立了工会组织，并在此基础上成立了天津总工会。"五卅"运动之初，党组织在宝成纱厂连续发动 3 次罢工斗争，均取得了胜利。但由日本人操纵的裕大纱厂利用青红帮在厂里的势力阻挠工人组织工会，迟至 8 月初裕大纱厂工人才最终正式成立了工会。

随后，海河两岸的宝成、裕大、北洋、裕元四大纱厂工会决定组织同盟罢工。各厂资本家对工人提出的改善待遇要求不予答复，并以"工人闹事"为由，请求警方保护。面对警察和厂警的镇压，工人们奋起反抗，宝成纱厂的斗争尤为激烈，工人们怒砸公事房（工厂办公楼）、驱走警察和保安队，守住工厂内外，继续坚持罢工。10 日，中共天津地委派代表以天津各界联合会代表的身份与资方交涉，资本家迫于社会各界的压力，表示接受工人提出条件。在此情况下，四厂工会商定一面继续争取实现罢工要求，一面于当天夜班复工，以观察事态发展。

工人复工后，裕大纱厂日商东拓公司驻厂监督与该厂专务董事王克敏密谋，暗地请求奉系军阀天津当局速派军警前来保护工厂、镇压工人。11 日下午 5 点下班后，工人们按照工会要求，三三两两准备去厂外盐坨地开会。不料，军警已将厂门堵住，工人们上前交涉，军警破口大骂，指责工人造反，并用枪械暴打工人代表。被激怒的工人们一拥而上，与军警展开搏斗。这时，宝成、北洋、裕元等厂的工人也闻讯急速赶来援助。在宝成纱厂工人、地下党员沈玉山的带领下，赶来支援的工人和部分在厂外的裕大工人一起推倒厂南面的围墙，涌入厂内，抢起铁铲木棒与军警展开激烈搏斗，砸毁公事房，将账册、报表撕得粉碎，将保险柜扔进了海河，随后又冲向机器房、水泵房，把动力设备和一些机器砸毁。军警招架不住，狼狈而逃。这就是天津工运史上著名的"砸裕大"斗争。

"砸裕大"斗争后，军阀当局连夜调集大批军警至裕大、宝成两厂所在的郑庄子一带埋伏。12 日清晨，两纱厂工人在前往盐坨地的路上遭到保安队伏击。

河对岸的裕元、北洋纱厂工人过河后，在周家祠堂附近遭军警突袭，有的工人跳入海河，有的登上渡船，船又被击翻，工人纠察队掩护大部分工人退入附近印度人看守的周家祠堂，方幸免于难。军阀当局在这次镇压中打死打伤80多名工人，制造了轰动一时的"裕大惨案"。

此时，另一路军警包围宝成、裕大纱厂，将厂内工人和未能逃脱的北洋、裕元纱厂工人共1 000余人押进裕大纱厂院内。带队的军警督察处处长李书凤指示驻厂巡警在人群中指认工会代表，纺织工会代表姬兆生被第一个指认出来。军警对其拳打脚踢，并吊在树上严刑拷

◎《益世报》对纺织工人罢工的报道

问，但姬兆生一口咬定四个厂的事儿由他一个人负责。李书凤素来心狠手辣，遂下令用开水往其头上浇，姬兆生咬紧牙关，宁死不屈。军警无计可施，便将其与他们认为可疑的400多名工人一并押往拘留所。当夜再次突审，连过三堂，毒刑用尽，姬兆生始终不供一字，表现出共产党人宁死不屈的英雄气概。

惨案发生后，中国共产党、共产国际青年团，及各工人团体对天津人民给予了有力的声援。北京学联、上海工商学联合会先后派代表团来津调查，将调查结果以《天津惨剧真相》为题，发表于中共北京区委机关刊物《政治生活》第49期。苏联工会、德国国际工人救济会等也先后派出代表到天津进行调查，并设法对被害工人家属进行慰问和抚恤。

"裕大惨案"后，由声援"五卅"运动而蓬勃兴起的天津工人阶级反帝爱国斗争虽暂时转入低潮，但是工人运动给帝国主义的打击是沉重的。经过血与火的锻炼和考验，一批工运领袖和骨干成长起来，为天津革命斗争的发展积蓄了力量。

1945 年夏，抗日战争胜利前夕，日本厂主大批辞退工人，至 8 月日本投降之时，纱厂失业工人总数已达 1 000 余人，而且复工无望。厂内地下党支部决定利用国民党当局尚未接收工厂、大量工人生活无着的有利形势，组织被裁工人开展向厂方索要遣散费的斗争。从 8 月底至 10 月中旬，地下党员两次组织工人代表拦截日本厂主佐藤的汽车，抓住佐藤将厂内棉纱、棉布运往私宅一事据理力争，并顶住国民党当局无理镇压，最终迫使厂方将偷盗之产品作为遣散费赔偿给工人，斗争最终取得胜利。

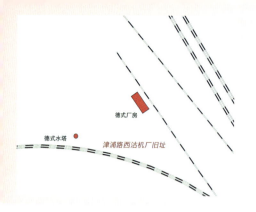

德式厂房

德式水塔 ● 津浦路西沽机厂旧址

津浦路西沽机厂旧址

位于河北区南口路 22 号

◎ 津浦路西沽机厂内德式老厂房外观

» 建筑历史与风貌

津浦路西沽机厂位于新开河北岸，津浦、京山、京沪铁路连接地段。工厂始建于 1909 年，初选址津郊陈塘庄，时称对车场、材料厂。1910 年底，在京奉铁路与津浦铁路联轨后，工厂移至现址，改称天津机厂，亦称津浦大厂、天津西沽机厂、天津铁道工厂，主要任务是及时维修津浦铁路北段铁路机车及设备。由于工厂设备先进，很快成为中国第一火车修理厂，是当时中国机车车辆修理的重要基地。中华人民共和国成立后，厂址扩建，更名为铁道部天津机车车辆机械工厂，现为天津机辆轨道交通装备有限责任公司。

津浦路西沽机厂由德国人设计并承建，是中国机车发展的重要见证。现存德式老厂房和德式水塔均有百年历史，现为天津市文物保护单位，特殊保护等级历史风貌建筑，第一批天津市革命文物。

德式老厂房占地 672 ㎡，通高 12.72 m，一层砖木结构建筑，外檐为琉缸砖清水墙。双坡顶出檐，屋脊上设有贯通天窗。每个开间由砖砌半圆拱券支撑，并由三联拱券组成窗口。半圆拱券上由砖砌竖向凹槽装饰墙面，四个转角处由砖砌成出屋顶壁柱，并在顶部作收分处理。山墙下部开门，山花处设两个圆拱窗，圆拱窗上设竖向内凹装饰线条。建筑立面整体以传统连续拱券构图，杂糅"维也纳分离派"几何线条集中装饰的手法，壁柱体块几何感明快，体现出新艺术运动（Art Nouveau）风格。

◎ 德式老厂房正立面三维扫描图

◎ 德式老厂房侧立面测绘图

» 红色往事

一座大厂，见证革命年代的铁路工运

铁路系统是新式产业工人比较集中的行业，在"五四"运动的大潮中，

铁路工人也是最早一批接受马克思主义启蒙的工人群体。

1925年冬，冯玉祥领导的国民军进驻天津，革命高潮复起。这时，刚刚从莫斯科东方大学回国的王麟书按照党组织要求来到天津，重组津浦铁路总工会天津分会，并任会长，亲自领导西沽机厂工会工作。王麟书在西沽机厂工作时，在三马路仁仁里的一个院子里租了3间平房，组织工人学习，他用浅显的语言给工人讲贫困的原因和团结起来就有力量的道理，讲中国工人阶级解放的道路，王麟书的课在工人中，特别是青年工人中产生了很大的反响，激发了工人团结起来为争取起码的生存权而斗争的积极性。

1926年春节前夕，西沽机厂工人与北站机务段组织了第一次联合斗争。当时，工人们已经3个月没领到工资。北站工人传来消息称：津浦铁路局局长陈琢如要把10万元现金偷运出津。虽然站段消息灵通，但工人少，而机厂工人多且集中。于是，青年工人穆绍桐认为这是发动大家的好机会，马上组织机厂工人涌向北站，四五百名工人将陈琢如团团包围。陈琢如硬着头皮跟随工人回到铁路局，被迫答应先发一个月工资和当年奖金，欠下部分今后再补。这次斗争的胜利显示了铁路工人的力量，也让工人们意识到团结的力量。为了巩固斗争的成果，借势进一步组织工人队伍，一个星期后，在地下党的组织下，津浦铁路总工会天津分会重新成立，大大鼓舞了工人们斗争的信心和勇气。

大革命失败后，国民党政府为加强对工人的监督和控制，自1928年起，陆续公布了一系列限制工人斗争的政策法令，并指派一些不良工头和党内的叛徒建立了国民党控制下的"工会"，即"黄色工会"。"黄色工会"利用工人群众迫切要求改善生活的倾向，表面上提出争取增加工资的口号，组织工人进行一定程度的经济斗争，以笼络群众，实则推行反共的劳工政策。

1929年，津浦路国民党特别党部决定将津浦路各工会改为"工会整理委员会"，叛党分子黄锦荣等借整理工会的名义，组织"黄色工会"，排斥革命力量，压制工人运动。以魏振华为首的地下党组织为揭露黄锦荣等人的阴谋，让群众丢掉对国民党的幻想，发动群众组织了多次揭露黄锦荣的斗争。9月，津浦铁路工人开会，决定向厂方提出三项要求：一是分年底花红，二是发还之前所有欠薪，三是工资 6 角的工人每人加 1 角，并故意推选黄锦荣到总局交涉。黄锦荣等一行到达浦口后，总局局长亲自招待，倍加慰劳，却对工人要求只字不提。工人的要求化为泡影，而黄锦荣却升为国民党特别党部执行委员。这时多数工人幡然醒悟，方知"黄色工会"只是一些人利用工会名义达到自身升官发财之目的。

1931 年 2 月，津浦铁路局提升黄锦荣为监工主任，遭到广大津浦铁路工人的强烈反对。13 日，西沽机厂 400 余人罢工，遭到军警镇压，更加激起铁路工人的强烈反抗，"倒黄"工潮迅速扩大，迫使国民党有关当局和有关方面的代表于 19 日开会商讨解决办法。最终黄锦荣被迫自动辞职，离津南下浦口。

抗日战争后期，中共晋察冀中央分局城工部向厂内安排地下党员，并秘密发展进步工人入党，工人王俊臣、张国平等先后加入党组织。当时，工厂主要负责给日军修理铁道车、装甲车、汽车等工作，地下党员秘密组织工人通过延误修车时间、小修转大修、破坏油箱、使用旧零件、"偷"铜等方式，使日军许多车辆修不出来、开不出去，进而从后方牵制和打击敌人。

解放战争时期，由于长期欠薪、物价飞涨，工人生活十分困难，而国民党接收要员却明目张胆地从工厂私拉工料，以公济私，引起厂内工人极大不满。地下党组织决定因势利导，组织工厂展开拦车斗争，先是成功逼迫厂方补发欠薪，后又迫使厂长宣布工料不准拉出厂外。两次斗争的胜利使工人再次认识到斗争需要团结，只有团结才有力量。1947 年秋，根据斗争形势发展，党组织在津成立铁路工委，王俊臣任委员。他通过组织摔跤队团结发动群众，并以在跤场练习摔跤为掩护开展革命活动。至 1948 年初，津浦厂地下党支部已发展党员 15 人，积极分子百余人，形成一支坚强可靠的阶级队伍，为保护工厂、迎接解放、接管复工奠定了良好的群众基础。

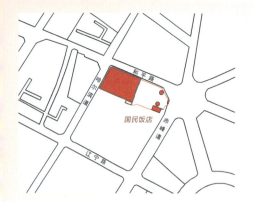

国民饭店

位于和平区赤峰道 58 号

◎ 国民饭店外观

» 建筑历史与风貌

天津国民饭店始建于 1923 年，创办人潘子欣（人称"潘七爷"），是当时天津餐饮界最豪华的饭店之一。饭店地处近代天津最繁华的梨栈商业区，因此开业后很快成为天津上流社会人士住宿、聚会、跳舞、婚宴、游乐的高档场所。

国民饭店由瑞士乐利工程公司设计，为三层钢混框架结构建筑，建筑面积约 6 400 ㎡。原设计四层，实建三层。底层平面基本上是直角梯形。大楼内设两个采光天井，底层设有门厅、大厅、客房、会客室、中西式厨房和大小餐厅、公厕、卫生间等；二、三层设有"日"字形内廊通道，房间均沿内廊布置，每层有客房 49 间，其中包括带卫生间的单间或双间高级客房，还设有会议室、会客厅以及公厕、浴室等。现为天津市文物保护单位，重点保护等级历史风貌建筑，第一批天津市革命文物。

建筑南立面采用古典式段落划分，纵横 3 段，对称构图。底层按基座处理，饰以横向线脚，拱券窗，墙面粗琢凹槽分格。二、三层为中段，以方形附墙柱控制构图，上下窗户之间布置三角形和弧形窗楣山花。正门居中，上有中间凸起的女儿墙，在回形断山花的中间嵌入盾饰纹章，顶部挑檐深远，带有齿状装饰。外檐首层为混水墙，二层以上为清水砖墙。建筑外檐整修多次，女儿墙山花等皆有所改变。

◎国民饭店主立面三维扫描图

建筑前有宽阔的院落，院内有假山、喷水池和两座半球形盔顶凉亭。正门为塔司干柱式支撑的门楼，门楼顶部镶嵌着雕

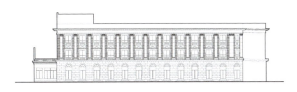

◎国民饭店北立面测绘图

刻精美的锁石，门楼的挑檐和盾饰与大楼前后呼应，建筑总体风貌和谐统一。

» 红色往事

首次在津召开的全国性革命团体会议

中华全国铁路总工会（以下简称"铁总"）是中国铁路工会的领导机关，成立于 1924 年 2 月，代表当时京汉、粤汉、京绥等 9 处铁路工会。自成立之始，先后在北京和郑州举办了两次全国铁路工人代表大会。1926 年 2 月 7 日，中华全国铁路总工会第三次代表大会在天津召开。大会首先在南市第一舞台举行声势浩大的开幕式。9 日至 16 日，在天津法租界国民饭店二楼举行正式会议。到会者有全国 18 条铁路的工人代表 58 人，代表着有组织的铁路职工 21 万人。这次会议是党领导的革命团体首次在天津召开的全国性会议，有力地推动了天津的革命运动。

会上，铁总总干事王荷波做了铁总一年来的工作报告，各地代表也报告了这一年来组织发展及政治活动的成绩。大会讨论了铁总今后的工作方向，并就组织、宣传、写作、救济、自卫团等内容展开提议，通过了《中华全国铁路总工会报告决议案》等 28 项决议草案。2 月 15 日上午，大会选举产生了新一届铁总的执行委员 13 人和候补委员 7 人，选举邓培为执委会委员长，并决定将铁总会址设在天津。

会后，为了使全国铁路工人及革命群众能够了解这次会议的决议内容及铁总一年来的工作和今后使命，铁总指派专人执笔，将大会主要文件、决议以及发布的宣言、大会致辞、贺电等汇集成册，定名为《铁总年鉴》。与该书同时编印的还有《革命战士集》一书，该书主要介绍了在铁路工运史上壮烈牺牲的革命烈士的事迹、殉难经过等内容。1926 年底，两书在天津日租界秘密印刷出版，引起了社会各界的强烈反响，工人们也争相传阅，进一步推动了铁路工运的发展。

抗日民族英雄吉鸿昌遇刺被捕

1934 年 11 月 9 日，在天津国民饭店内发生了震惊全国的国民党特务刺杀抗日民族英雄吉鸿昌事件。

◎吉鸿昌被捕房间

1933年10月，察哈尔抗日同盟军被迫解散后，吉鸿昌开始在津组织反蒋抗日活动，引起了南京国民政府极大恐慌。1934年4月起，蒋介石派特务加紧对吉鸿昌等反蒋爱国人士的监视、盯梢，并要求不惜一切手段逮捕吉鸿昌。慑于吉鸿昌的社会声望，南京国民政府密令国民党复兴社特务处派人暗杀吉鸿昌。为加速行动，复兴社特务处北平站站长陈恭澍来津直接指挥暗杀行动。当时，吉鸿昌与广西反蒋抗日军人任应岐联系密切，陈恭澍利用广西反蒋力量叛徒吕一民伺机窥探任应岐与吉鸿昌联系情况，得知二人经常在国民饭店会面，即让吕一民在国民饭店包下房间对吉鸿昌进行跟踪。

11月9日，吉鸿昌在国民饭店临时租用45号房间，以打牌为掩护会见西南反蒋代表。吕一民发现吉鸿昌换了房间之后，立即摸清了几个人打牌的位置，随后报告给陈恭澍。不久，两名特务冲入房间行刺。由于吉鸿昌临时调换了座位，西南代表刘少南当场被杀，吉鸿昌、任应岐受伤。法国工部局巡捕闻听枪声，迅速包围饭店，没有及时抓捕刚刚逃走的凶手，反倒将吉鸿昌、任应岐两人包围起来，并要将二人带往工部局。吉鸿昌借口左臂受伤，要求先到法国教堂医院（即营口道原天津妇产科医院）处理伤口，在医院吉鸿昌打电话通知夫人速来医院，夫人赶到医院后，吉鸿昌大声讲述自己因抗日救国而被刺杀的经过，临别时低声嘱咐夫人回去后立即托人拟稿，将事实真相公诸报端。

尽管国民政府对外极力掩盖暗杀行径，但吉鸿昌的家人还是利用英文《京津泰晤士报》在一版显著位置对这一谋杀事件做了报道，揭露敌人的阴谋。报道在导语中一针见血地指出："这次袭击旨在暗杀吉鸿昌将军，肯定有政治动机。"

知识书店，一家时尚的进步书店

1936 年 9 月，地下党员吴砚农和好友叶笃庄在国民饭店一侧的临街铺面（今和平路 298 号）开设了一家开放式的书店，取名"知识书店"，主要经营进步书刊，后成为中共天津市委机关的一部分。

吴砚农与叶笃庄早年相识，两人在日本留学期间经常在一起商讨革命形势、国家未来等问题，相约如果时机成熟就回天津创办一个书店，以便在党的领导下开展文化、教育、宣传等工作。1936 年夏，两人先后回国。在吴砚农与党组织取得联系后，叶笃庄负责筹集资金，开始了筹办书店的工作。叶家是天津的名门望族，当时正值家族分家，于是叶笃庄动员几个兄弟以分到的家产入股书店。资金到位后，吴砚农、叶笃庄两人先在位于法租界的国民饭店找到一处临街铺面，接着又在西开教堂后的一个胡同内租了一处平房用于存书和住宿。

知识书店开张后，叶笃庄担任经理，吴砚农任副经理，主要销售上海出版的一些进步刊物，像邹韬奋、胡愈之、陶行知、李公朴等编撰的书刊。因当时天津很少有书店销售这些书刊，所以知识书店刚刚开业即门庭若市。加上书店经营方式新颖，采取开放式售书方式，装潢优雅，配有舒适的沙发，顾客可以在店内阅读，非常受人欢迎。为了方便读者，知识书店还提供电话订书、专人配送服务。同时，知识书店还会组织一些社会活动，如在纪念鲁迅逝世的活动时，两人通过各种关系在上海找一些鲁迅照片及各种版本鲁迅的作品，运到天津，并在几所知名学校展览。

◎ 知识书店（和平路 298 号）现状

◎ 知识书店在《大公报》上刊登广告

1936 年冬，党组织为加强对知识书店的领导，派当时在津的中共中央北方局书记刘少奇的秘书林枫具体领导知识书店的工作，并派市委副书记易吉光任书店副经理。知识书店开始发行中共中央北方局的机关刊物《长城》，还有吴砚农牵头编辑出版了一本名为《国际知识》的刊物，该刊一度销售非常火爆。此外，知识书店还发行一些宣传党的团结抗日主张和统战政策的书刊。

由于书店办得非常红火，影响越来越大，成为上海书店、新知书店、读书生活出版社、天马书店在华北的总经销点。"七七"事变以后，日本特务机关照会法租界工部局，要求查封知识书店。在法租界工部局工作的地下党员立即通知中共天津市委。为了安全起见，经请示省委，决定将知识书店撤销。

1937年7月28日知识书店关闭前一天，事先准备好了卡车，组织好地下党员一夜之间即把知识书店的所有东西搬空，只留下贴在橱窗上的一张告别书。待白天敌人察觉时，知识书店的全体人员早已撤离，而贴在橱窗上的告别书，却引起了行人的围观，以致交通堵塞，警察不得不前来维持秩序。

知识书店虽然仅存续了10个多月的时间，但在党组织的领导下，积极宣传中共建立抗日民族统一战线政策，提高了党在白区的影响力，扩大了进步力量。

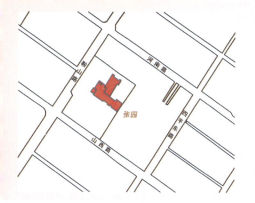

张园

位于和平区鞍山道 59 号

◎张园外观

» 建筑历史与风貌

张园是清末武官张彪的私人花园，始建于1915年，初名"露香园"，后称"张园"。1924年12月，伟大的民主革命先驱者孙中山先生偕夫人宋庆龄北上途经天津曾下榻此处。1935年，日军以18万元购得张园，拆除原建筑，新建二层楼房作为日本军部，但天津人仍习惯称之为张园。1949年1月23日，天津解放后不久，中共天津市委迁入张园。6月，天津市军事管制委员会迁入，与中共天津市委合并办公。8月11日，中共天津市委正式对外公开并挂牌，使张园成为中共天津市委第一个公开的办公地址。

1916年建成的张园为三层外廊式建筑。立面采用横向3段式划分。首层为基座，开券窗。主入口设大台阶，并直通二层，6根巨柱在二层形成外廊。三层设置带有宝瓶栏杆的露台，檐口正中为巴洛克式山花。1924年12月，孙中山先生曾在大台阶前与各界代表合影。1935年，日军拆除张园原建筑，新建二层楼房作为日本驻屯军司令官官邸。现存建筑为二层混合结构楼房（设有地下室），占地面积约6 700 ㎡，建筑面积约3 300 ㎡。建筑采用不对称布局，转角处设有塔楼，强调竖向构图。塔楼屋顶为类似中国传统建筑的攒尖顶，日式建筑称为"宝形造"。拱券窗、拱券门厅、塔楼等建筑元素相得益彰。红瓦屋顶和清水砖墙，与

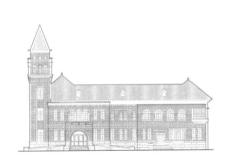

◎张园正立面测绘图

白色拱券等搭配合宜。建筑空间设计及主、次入口适应办公、居住的需求。现为全国重点文物保护单位、重点保护等级历史风貌建筑，第一批天津市革命文物。

张园，见证一座城市天翻地覆的变化

1924年10月，直系将领冯玉祥发动北京政变，将所属军队改组为国民军，并邀请孙中山北上，共商国是。孙中山接受邀请，并于11月10日发表《北上宣言》，主张废除不平等条约，召开国民会议，以谋中国之统一建设①。当时正值国共合作之时，为了欢迎孙中山北上，以共产党员为主的国民党直隶省党部从11月中旬起即开展了广泛的宣传工作。

◎ 孙中山在张园与欢迎人员合影

1924年12月4日，孙中山偕夫人宋庆龄一行人由上海绕道日本抵津，在法租界美昌码头（今营口道东端）登岸，随即前往张园下榻②。中共天津地委动员组织50多个团体的工人、学生和市民数

◎20世纪20年代末的张园

万人沿途欢迎。当天中午，中共天津地委负责人于方舟、江浩和爱国人士马千里等来到张园，商议孙中山演讲和会见群众事宜。晚上，天津各界人士在法租

---

① 中共天津市委党史研究室.中国共产党天津历史.北京：中共党史出版社，2005：77.

② 中共天津市委党史研究室.天津市革命遗址通览.北京：中共党史出版社，2012：37.

◎ 1949年6月张园成为中共天津市委天津军事管制委员会所在地

界国民饭店举行欢迎孙中山的茶会。孙中山由于身体不适而未能到会，特派代表与会。6日上午，马千里等10人代表天津市民赴张园慰问孙中山。当天，中共天津地委以国民党直隶省党部和天津市党部的名义散发传单，号召人民团结起来打倒帝国主义，废除不平等条约，打倒军阀，统一中国，拥护国民会议的召开。

在津期间，孙中山已身患重病，但为实现和平统一中国之目的，仍坚持会见各界代表，处理国务。12月8日，于方舟、江浩等天津各界代表进见孙中山，孙中山抱病会见各位代表并发表谈话，他在谈话中力数帝国主义利用军阀摧残中国革命的罪行，明确提出革命要获得成功，必须铲除帝国主义和军阀实力，他对天津各界代表给予亲切鼓励，对天津的革命运动寄予殷切希望[1]。同日，于方舟、江浩与马千里等人开始筹划成立天津国民会议促成会。

12月31日上午10时，孙中山抱病离开张园赴北京[2]。天津各界代表江浩、于方舟、马千里等前往车站送行。孙中山的天津之行促成了国民会议运动的兴起，是中国近代史上的重大历史事件。

扫码关注公众号，
听讲解

---

① 中共天津市委党史研究室.天津市革命遗址通览.北京：中共党史出版社，2012：37.

② 中共天津市委党史研究室.中国共产党天津历史.北京：中共党史出版社，2005：80.

于方舟故居

位于宁河区俵口镇解放村北区一排

◎ 于方舟故居主入口

» 建筑历史与风貌

于方舟故居为中国传统院落民居，坐北朝南，占地面积 326.7 ㎡，建筑面积 102.4 ㎡。该故居原有砖坯正房 4 间，庭院和围墙，1976 年在地震中被毁，后按原貌修复。现西跨院设有门楼一座，和正院相接处有月亮门。故居砖坯正房四间，东两间为烈士生平事迹展览室，陈列有邓颖超、彭真、李瑞环等国家领导人的题词。西间为复原室。故居门前为彭真同志题写"于方舟故居"金字横向联合匾。房前正院落东侧墙，建有一座由李瑞环同志题写的"津门之光"陶瓷壁一座。外有围墙，院内设有花池通道。现为天津市文物保护单位，第一批天津市革命文物。

于方舟（1900—1927），原名于兰渚，生于宁河县俵口村（今属天津宁河区）一个农民家庭，是天津"五四"运动中杰出的学生领袖，也是天津早期党团组织的重要负责人。1917 年秋，考入天津直隶省立第一中学（即天津官立中学）。"五四"时期组织成立新生社，团结进步青年，开展革命活动。在李大钊的指导下，组织成立天津马克思主义研究会和社会主义青年团。1922 年秋，考入南开大学，被选为天津学生联合会执行部部长。1923 年加入中国共产党。

◎于方舟故居内部

1924 年 1 月，参加了在广州召开的国民党第一次全国代表大会，当选为国民党执行委员会候补执行委员。1924 年 9 月，在中共天津地委成立大会上当选为委员长。"五卅"运动后任中共天津地委组织委员。中共顺直省委成立后，任组织部长。1927 年 10 月，领导玉田农民武装暴动，组织成立京东人民革命军，10 月底在率部突围途中被捕牺牲，年仅 27 岁。

» 红色往事

心系家乡，领导农民斗地主

1920年1月，于方舟在赴直隶省公署请愿时，与周恩来等人一起被捕入狱，在狱中坚持斗争。同年7月获释后，因宣传"过激主义"的罪名被天津官立中学开除。怀着对反动政府的强烈不满和拯救民族危亡、解救劳苦大众的心志，于方舟回到家乡，决定在养育自己的土地上开始新的革命活动。

于方舟从小生长在农村，对劳动人民有深切的了解。经过"五四"运动的洗礼和对马克思主义的学习，目睹广大农民终日在饥饿和死亡线上挣扎的惨状，更加意识到解决农民问题的极端重要。为了启发群众思想觉悟，于方舟亲自用浅显、简短的文字编写传单，说明什么是帝国主义，什么是军阀，什么是土豪劣绅，并以工整的字体抄写后散发。为了消除封建迷信对农民思想的束缚，于方舟用通俗的语言编写歌谣写道："不拜佛来不烧香，全靠自己把家当，观音菩萨不治病，辛苦种田粮满仓。"他以此引导农民通过斗争掌握自己的命运。

于方舟常常以农民的打扮深入乡间地头，向农民宣传革命道理，并经常和一些家境贫寒、办事公道、敢讲真话，在村民中有一定威望的人促膝谈心，启发他们团结起来进行斗争。在于方舟的启发引导下，俵口村的农民们开展了反对"租地改苇地"的斗争。当时，村南增口河以北约有1 000亩地，原是贫苦农民租种。村里的财主们为了赚钱，打算收回这些租地改种芦苇，因为芦苇可以卖给天津市内的造纸厂当原料，还可以供市民当燃料，这就使得村里众多的贫苦农民生活无着。于是，于方舟就积极发动大家齐心协力反对地主侵占耕地，并最终取得了胜利。

此后，于方舟又带领村民开展抗税斗争，在家乡留下了"愤打二钱六"的动人故事。当时，宁河县议会议长、劣绅刘瑞五对农民进行敲诈勒索，提出盐、碱、薄、洼的土地，每亩都要增加二钱六厘银子的附加税。县议会和政府竟通过了这个提案，还发布了增税告示。于方舟决心发动农民进行抗税斗争。他走村串户，以宁河县"旅津学生同乡会"的名义，召集暑假回乡的进步同学，率领贫苦的农民、渔民去县政府请愿。于方舟向刘瑞五严正指出其身为议长，既不体贴民苦，又讲不出附加税的正当用处，盐、碱、薄、洼之地，又多数不在你们地主豪绅之手，如此的附加税，岂不是为害于民吗？并义正词严地提出：当局必须"立即宣布撤销原案，把增收附加税的告示撤回！"这时，随同于方舟来的群众也在门外应声呐喊。县当局怕闹出乱子来更不好收拾，只得当场宣布免征附加税，斗争取得了胜利。

反对"租地改苇地"和抗税斗争印证了于方舟开始从一名爱国学生领袖、马克思主义青年走上了与工农结合、投身无产阶级解放事业的道路，从思想到行动上正在经历一个巨大的转变。

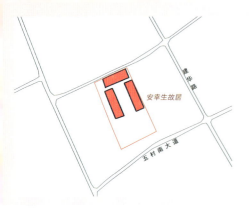

安幸生故居

位于北辰区双口镇中河头村富强大街海福巷内

◎安幸生故居院内

» 建筑历史与风貌

故居为传统合院建筑，1938年7月被日本侵略军焚毁，1940年由安氏族人重建。建筑采用合院布局，外檐为青砖墙面，硬山瓦屋顶，占地约3 300 ㎡。1997年，安幸生烈士故居被天津市委、市政府公布为天津市爱国主义教育基地。现为尚未核定公布为文物保护单位的不可移动文物，第一批天津市革命文物。

安幸生 (1902—1927)，原名安毓文，号仁岗，生于天津近郊三河头村（今北辰区中河头村）一个富裕的农民家庭。安幸生是中国共产党早期革命活动家，中共天津地方组织创始人之一，天津工人运动的杰出组织者和领导者。1918年考入天津直隶省立第一中学（即天津官立中学）。"五四"运动期间，安幸生与学长于方舟等人共同创建了进步社团新生社，并在李大钊的直接领导下，创办了《新生》杂志，任主编。1922年加入中国共产党，先后任中国劳动组合书记部天津支部、中国海员工业联合会天津支部、天津反帝大同盟、天津国民会议促成会、天津总工会等爱国群众团体的主要负责人。"五卅"运动期间，组织领导了著名的天津海员大罢工，纱厂同盟大罢工。1926年初国民军进驻

◎安幸生故居主入口

天津期间，安幸生亲自组织发动中共天津地委领导下的 7 次大规模集会和纪念活动。大革命失败后，曾任中共顺直省委组织部部长兼北京市委组织部部长，出席中国共产党第五次全国代表大会。同年 10 月，在北京被奉系军阀逮捕，11 月英勇就义，时年 25 岁。

» 红色往事

一位革命青年的乡情、友情和亲情

1921 年，天津反动当局严厉镇压爱国学生运动，强行解散各群众社团，《新生》杂志亦被查封，安幸生被捕入狱。后经过家人的多方营救获释。安幸生出狱后，同于方舟一样被学校除名，被迫回到老家三河头村。

回到家乡后，他没有依靠自己的家境和学历过起衣食无忧、安逸平稳的小日子，而是十分同情、关心贫苦农民，时常尽己所能帮助家乡群众。1921 年冬，安幸生领导村里贫苦农民展开了反对政府无理收缴"烧炭税"和"割头税"的斗争。当时，每年"三秋"过后，当地农民有垒窑烧炭的习惯，但杨柳青镇政府却派人收税，每窑强索大洋 1 元 8 角。春节前，杨柳青镇政府又发下告示：凡有杀猪的，不论自食还是出售，一律交割头税。于是，安幸生草拟状纸，带领乡亲们据理抗争，到天津县政府打官司，最后当局只得取消了税款。斗争的胜利，使当地群众对安幸生更加信任和拥戴。在天津见识过近代大工业的安幸生曾兴致勃勃地和村民表示，希望村南的土地将来全要发展成工厂，不能像现在这样大柳行子、沙丘地。姐姐常劝他说："你东跑西颠的总出事（安幸生在天津曾 7 次被捕），图个嘛？家里人都跟着担心。"他却说："我做的事是让大家都有地种、有饭吃，都能过上好日子。像咱家这些地，除去咱这几个人的，都要分给大家种！"

大革命失败后，安幸生等人奉命调到北京，负责恢复北方区委和北京市委的工作。安幸生的优良品格和革命精神得到张作霖贴身秘书、中共地下党员董季皋女儿董恂如的倾慕，经蔡和森做媒，1927 年 8 月 23 日，安幸生与董恂如这对志同道合的革命战友喜结良缘。然而，10 月初，由于叛徒出卖，安幸生被捕。

11 月 11 日，安幸生、董季皋等 18 位共产党人被秘密杀害，史称"十八烈士"。安幸生年仅 25 岁，与董恂如仅共同生活了短短的 30 余天。

安幸生在天津从事革命工作过程中与周恩来、邓颖超结下了深厚的革命友谊。周恩来赴法勤工俭学后，安幸生、邓颖超和其他战友继续在天津从事革命事业。

1949 年 12 月，党中央、国务院在北京八宝山革命公墓隆重举行安幸生等 18 位烈士忠骨安葬仪式。周恩来总理亲自出席，并亲自和安幸生的遗孀董恂如抬着安幸生的遗骨坛走向墓地，周总理这一举动令在场所有人为之动容，董恂如事后曾回忆道："我抬眼一看总理，他要我别哭，可是他早已泪流满颊了。这个情景嵌入我心中，永远是那么亲切而清晰。今天回想起来，仍然让我潸然泪下。"

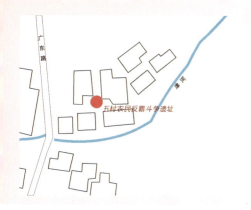

五村农民反霸斗争遗址

位于河西区原西楼前街 22 号

◎五村农民协会旧址历史照片

» 建筑历史与风貌

五村是指位于近代天津东南近郊小刘庄地区的小刘庄、小滑庄、东楼、西楼、贺家口五个村庄。早在清兵入关前，五村地区即住着七八十户人家，大部分是自耕农。清兵入关后在直隶地区大量"跑马圈地"，但这些清朝贵族不直接经营土地，而是派"揽头"代管，"揽头"又分包给"庄头"直接管理，这导致五村地区的村民沦为佃户，被层层盘剥，生活苦不堪言。

五村反霸斗争中成立的农民互助会位于一座坐北朝南的土坯平房三合院内，三间正房，两间西厢房，占地100 m²，建筑面积50 m²。建筑采用抬梁式木结构，硬山坡屋顶。曾被列为天津市文物保护单位。

» 红色往事

近郊农民一场旷日持久的反霸斗争

民国初年，天津大地主、大盐商李莐臣（自称"李善人"）成为五村"揽头"。当时五村农民拥有永佃权，每亩每年交纳固定的租金8角，这已成为沿袭下来的惯例。但是随着天津开埠通商、城区规模的扩张，土地与房租的价格越来越贵。按当时的地价，如果在这里建筑当时流行的里弄民居的话，每亩能建房20间，每间月租金为4元左右，每年能收入800余元，比起收农民的固定租金获利达千倍以上。因此，"李善人"先是提高租金，后来干脆用"倾村灭佃""毁苗填地"等办法，从农民手中掠夺租佃土地，致使50多户农民流落街头，反霸斗争由此而起。

1926年底，五村农民忍无可忍，向法庭起诉"李善人"，希望能讨个公道，而"李善人"买通法官致使五村农民败诉。由于五村临近裕元、北洋纱厂，因此许多纱厂工人将家安在五村地区。当时，正担任中共天津地委一部委书

◎五村全体佃农揭露地主李莐臣的哀告书

记的彭真（化名"傅茂公"）负责组织天津各大纱厂的工人运动，从两纱厂工人那里经常听到五村农民的反霸斗争情况^①。

1927年上半年，彭真同志深入五村，与青年农民座谈，启发农民觉悟，宣传革命思想。为了把农民组织起来，彭真等利用天津民间习武风尚，组织青年农民在西楼前街成立国术馆，以练武为名发动农民，组织五村反霸斗争联合会，向农民介绍俄国十月革命，宣传阶级斗争思想，发动农民与地主阶级和整个统治阶级展开斗争^②。在彭真的教育和引导下，农民运动逐步开展，一些骨干分子在政治上不断成熟起来。4月，在五村农民骨干中，发展了第一个共产党员甄元和，之后又陆续介绍几位进步村民入党，并建立起五村农民党支部，甄元和任支部书记。

支部成立后，支部委员深入到农民群众中间，多次召集农民开会，讲述农民生活贫困的原因，讲解团结起来才有力量的道理，并用工人斗争取得的胜利，激发农民斗争的勇气。不久，为了加强对五村农民斗争的领导，中共天津地委三部委书记司福祥被调到五村。司福祥家住东楼，与父亲在西楼一带以卖青菜为掩护，直接领导农民斗争。在党支部的领导下，五村村民先后成立了农民互助会，这一组织为此后发动农民开展大规模的护佃反霸斗争打下了基础。

由于李家坚持增租并无理起诉，在党组织的支持下，五村全体佃农举行了请愿示威游行。村民们手持"打倒土豪劣绅""归还我的土地"等标语小旗，冲破警察阻拦，向法院提出了控诉。

1928年，为了争取法院合理判决，在地下党员和骨干分子的组织领导下，近6 000名工人和农民再次包围河北省高等法院，举行静坐示威，要求会见高等法院院长。最后，法院不得不做出对此案详细调查后再宣判的承诺。在法院做出承诺后，请愿队伍才陆续离去，护佃斗争取得初步胜利。进入20世纪30

---

① 天津地方志编修委员会，中国共产党天津志编修委员会.中国共产党天津志.北京：中央党史出版社，2007：230.

② 中共天津市委党史研究室.中国共产党天津历史：第一卷.北京：中共党史出版社，2005：133-134.

年代，已任中共天津市委组织部长的甄元和继续领导五村反霸斗争，并提出二五减租的斗争要求。为争取广泛的社会同情，五村农民决定请进步教师撰写《五村全体佃农哀告书》，并大批印制，五村农民持此书散发到社会各界，把"李善人"的罪行公之于世，在社会上引起了很大反响。中共河北省委党刊《火线》第18期（1934年7月）曾刊文对五村农民反霸斗争给予高度评价。

五村农民反霸斗争是天津近郊农民在党的领导下开展的一场旷日持久的革命斗争。自民国初年起一直延续到20世纪30年代中期，农民最终取得了不准增租、不准收佃权、不交纳租金的空前胜利，使李家毁田夺地的阴谋被彻底揭穿，在天津农民运动史留下了浓墨重彩的一笔。

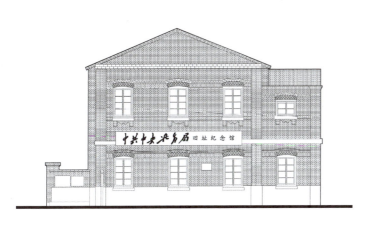

第三部分

白区暗战　百折不挠　不泯革命斗志（1927.7—1937.7）

建筑·党史

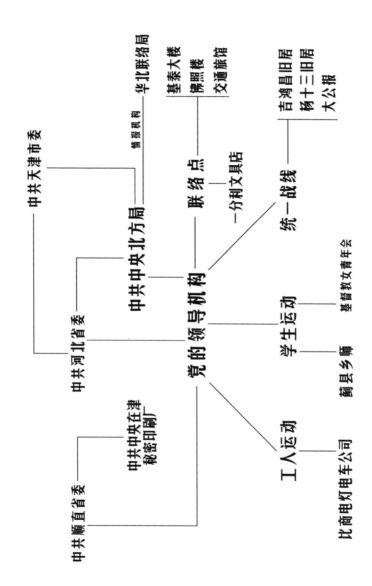

党的领导机构

中共顺直省委
中共河北省委
中共中央北方局
中共天津市委
中共中央在津秘密印刷厂

情报机构
华北联络局

联络点
基泰大楼
佛照楼
交通旅馆
一分利文具店

统一战线
吉鸿昌旧居
杨十三旧居
大公报

工人运动
比商电灯电车公司

蓟县乡师

学生运动
基督教女青年会

1927.7—1937.7

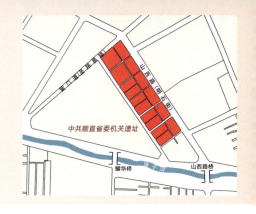

中共顺直省委机关遗址

位于山西路原耀华里2号（今耀华中学游泳池所在地）

◎中共顺直省委机关历史照片

» 建筑历史与风貌

中共顺直省委是大革命失败后中共中央在天津建立的北方地区党的领导机构。"顺"指顺天府，即北京，"直"指直隶，即河北。工作范围包括北京、天津、河北、山西、陕西、绥远、察哈尔、东北三省、河南北部，以及山东西部，且直接领导天津市内各区委及所属基层党支部。

◎耀华里立面复原图

顺直省委机关所在的耀华里建于 1902 年，是由英商怡和洋行正、副买办梁炎卿、陈祝龄出资，由英商先农公司所建的里弄住宅群，共 85 座，成行列式布局，干支式道路系统，分甲、乙、丙 3 种平面类型。里弄内道路较窄。占地 16 824 m²，建筑面积 23 285 m²。

耀华里全部为二层砖木结构建筑，双坡屋顶。外檐为青砖清水墙面，局部混水，窗框设铁花饰护栏。两侧为折角形凸窗，中部圆弧形凸窗。腰线采用传统冰盘檐做法，层顶中央做山花，山花之上设圆窗和花饰，并做水泥抹面，强调立面对称构图。临街单体平面由二间半和一间半式联列组成。前后有院，主房高而次房低，次房建于主房后部，以狭长内院间隔。上部有木天桥，连通附属用房。入口处设有小门厅，作为空间过渡。门厅两侧设门，可直接进入起居室。前部一层为起居室和餐厅，二层为卧室，后部为浴厕、厨房及杂房，功能分区明确。室内双槽木窗、木地板及木制楼梯。耀华里 2 号曾被列为尚未核定公布的文物保护单位的不可移动文物。

» 红色往事

不屈不挠、前赴后继的斗争

1927 年 4 月，蒋介石在上海发动"四一二"反革命政变，开始大肆屠杀共产党员、国民党左派及革命群众。奉系军阀张作霖在北方也开始大逮捕、大屠杀。4 月 28 日，中共北方区委书记李大钊等 20 人在北京遇害，使北方党组织力量遭到严重破坏，北方地区党的工作失去领导中枢。中共中央为解决北方地区党的领导问题，在党的五大以后，决定在天津建立中共顺直省委。5月下旬，党的五大代表陈为人到津在英租界小河道集贤里召开秘密会议，传达中央决定。经过讨论，会议决定先成立顺直临时省委，由刘伯庄代理书记。顺直临时省委成立后，首先开始整顿组织，恢复与各地党组织的联系。

1927年8月1日，中共顺直省委正式成立，在英租界耀华里2号设立机关，彭述之任书记，刘伯庄任组织部部长，李季达任宣传部部长，陈为人任职工部部长。从此，北方地区人民在顺直省委领导下，继续与帝国主义和封建军阀势力开展不屈不挠的斗争。根据中共中央关于"省委所在地之城市党部，必须由省委兼（即分成若干区直辖于省委）"的指示，顺直省委同时代行天津市委职权，直接领导天津市内各区委及其所属各系统基层支部。因此，顺直省委时期的相当长一段时间内，未设立天津市委机构。

中共顺直省委是在大革命失败、北方地区党组织失去领导中心的情况下组建的，它的建立对重建北方地区党的组织系统及开展革命斗争发挥了重要作用。在中共中央北方局设立之前以及北方局撤销期间，中共中央曾授权顺直省委指导北方地区党组织的工作，实际上承担了北方局的职权。

从1927年8月正式成立至1930年12月21日撤销，在三年半的时间里，顺直省委领导机关遭到多次破坏，省委经过7次大的改组和调整以及两次成立临时省委，反映了当时北方革命形势的复杂与艰苦。

中共顺直省委扩大会议遗址

位于和平区原独山路大吉里 31 号（今米莱欧百货所在地）

◎ 大吉里历史照片

» 建筑历史与风貌

大吉里西起独山路,里内有两条主巷,一条东至南京路,一条东端不通行,主巷间有 4 条南北支巷相连。1910 年由商人高建明购地兴建。建筑采用砖木结构,外檐为青砖墙面,硬山坡屋顶。大吉里紧邻英法租界分界线(今营口道),又与墙子河相邻,不远处还有法国教堂和张庄大桥,是一个既隐蔽又便于疏散的地方。

» 红色往事

临危受命,整顿顺直

中共顺直省委成立后,由于复杂的历史原因,顺直党内在政治思想和组织方面出现严重问题,出现上下级机关对立和党内互不信任等问题。为解决顺直党内问题,1928 年 11 月 27 日,中共中央政治局开会讨论顺直问题,并决定派政治局常委、组织部部长周恩来到顺直巡视工作。12 月 11 日,周恩来抵津后,首先与已派到天津解决顺直问题的陈潭秋、刘少奇等座谈,并主持召开顺直省委常委会议,做出恢复省委职权和改组常委会的决议案。周恩来又经过深入调查研究,从思想教育入手,在取得一致、思想统一的基础上,于 12 月 22 日至 12 月底,在法租界老西开大吉里的两间平房里召开了顺直省委扩大会议[1]。

出席这次会议的代表共 43 名,包括来自北平、天津、张家口、唐山、石家庄等地代表和参加党的六大的部分代表。会议由陈潭秋、刘少奇轮流主持,周恩来代表党中央在会上做了关于《当前形势和北方党的任务》的政治报告,详细传达了党的六大精神,阐明了当时政治形势是处在两个革命高潮之间的低潮,指出"左"倾盲动主义是当前党内的主要危险倾向[2]。党在国民党统治区的主要任务是积蓄力量,以待时机,争取群众,开展斗争,迎接革命新高潮。

---

[1] 中央文献研究室.周恩来年谱(1898—1949).修订本.北京:中央文献出版社,1998:151-152.

[2] 中共中央党史研究室图书资料室.中共六十年纪念文选.北京:中央党校出版社,1982:325-329.

在报告中，周恩来实事求是地指出解决顺直党内问题的方法，不能靠机械命令的手段，必须有针对性地加强党的教育工作，提高党员思想政治觉悟，并在开展斗争中吸收无产阶级先进分子入党，扩大党的无产阶级基础，增强党的战斗力。周恩来的报告使与会同志提高了认识，统一了思想，增强了团结，为解决顺直党内矛盾奠定了坚实的基础。在周恩来报告之后，刘少奇同志和陈潭秋同志都分别做了报告①。

◎中共顺直省委扩大会议（油画）

会上，周恩来平易近人的工作作风和具有很强说服力的讲话赢得与会代表的信任。在解答问题时，他针对问题实质进行剖析，对于原则问题从不让步，存在错误思想的同志很快找到了问题的根源，与会代表普遍受到了一次深刻的思想教育。最后大会一致通过了关于政治任务和党务、农运、工运、青年工作等的决议案，并选举产生了新的顺直省委班子。1929 年 1 月底，周恩来完成在天津的任务，返回上海。

1928 年 12 月召开的顺直省委扩大会议，为在北方地区党组织建立一个健全的领导核心奠定了基础，对北方党组织的发展起到了重要作用。从 1928 年 12 月到 1929 年年底，北方革命运动出现新的复兴。

---

① 中共天津市委党史研究室 . 中国共产党天津历史：第一卷 . 北京：中共党史出版社，2005：167.

中共河北省委机关旧址

位于和平区营口道三德里 21 号

◎ 中共河北省委机关旧址历史照片

» 建筑历史与风貌

中共河北省委于 1930 年 12 月设立,是党的六届三中全会纠正李立三"左"倾错误后建立的管理北方地区党的工作的领导机关,负责领导河北、山西、陕西、北平、天津等地党组织,省委机关驻地在北平、天津两地之间迁移。中共河北省委成立后,顺直省委自行撤销,并恢复设立天津市委。

从 1930 年底成立至 1936 年春刘少奇来津重组中共中央北方局,由于贯彻执行王明的"左"倾错误路线和斗争环境的极端残酷,河北省内各级党组织多次遭到敌人的破坏,损失十分严重。据统计,这一时期省委领导机关主要负责人变更达 16 次之多,天津市委主要负责人变更 19 人次。

三德里西北起营口道,东南通唐山道,中间有 8 条支巷。1936 年由三家合资兴建,后由三德堂经营,并以堂名命名,里内为二层砖木结构楼房,外檐为红砖墙面。

» 红色往事

白区仅存的一个省委组织

土地革命时期,面对残酷的白色恐怖,北方地区的共产党人表现出了不屈不挠的英雄气概和大无畏的牺牲精神。从 1929 年 6 月到 1933 年 8 月,在省委遭到大破坏、中央来不及补充干部和恢复省委时,幸存下来的省委成员,先后 5 次自动组建临时省委。每届新省委建立起来,立即与各地党组织重新建立联系,恢复组织并尽快开展工作,使北方革命斗争在艰难中仍有发展。

1934 年九十月间,高文华从上海中央局调任中共河北省委书记。1935 年 2 月,高文华与家人抵津,租住在英租界三德里,以家庭为掩护设立省委机关。5 月,在平津地区领导北方

◎高文华(后排右一)、贾琏(中排右一)夫妇与邻居于 1956 年在营口道三德里 21 号中共河北省委机关旧址前合影

地区党的工作的中央代表孔原奉命离津，临行前决定以河北省委为基础成立临时北方局，采取"一套人马，两块牌子"的办法，在指导北方工作时，用北方局名义，领导省内工作时，用河北省委名义。临时北方局由高文华任书记，柯庆施任组织部长，李大章任宣传部长。

孔原离津后，由于当时中央红军正在进行长征，河北省委与中央失去联系。1935年秋，上海中央局特科总部迁到天津与临时北方局汇合，此时，临时北方局不仅是北方白区党的首脑机关，而且具有全国白区党的首脑机关性质。

高文华任河北省委书记期间，省委各方面的工作都有了新的进步，成为整个白区唯一一个保存下来的、最健全的省委组织。1943年3月，刘少奇在《六年华北华中工作经验的报告》中曾讲道：当时"党的组织一般没有保存下来，仅仅在河北还保存了一个省委组织、若干城市与农村中的地方组织和一批中下级干部"[1]。据相关组织史资料统计，至1936年上半年，中共河北省委下属组织还有8个特委、4个市委、13个中心县委、33个县委，党员数千名。

并非父母心如铁，无奈卖子筹经费

高文华调任中共河北省委书记后，公开身份是商人，爱人贾琏则是小学教师，他们以此做掩护从事党的地下工作。虽然机关活动经费极为有限，但为了符合商人身份，他们常把一串腊肉挂在显眼处，一是为了装门面、摆阔气，二是作为地下党同志前来联系工作时报平安的标志。机关一旦来人，孩子们就到门口玩跳房子游戏，站岗放哨。平时他们还规定了一些暗号，如窗帘的挂法不同显示机关安全与否等。

河北省委与中央失去联系后，本来就拮据的经费更加困难了，一方面省委运转难以为继，另一方面高文华一家的生活也陷入极度困难，女儿饿得难受，不得不到田野里捉蝗虫，拿回来烧着吃；高文华患有严重的肺病，经常吐血，又没钱买药，只好喝盐水治病。当时担任北方局与河北省委秘书并兼财务工作的贾琏非常着急，想把装饰门面的腊肉取下来吃，但高文华坚决不同意。高文

---

① 刘少奇.刘少奇选集：上卷.北京：人民出版社，1981：246.

华一边想尽办法维持生计，一边多方寻找党组织。曾派省委秘书长王林和北平市委书记李宝华在天津、北平募捐，又派出干部下乡，发动农民斗地主，搞粮食，但省委的经费问题仍难以解决。随着形势变化，经济上的困难越来越严重，几乎到了无法维持的境地。在万般无奈的情况下，夫妇两人商量只能卖掉刚满4个月的亲生儿子，换回点儿大洋，以帮助组织暂时渡过难关。卖掉儿子换回来50块大洋，高文华分给王林10元、李大章10元，正是靠着这50元大洋，勉强维持了北方局和河北省委3个月的运转。

中华人民共和国成立后，党组织和高文华夫妇曾动员多方面关系寻找儿子下落，在得知儿子11岁时因病去世后非常痛心，对孩子的思念与歉疚也因此相伴终生。但他们并不后悔，因为他们明白革命年代，还有比卖儿更残酷、更让人伤心的，战友的流血牺牲常在身边发生，自己这样的牺牲算不上最痛心的。正如高文华对秘书常常讲的："相比死去的人，我们算是幸运的了。"

党的老一辈革命家经历了太多的苦难，也做出过很多当代人无法理解的选择。这是因为在他们心中有着生命只为一个信仰的执着与坚定，高文华谈及卖子之事时曾说道："我坚信马克思主义是真理，困难是暂时的，逆境是可以扭转的。有了这个信仰，哪怕是个人的生命、血肉之躯都可以奉献出来。"这就是战争年代共产党人把全部身心奉献给党的崇高革命伦理，中国共产党也由此获得了强大的组织力量。

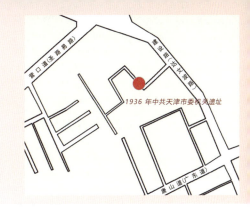

1936 年中共天津市委机关遗址

位于和平区建设路原福荫里 1 号（今天津市人社局所在地）

◎1936 年中共天津市委机关历史照片

» 建筑历史与风貌

中共天津市委于1930年5月正式建立，主要负责领导市内各区委以及所属基层党支部。同年12月，中共河北省委成立后，天津市委属河北省委领导。由于王明"左"倾错误路线的影响，天津市内党组织负责人变更频繁，革命力量多次遭到敌人破坏，至1936年春天津市委主要负责人变更达19人次。1936年3月，中共中央派刘少奇到天津主持北方局工作。由于北方局机关设在天津，因此河北省委领导下的天津市委，实际上也得到了北方局的直接领导和刘少奇的亲自指导，天津市内党组织力量也得以蓬勃发展。1938年7月，随着中共河北省委撤往冀东和平津唐点线工委的设立，民主革命时期的天津市委机关至此结束。

中共天津市委所在的福荫里位于和平区东部、建设路与唐山道交口西北侧，属里弄民居，为二层砖木结构楼房。1919年由兴泰洋行沈某营建，取福星荫庇之意命名。福荫里由两条里巷组成，东巷东起建设路，西端为两条巷道通唐山道，西巷南起唐山道，北端不通行。

» 红色往事

从战友到夫妻，共同保护"老戴"

1936年3月初，中共河北省委调林枫任天津市委书记。林枫以报社记者身份住进英租界松寿里1号，并在此建立市委机关。当时，没有家眷的单身汉在天津租房子很难，于是省委调北平学生抗日救国联合会主席郭明秋来津，与林枫假扮夫妻开展工作。不久，林枫又将市委机关迁至英租界长兴里10号楼上（曲阜道原长兴里47号）。

当时郭明秋还不满20岁，本

◎ 林枫与郭明秋

是北平第一女中高二学生，1935年加入中国共产党，在北平学联时与林枫相识。当时，林枫经常外出留下郭明秋一人看家，曾经的学运领袖自然过不惯这样的家庭主妇生活，加之从事秘密工作需要和亲友、同学断绝来往，既不能去看电影，也不能随便到外面散步。于是，郭明秋多次向林枫提出要求调换工作。起初，林枫总是沉默不语或应付了事，但终究经不起郭明秋的连番"抱怨"，开始严肃而又和蔼地与郭明秋"谈判"："你不是愿意做列宁所说的职业革命家吗？……对我来说事业第一，除了它就是你了，请你做我的protector（保护者），现在，你不也是列宁所说的那种职业革命家吗？"林枫的一番话打动了郭明秋，但还是有一些不情愿。林枫继续说道："一个共产党员要有约束自己的非凡能力，只有约束住个人的东西，服从革命的需要，服从了党的利益，服从了党的纪律，党的事业才能成功。"说到这里，林枫放慢了声调，并意味深长地说："至于个人的一切应该融在其中。"郭明秋在后来的回忆中写道："我吃惊地听着从来没有听过的话，感到心胸开阔和说不出的喜悦。他像看透了我的心思似的。"严酷的地下斗争使二人逐渐建立了真挚的感情，1936年夏，经过组织批准成为正式夫妻。按照当时严守秘密工作规定，两人连结婚照也不敢拍。

1936年3月底，刘少奇来津任中共中央北方局书记，林枫担任刘少奇秘书和北方局秘书长。郭明秋当时公开职业是天津基督教女青年会劳工部所属的女工夜校教师。一天傍晚并不认识刘少奇的她回到家正遇见刘少奇与林枫交谈。林枫介绍郭明秋后，刘少奇警惕地问郭明秋在做什么工作，林枫如实告知在女工夜校教书。刘少奇略微沉思之后只说了一句：不行，秘密工作应同公开工作严格分开。然后就马上告辞了。[1] 刘少奇走后，林枫将郭明秋拉到窗边，小声告诉她，这个人是党中央派驻北方的代表，以后管他叫老戴就好了，我们要好好保护他。又告知省委已调自己给"老戴"当秘书了，并让郭明秋跟着他一起共同保护这位中央代表。在白区工作的地下党员是非常渴望见到中央代表的，而此时的郭明秋已能够自觉自愿地服从组织要求，决定不再去夜校了。

---

① 穆欣.林枫传略.哈尔滨：黑龙江人民出版社，1990：53.

刘少奇与林枫在长兴里接头几次后，提出这里临近海河码头和影院，来往人较为频繁，不适合做秘密工作，于是林枫又另找房子，不久搬到英租界的福荫里1号。福荫里有三条小道可通大街，周边环境较为僻静，适于隐蔽，又便于进退，刘少奇同志每隔一周来这里和林枫接头一次。林枫也每隔一周到北方局汇报一次工作，这样两人每周都能见一次面。"老戴"每次来福荫里，林枫即嘱咐郭明秋去外面放哨，或买烟或到屋外去做些事情，以应付房东和里弄里来来往往看房子的人，保证"老戴"和林枫能安心研究问题。西安事变后，刘少奇更加频繁地来福荫里听林枫汇报工作，并和林枫谈论各种问题。在林枫夫妇二人的努力下，福荫里市委机关工作一直非常平稳地运转，直至1937年春，林枫随"老戴"赴北平工作。

1937年7月平津沦陷后，林枫一行5人辗转来到天津，找到老房东再次住进了福荫里1号。不久，时任中共天津市委书记的姚依林买来船票，8月13日终于等到怡和洋行的轮船，林枫一行人马上动身，同船离开天津的还有邓颖超、王世英等人。

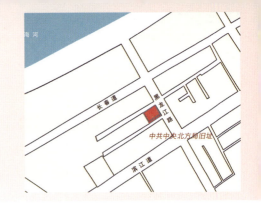

中共中央北方局旧址

位于和平区黑龙江路隆泰里 19 号

◎中共中央北方局旧址外观

» 建筑历史与风貌

中共中央北方局是新民主主义革命时期党在北方的派出机关，从大革命时期到抗日战争结束，其管辖地区虽根据形势变化和工作需要有过多次调整，但基本包括今河北、山西、山东、河南、甘肃、黑龙江、吉林、辽宁、北京、天津、内蒙古等省、市、自治区的全部或部分区域。土地革命战争时期，天津曾是中共中央北方局领导机关所在地。

1936 年春，为了贯彻党中央瓦窑堡会议精神，加强对白区工作的领导，中共中央派刘少奇以中央代表名义到天津，主持北方局工作。4 月正式组建北方局，在组织机构上与河北省委完全分开，刘少奇任书记 [1]。

隆泰里建于 1910 年，取兴隆安泰之意命名。隆泰里东北紧邻黑龙江路，西南端不通行，由两条并行里巷组成。里弄住宅是近代住宅建筑的一种新类型，在中国传统建筑的基础上吸收西方近代联排式住宅布局，对建筑材料和建筑技术的应用都有所创新。从 20 世纪初开始

◎ 中共中央北方局旧址入口

兴建，至天津解放前夕已成为天津建造数量最多的住宅类型，兼有别墅式和集中居住建筑的优点。

隆泰里采用"一"字形干弄式布局，即一条弄道的两边布置行列式住宅，

---

[1] 中共天津市委党史研究室.中国共产党天津历史.北京：中共党史出版社，2005：243-246.

弄道一头通向马路，另一端为尽端路，既能保证人流疏散，也能使弄内形成相对安宁的生活环境。建筑设有前院，功能分区明确，布局紧凑。隆泰里 19 号是一幢设有前院的二层砖木结构小楼，外檐为清水砖墙，窗上部设圆券，山墙面二层窗下饰简洁花饰，两坡顶比例协调。现为天津市文物保护单位，第一批天津市革命文物。

◎中共中央北方局旧址侧立面测绘图

» 红色往事

成衣局里的"周教授"

1936 年春，刘少奇以茶叶商人的身份抵津，与中共河北省委秘书长王林接头后，下榻在日租界北洋旅馆。当时正值全面抗战前夕，在日租界活动几天后，刘少奇发现那里环境杂乱，特务、汉奸、军警众多，不利于开展地下工作，于是决定另寻驻地，并最终将北方局的办公地和自己的住所设在不远处的隆泰里 19 号，身份也由茶叶商人转为来此养病休息的南开大学"周教授"[1][2]。

隆泰里地处海河沿岸的法租界内，日本特务和国民党军警不敢贸然进入租界抓人。又紧邻以老龙头火车站（今天津东站）和租界码头为中心的天津近代水陆交通枢纽区，革命者进出市区、往来联络十分方便快捷。隆泰里本身规模很小，弄道只有东北端通行黑龙江路，属闭合式里弄。北方局所在的隆泰里 19 号是连排建筑的临街一栋，三面有窗，整栋楼有大大小小 17 扇窗户，而刘少奇所在的房间紧邻主路，有 4 扇落地窗，非常便于在屋内观察周边情况。小楼除了前门、后门，还有一个通向屋顶的天窗，出入方便，如遇紧急情况可迅速转移。

---

① 中共天津市委党史研究室.天津市革命遗址通览.北京：中共党史出版社，2012：86.

② 金冲及.刘少奇传（上）.北京：中央文献出版社，1998：215.

这栋小楼的主人王惠在自家楼下开了一间成衣局（即裁缝铺），为人老实本分，从不打探顾客隐私。以裁缝铺为掩护，彭真、林枫等人经常以顾客身份进出小楼，与刘少奇研究党的工作。在此工作生活的一年时间里，刘少奇与王惠相处得十分融洽。

正是由于丰富的白区工作经验，刘少奇在选址上巧妙地发挥了城市空间特质，一直在这里从容地工作生活一年时间，直至 1937 年春离津。

在津主持北方局工作期间，刘少奇在端正北方党的政治路线、发展壮大北方党组织力量、促进抗日民族统一战线形成等方面，做了大量卓有成效的工作。抵津之初，刘少奇根据中央精神和北方各省的具体情况，先后以 K·V、胡服等笔名，通过中共河北省委内部刊物《火线》《长城杂志》发表了多篇文章，从理论上、政策上、工作方式上对北方党组织的抗日救亡运动给予具体指导。刘少奇还把一些受"左"倾错误路线打击、排斥的同志，重新安排到领导岗位上来。在刘少奇的努力下，白区党组织力量有了很大发展，为全国抗战做了思想上、组织上的准备。到 1936 年底，市内党员由原来的几十人发展到 400 多人，先后建立了山东省委、山西省委、河南工委等若干党的组织，使党领导下的抗日救亡运动广泛深入地开展起来①。

当时，华北的形势已到了剑拔弩张的地步。1936 年，驻津日军大肆屠杀修筑防御工事的中国劳工，并抛尸海河，制造了震惊全国的海河浮尸案。刘少奇决定抓住时机，由天津市委组织天津学生举行抗日游行示威。5 月 28 日，爱国学生按照预定部署，举行了声势浩大的反日示威游行，有力地打击了日本帝国主义侵略气焰，在全国引起了强烈反响，使正在彷徨于抵抗与妥协之间的平津卫戍司令、二十九军军长宋哲元受到极大鼓舞和督促。6 月 13 日，北平各校学生 1 万多人举行抗日示威游行，响应天津学生的爱国运动。天津"五二八"学生爱国运动掀起了继"一二·九"运动之后又一次全国性的抗日救亡高潮。

此外，中共中央北方局根据华北各种政治势力、派别和各个阶层人士的

---

① 中共中央北方局资料丛书编审委员会.中共中央北方局·综合卷.北京：中央党史出版社，1999：13.

情况，积极开展上层统战工作。通过致信国民党高级将领和社会名流，使党的口号和主张迅速传播，赢得了舆论的主动权。至1936年四五月间，已团结争取了一大批爱国教授和学者，在文化教育界逐步形成了一个广泛的抗日民族统一战线。西安事变后，为了逼蒋抗日，在刘少奇的指导下，北方局采取公开和秘密工作相结合的方式，开展了争取宋哲元等地方实力派的工作。同时，通过地下党的秘密关系，说服宋哲元坚定抗日决心，并使其主动接受了地下党员张克侠为其草拟的对日作战计划。

1937年3月，中共中央北方局迁往北平。中央曾对刘少奇这一时期的工作给予很高评价，认为"北方党的工作，自胡服（即刘少奇）同志到后，有了基本上的转变……这些主要转变，足以奠定胜利的基础，开展着光明灿烂的伟大前途"①。

---

① 中共中央党史和文献研究院.刘少奇年谱（增订本）第1卷.北京：中央文献出版社,2018:177-178.

中共华北联络局电台旧址

中共华北联络局电台旧址

位于和平区成都道 100 号（原永定里 8 号）

◎ 中共华北联络局电台旧址外观

» 建筑历史与风貌

中共华北联络局是中共中央北方局直接领导下的情报机构，1936年春刘少奇在津主持北方局工作时由彭雪枫、王世英负责。

中共华北联络局电台位于永定里8号，桂系军阀刘绍襄家。该里弄建于1934年，由中国工程司建筑师阎子亨设计，四行储蓄会天津分会经理胡仲文投资建设，当时多为银行职员居住。永定里由7幢联排式住宅组成，中部设通道连通成都道和岳阳道。建筑为3层混合结构楼房，外檐为清水砖墙，窗间为混水抹灰装饰，3层设有阳台。每个独户单元前后均设门，室内房间按照现代生活方式布局，宽敞舒适，装饰简洁朴素，暖卫设施齐全，木楼梯、木地板至今保存较好。外檐窗的设置和抹灰饰面均强化了建筑的竖向构图，具有典型的装饰艺术风格特征。旧址设前后小院，共有房屋16间，布局紧凑合理，建筑面积254㎡，占地114㎡。现为尚未核定公布为文物保护单位的不可移动文物，一般保护等级历史风貌建筑，第一批天津市革命文物。

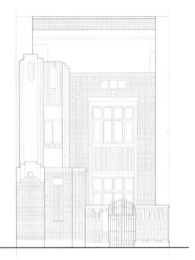

◎ 成都道100号正立面测绘图

» 红色往事

隐藏在军阀家中的"秘密电台"

刘绍襄当时是国民党桂系军阀李宗仁派驻天津的代表之一。1933年正在上海负责上海中央局（亦称白区中央局）情报工作的王世英与刘绍襄儿子刘仲容相识，曾和刘仲容提及中共准备借用其父刘绍襄家中的私人电台问题。1935年上海地下党组织遭到严重破坏，王世英带领上海特科一批人转移至天津，建立天津特科。经中央批准，王世英利用刘家电台与延安建立联系，特科地下党员谢甫生直接管理电台。

刘家的电台是刘绍襄自己买的，当时天津租界内很容易搞到电台，仅在英租界就有70余部私人电台。刘家电台的发报人叫周志承，党组织每月给他100元钱，让其负责发电报。但他并不了解密码，因此不知道电报内容。电台密码只有谢甫生和其爱人刘璇掌握，由他们分别负责取报、译报、送报。

1936年春，刘少奇来津负责中共中央北方局工作，当时天津特科负责人王世英与刘少奇见面后请示特科应如何命名。刘少奇决定将天津特科改为联络局，由北方局直接领导，组织上与河北省委和天津市委分开，彼此只有横的单线关系，没有隶属关系，以保证联络局的独立性和秘密性，便于安全而顺利地开展工作。天津特科改称联络局后，工作范围大大扩展，不仅负责情报工作，还负责联络、统战工作，活动范围不只限于华北地区，还延伸到了东北、广东等地，这些地方都有天津派去的工作人员。联络局的情报工作成绩卓著，地下党员通过专门渠道获得了大量国民党高层和日军高层情报。

华北联络局电台直至全面抗战时期一直与延安保持通信联系，是白区极少数没有被敌人发现破坏的电台之一。电台收发情报的主要内容包括：日寇对华军事情报；关东军的机密军事情报；七七事变后，冈村宁次司令部对华的旅、师、团以上的军事人数、装备和作战计划；华北驻屯军的军事行动等。这些重要情报通过电台源源不断地发往延安，不仅加强了当时在津的北方局与党中央的联络，而且对党的抗日斗争及推动国民党地方进步势力进行抗日，都发挥了重大作用。

台儿庄战役前，谢甫生通过与日军华北驻屯军司令部中国翻译毛某的关系，获取了有关日军进攻徐州部队的兵员数额、火力配备、具体部署和决战地区——津浦路北段台儿庄一带的全盘计划和作战地图。谢甫生同王世英商定后，将该情报交由在津参加敌后统战组织华北自卫会的何佩石（刘绍襄女婿）发给前线部队指挥官，这一举动不仅体现了中国共产党与国民党合作抗日的诚意，对台儿庄战役的胜利也发挥了很大作用，战役结束后得到国民党第五路军总司令、战役总指挥李宗仁的赞扬和肯定。

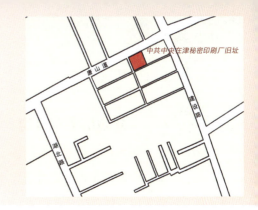

中共中央在津秘密印刷厂旧址

位于和平区唐山道 47 号（原福安里 4 号）

◎ 中共中央在津秘密印刷厂旧址外观

» 建筑历史与风貌

中共中央秘密印刷厂于 1929 年初从上海迁至天津，毛泽民夫妇在津主持秘密印刷厂工作，负责承印中央和顺直省委的重要文件。1931 年"九一八"事变后，随着革命形势的变化，印刷厂撤离天津。中共中央秘密印刷厂是新民主主义革命时期党中央唯一的驻津单位。

秘密印刷厂旧址建成于 1900 年，为二层砖木结构灰砖锁头式楼房，建筑面积 370 ㎡。建筑形体两翼前凸，呈"凹"字形状。独门独院，前后均有出口。建筑造型小巧别致，古朴端庄，门窗上为砖砌拱券，窗下设砖砌宝瓶装饰，转角处为砖砌断块抱角，

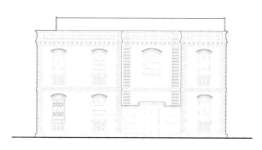

◎ 中共中央在津秘密印刷厂旧址侧立面测绘图

檐口设有齿状装饰。1976 年地震使建筑部分损毁，后利用临近建筑修复，现为天津市文物保护单位，重点保护等级历史风貌建筑，第一批天津市革命文物。

锁头式楼房在上海被称为"石库门住宅"，在天津较少，此类建筑大部分为青砖瓦顶。主楼为三间两厢式的二层楼房，将院落分为前后两院，后院多建有 1~2 层辅助用房，楼层上往往用廊子与前楼连接，前门一般与二楼平齐。

» 红色往事

"周经理"开在里弄中的神秘印刷厂

1928 年 12 月，周恩来在津主持顺直省委扩大会议期间，省委提出出版刊物没有设备，请中央帮助解决。当时，设在上海的中央秘密印刷厂刚刚遭到破坏。中央决定从上海调毛泽民夫妇来津，建立地下印刷厂。

1929 年初，毛泽民带领原上海中共中央秘密印刷厂的部分同志连同印刷机器来到天津，厂址最终选在英租界广东道福安里。这是一幢一院两厢的二层楼房，前门临街，后门临胡同弄道，胡同内共有 5 个出口，弄道四通八达，可

以说这是一处理想的地下工作场所。

印刷厂共有 21 名工人，大部分是从上海同来的同志，厂内党员成立了党支部。毛泽民化名周韵华，公开身份是印刷厂的东家兼经理。为掩护工作，印刷厂内外都做了精心的安排，在印刷厂门口挂着"华新印刷公司"的铜牌，上面写着承印各种表格、请柬、喜帖的广告，从外表看是一座合乎社会上商业形式的小型印刷厂。

小楼内，一楼设置印刷厂办公室，主要任务是对外联系业务，对内负责岗哨。账房先生姓何，负责办公室工作，对外适当地接受一些印刷业务，主要是掩护秘密工作，同时筹集一些革命经费，一旦外来业务增多，影响党内文件印刷，就故意索取高价或者拖延交活时间，使生意谈不成。若发现形迹可疑的人进来，"账房先生"就立即按响办公桌下面的暗铃，各车间听到铃声就迅速收起党内文件，转移到早已准备好的地洞里，改印《马太福音》之类的东西。右后厢房是吃饭和临时休息的地方，过堂和左厢房是印刷机房，并设有秘密地洞。楼上的右前厢房是女宿舍，后房是男宿舍兼装订房，后楼的小屋是铸字房，内有铅锅、铁台、倒版机等全套铸字设备，后院的房屋是厨房。

随着秘密印刷厂的建立，毛泽民又在小白楼先农里设立了中央出版发行部秘密机关，由毛泽民和夫人钱希均以家庭形式做掩护开展工作，钱希均担任党的地下交通员。通常中央和顺直省委要印的材料都先送到先农里，然后由钱希均送到印刷厂。为了配合秘密印刷厂工作，中共顺直省委还在法租界五号路（今吉林路与营口道交口）一处临街门面房开了一家名为"华北商店"的古玩店，负责同共产国际、党中央联系，接转党的文件和党的经费。时任中共顺直省委秘书长的柳直荀（化名刘克明）是古玩店的东家兼经理，当时秘密印刷厂印制的文件多由柳直荀负责定稿，毛泽民常到古玩店来，以打麻将牌作为掩护研究工作。

当时印刷厂承担的印刷任务除了党中央的重要决议、指示外，还承印顺直省委的重要文件，各种小册子、传单等。顺直省委主办的刊物《北方红旗》也在这里印刷，此外还翻印一些马列著作。

为了迷惑敌人，这些书刊的封面都做了巧妙的伪装，如封面是《三国演义》《写信必读》等一般书名。印刷结束后，所有印刷样版立即被烧掉，把印好的文件由负责转运的同志送到转运站，再由转运站发到各地，其中邮到上海的最多。

◎ 毛泽民在津居住地（和平区开封道原先农里24号）

由于选址得当、组织严密，中共中央秘密印刷厂在津期间一直未被敌人发现。1931年初，毛泽民奉调回沪，改由彭礼和担任印刷厂的领导工作。这时外来印刷业务增多，且在此办公已有两年。为了安全起见，印刷厂迁至当时的英租界小白楼海大道（今大沽北路）一幢二层小楼内，对外挂"丰泰事务所"招牌，正门两旁橱窗内陈列着各种文化用品和自制的美术信封、信纸等作为对外营业出售。楼上是印刷机房，继续印刷党的各种文件。1931年"九一八"事变后，印刷厂停办。

秘密印刷厂在津两年多的时间里，白色恐怖笼罩津城，党内亦不断受到"左"倾错误的干扰，在这样极端困难的历史条件下，毛泽民带领印刷厂同志坚持在白区工作，保证党的重要文件的印刷及分发工作，充分反映了革命年代地下党员在城市对敌斗争中的智慧和勇气。

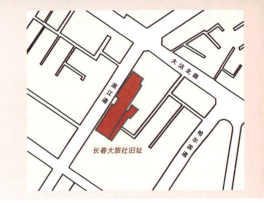

长春大旅社旧址

位于和平区滨江道 109—123 号（原基泰大楼）

◎ 基泰大楼旧址外观

» 建筑历史与风貌

长春大旅社是法租界梨栈地区的一家普通旅馆，由于地处近代天津交通枢纽区，周边分布着海河重要渡口——马家口、租界码头和老龙头火车站（今天津站），附近还有三条电车路线交汇，因此交通十分便利。自大革命时期起，长春大旅社即成为天津地下党组织的秘密交通机关，进出天津市区的地下工作者经常在此落脚。1928 年原地建成基泰大楼，长春大旅社位于楼内。

基泰大楼由基泰工程司建筑师关颂坚、杨廷宝设计，占地 2 100 m²，建筑面积 8 620 m²。大楼中部五层，两端四层。首层是商业店铺，设中二楼。二层以上为办公用房和出租住房。主要入口上面是过街楼，下面是通往后部住宅的通道。二层设主楼梯和电梯直通顶层。后院建有贮煤室、锅炉房和车库。

基泰大楼采用砖混结构，立面构图对称，疏密相间的砖砌壁柱与大面积清水墙形成凹凸变化，青红砖组砌成圆形、方格和交叉等各种花饰，色彩变化丰富。女儿墙以古钱形混凝土镂空花饰，产生丰富的阴影效果。主入口向内凹进，两对绞绳柱承托着半圆筒形券。商业店铺的内部装饰考究。中二楼围以圆弧形金黄色木栏杆，有中国传统风格的云子边雕刻栏柱，并带有金色花饰的椭圆形小孔，美术磨石地面和白色大理石地面，光洁考究。该楼于 1973 年又增建一层。基泰大楼集中西建筑设计手法于一体，是基泰工程司的代表作。现为天津市文物保护单位，重点保护等级历史风貌建筑，第一批天津市革命文物。

◎ 基泰大楼旧址外檐局部

◎ 基泰大楼旧址正立面测绘图

» 红色往事

1925 年"五卅"运动爆发后，根据中央指示，中共北京区委代表赵世炎会同天津地委主要负责人李季达、安幸生等组成海员罢工委员会，待各轮抵津后，立即发动各轮海员 400 余人全部下船罢工。7 月 18 日，下船海员百余人在长春大旅社召开中华海员工业联合会天津支部成立大会，推举地委工运负责人安幸生为支部书记，会议通过了《海员工会章程》，发表了《海员工会宣言》《海员工会通电》和《天津海员工会泣告书》，并决定自 21 日起全体海员罢工，"与强暴的英国反抗，不达最终目的誓不上工"。海员罢工坚持 3 个多月，给英日帝国主义在经济上以沉重打击，在天津工运史上写下光辉一笔。

1928 年 12 月 11 日，中共中央派中央政治局常委、中央组织部部长周恩来来津传达贯彻党的六大精神和中央关于解决顺直问题的决议 ①。12 月 11 日下午，周恩来身穿长袍马褂，以商人身份到达天津，在梨栈马家口下船，与地下党员徐彬如接头。为安全起见，两人先到饭馆吃饭，饭后一起来到长春大旅社，稍事休息后，地下党组织在日租界北洋旅馆（原兴安路 201 号）给周恩来安排了住处 ②。会议筹备期间，参加会议的北平、张家口、唐山、石家庄等地代表陆续来到天津，住在长春大旅社，按照组织纪律要求，代表们平时一律不得自由活动。1931 年，中共河北省委也曾在此举行重要会议。

---

① 中共中央北方局. 土地革命时期卷. 北京：中央党史出版社，2000：9.

② 中共天津市委党史研究室. 天津市革命遗址通览. 北京：中共党史出版社，2012：45.

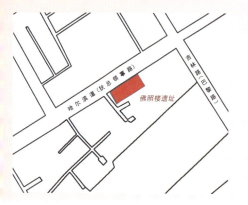

佛照楼遗址

位于和平区原哈尔滨道 48 号（今融景华庭小区所在地）

◎ 佛照楼历史照片

» 建筑历史与风貌

佛照楼建于 1880 年左右，是 20 世纪初法租界内小有名气的一家中式旅馆，众多知名人士曾在此下榻。旅馆门前上方悬挂有"佛照楼旅馆"金字横匾，左右两侧挂铜质招牌。由于地处租界、交通便利，佛照楼曾是天津地下党组织的秘密联络点。

佛照楼为砖木结构，坐北朝南，为二层长方形封闭式院落。占地面积 830 m²，建筑面积 1 660 m²。院内三面原有木制回廊，顶部设有玻璃罩棚。2004 年 8 月被列为和平区文物保护单位。

» 红色往事

小旅馆里的秘密联络点

1925 年"五卅"惨案发生后，负责工运的地下党员贺昌来到天津，以佛照楼旅馆做联络点，组织天津工人开展斗争。全面抗战爆发后，党的统战组织华北人民抗日自卫委员会也以佛照楼作为与党内联系的联络点。

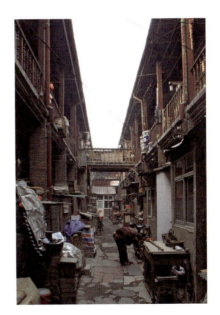

◎ 佛照楼内景

在佛照楼内发生的最重要的革命活动是周恩来在此主持召开顺直省委首次常委会。1928 年 12 月，周恩来在津解决顺直省委问题时，为安全起见从日租界北洋旅馆转移至法租界佛照楼旅馆入住。周恩来在佛照楼住处主持召开了顺直省委首次常委会，对顺直省委工作做了分工①，韩连会（1931 年叛变）任书记，张金刃任组织部长，陈潭秋任宣传部长，

---

① 中共天津市委党史研究室.天津市革命遗址通览.北京：中共党史出版社，2012：48.

张昆弟任职工运动委员会书记，郝清玉任农民运动委员会书记。由此，北方党组织重新建立起一个健全的领导中枢。

这次会议使错综复杂的顺直党内矛盾得到基本解决，使整个顺直党的生活向着发展工作的路线上前进。到1929年五六月间，顺直省委共有党支部104

◎ 佛照楼历史照片

个、党员1 900余人。在党的领导下，顺直地区工人斗争重新崛起，农民革命浪潮风起云涌。仅1929年一年，天津较大的群众斗争就发生13次之多。

交通旅馆旧址

位于和平区和平路239—243号

◎ 交通旅馆旧址外观

» 建筑历史与风貌

交通旅馆建于 1928 年，由高星桥和清庆亲王载振等人投资，因地处天津法租界的商业区，与劝业场大楼、惠中饭店大楼和浙江兴业银行大楼隔街相对，交通便利，便取"交通"两字命名该建筑物。

交通旅馆由法商永和工程司穆勒设计，占地面积 1 520 m²，建筑面积 8 262 m²。为五层混合结构楼房，局部为六层。

建筑平面为大直角形同小矩形的组合，中间是八角形内院。一、二层为旅馆、浴池及商业店铺；二至五层设有环形过道，客房沿过道两侧布置；三至五层靠楼梯的大房间是当时"天当"的营业房和库房。大楼底层共设有 3 个入口：和平路与滨江道转角部位设旅馆正门；建筑沿和平路一侧设有便门（旅馆后门）；建筑沿滨江道一侧的东半部设过街楼通道。室内装饰新颖时尚、富丽豪华。首层门窗均较为宽大，一、二层间外凸横向线脚装饰。二至四层为小型方窗，五层为拱券窗，五层窗外设叠挑托盘状阳台，铁艺栏杆强调了建筑上部的韵律感，疏密相间的附壁柱形成竖向线条分隔，并与五层的大小拱窗结合形成大小相间的连列式柱券，具有装饰艺术风格特征。外檐为水刷石断块墙面，窗间墙及壁柱间为竖向抹灰线条，壁柱间以甩疙瘩抹灰装饰。建筑檐部出挑，檐下装饰叶片状花饰，并与拱券窗结合。转角处屋顶设标志性八角形单

◎交通旅馆旧址外檐局部

◎交通旅馆旧址沿街测绘图

坡塔楼，拱券窗，大宝顶，窗上部以甩疙瘩抹灰饰面。现为尚未核定公布为文物保护单位的不可移动文物，重点保护等级历史风貌建筑。

» 红色往事

"二陈"来津"打狗"除奸

中央特科是党的第一个情报和政治保卫机关，成立于 1927 年。主要工作包括情报收集，对中共高层人物实施政治保卫，防止中共高层人物被国民政府和公共租界当局逮捕或者暗杀，并且开展针对国民政府的渗透活动。中央特科还有一个重要任务是通过暗杀手段惩处当时背叛组织并且对中共造成严重危害的前中共党员，主要活动区域在当时中共中央所在地上海。

陈赓、陈养山自 1928 年初即在中共中央特科工作，陈赓在 1928 年至 1931 年协助周恩来领导整个中央特科工作。1931 年春，在北方党组织遭到严重破坏、党的许多负责同志被捕之时，中央特科负责人顾顺章叛变，陈赓、陈养山与其在工作上多有来往，于是周恩来派"二陈"转战天津，主要完成三项任务：一是营救被捕的同志，了解他们被关在什么地方，有何办法可以营救；二是研究在天津能不能开展特科性质的工作，以保卫党组织的安全；三是清查叛徒的情况，了解哪些叛徒对党威胁严重，必须加以镇压。

1931 年 6 月，陈赓携妻和陈养山三人由上海乘船抵达塘沽。次日，乘火车前往天津市区，在法租界交通旅馆住下。三人对外声称要在天津开一家商店，陈赓是老板，妻子王根英是老板娘，陈养山是账房先生。由于天津党组织遭受严重的破坏，"二陈"奔波半个多月，才找到党的关系，并初步了解了敌人破坏的情况和被捕同志的下落。稍后又找到中央指派在天津开展情报工作的胡鄂公和杨献珍。

陈赓和陈养山在交通旅馆住了一个多月，担心久住引人注意，便从旅馆搬出，各自找间民房住下。住定以后，"二陈"继续清查叛徒，掌握了不少线索。一日，两人正在街上行走，陈赓突然认出迎面走来的叛徒张开运，便暗示陈养山盯住此人。张开运是平津有名的大叛徒，曾在莫斯科留学，后在天津叛变，出卖革命同志，给北方党组织造成巨大损失。由于陈赓与其相识，所以马上回避。陈养山经过几天的跟踪，终于查清张开运的活动情况，确定其正在频繁与叛徒、特务接头，活动猖狂，对地下党组织造成极大危害。随后，陈赓向中央报告并建议除掉叛徒。不久，这个罪大恶极的叛徒，受到了党组织的惩处。

在跟踪张开运的几天里，陈养山发现每天黄昏时都有不少叛徒在法租界的法国公园（今中心公园）内活动。于是，"二陈"便常来此来观察叛徒活动。由于叛徒势众，为稳妥起见，二人没有采取行动，只是设法认识、跟踪、了解其活动情况，研究他们的活动规律，以便报告党中央，调集力量加以处置。经过一段时间调查，"二陈"逐渐掌握了一大批叛徒的姓名、特征、住处、来往关系、活动规律等情况。

一天晚饭后，二人正在法租界劝业场附近观察，突然发觉被4名叛徒跟踪，考虑到对方人多，两人迅速分头转移，由于不太熟悉天津的地理环境，两人各自转了三四个小时才甩掉叛徒。第二天，陈赓找陈养山研究对策，二人都感到天津市内叛徒活动猖狂，居然敢公开接头、跟踪盯梢，确实威胁党组织的安全。于是决定由陈养山立即回上海汇报情况，建议党中央派"打狗队"来天津镇压叛徒。半个月后中央派人来津察看了现场及叛徒的集中活动点和活动规律，以考虑镇压叛徒的具体方案。

不久，陈养山返回天津，住在地下党员老鞠家，一天老鞠外出突然被捕，

陈养山闻讯马上离开鞠家，又回到交通旅馆去住，旅馆老板见到"账房先生"，很热情地招呼住下。"二陈"在旅馆商议认为继续留在天津会有危险，

◎交通旅馆历史照片

186

应立即回上海向党中央汇报新情况。本来，从交通旅馆和陈赓住处出发，离天津总站都不远，但因车站叛徒较多，容易出事。于是二人前往比较偏僻的南站上车。离津当日，陈赓用纱布包着头部，装作受伤的样子拄着拐杖，一瘸一拐地进站。第二天中午，顺利到达济南。

此次天津之行，"二陈"基本完成了组织交给的任务。二人一致认为，天津比上海城市规模小太多，没有太多回旋余地，不易隐蔽，不适合建立特科性质的机构。

建立工会，寓政治斗争于经济斗争之中

抗战胜利后，曾在交通旅馆工作过的地下党员李焕明被组织派到天津，负责旅馆业、澡堂业秘密建党和领导工人运动。1946 年 1 月，李焕明发展在交通旅馆做茶房的老同事鲁鹤鹏入党。在李焕明的领导下，鲁贺鹏先是组织成立交通旅馆工会，接着又组建了天津旅馆业职业工会，并当选理事长，后来更是成功打入国民党天津市总工会并成功当选参议员，甚至还取得了国民党中统局天津区特约通讯员的证明，利用合法的外衣在反动阵营中机智巧妙地周旋。

交通旅馆工会成立之初，首先开展经济斗争，要求资方给每名职工做一套衣服，资方怕工人闹事，被迫答应了，这是工会成立后的第一个胜利果实。近代以来天津旅馆业职工没有固定工资，只能靠入住客人的小费维持生活，客人给的小费先要如数交给账房，经理先分大份，工人分小份，因此工人生活十分困苦。为此，鲁鹤鹏向资方提出按房租收入实行"四六分成"的办法，即客房租金 40% 归资方，60% 归职工的工资，使职工有固定收入，并由社会局劳工科召开劳资双方共同协商会。最终，在工人代表的坚持下，资方被迫答应工人要求。交通旅馆最先结束了工人无固定工资的历史。此事轰动了天津整个服务行业。广大职工看到成立工会的好处，旅店业、澡堂业、饭馆业的职工陆续到交通旅馆学习了解工会斗争经验，要求协助建立工会。经过艰苦斗争，世界饭店、巴黎饭店、佛照楼等都先后建立了工会。在地下党领导下，以交通旅馆工会为中心的旅店业工人运动打开了新局面。至 1946 年 5 月，天津十几家大旅馆先后建立了工会。

解放战争时期，旅馆业的地下斗争除了经济斗争，解决职工困难外，还要利用敌人矛盾，从政治上打击敌人，扩大自身影响力。1947年春，鲁鹤鹏在解决长发客栈纠纷过程中遭非法拘押，后经党组织发动社会舆论，同业工会出保而被释放。出狱后，鲁鹤鹏利用与中统特务吴宜民的关系，拜访国民党中统局天津区区长许汝骧。吴宜民的公开身份是天津市工会的筹备委员，经常以关心工运的名义到交通旅馆来，一来二去与鲁鹤鹏相识。鲁鹤鹏出狱后，吴宜民告诉他许汝骧区长对其事非常关心，说了不少好话等。为了摸清敌人底细，鲁鹤鹏带着5斤点心，在吴宜民的带领下到许家中拜访，对他的"关心"表示"谢意"，并特意向他述说在旅馆工会担任理事长遇到的种种困难，吴宜民还帮着说："光有个理事长的身份不好办，出了事儿一点儿保证也没有！"许区长当场表示："这好办，让他们照个相片，我给写个证明信。"随即许汝骧即给鲁鹤鹏写了一封证明信，盖上了他的私人用章，当作中统局特约通讯员的证明。半个月后这个证明即派上用场。当时国民党当局一个稽查处突然传讯鲁鹤鹏，说其有通敌嫌疑，鲁鹤鹏拿出许汝骧的证明信后，特务无话可说即把他赶出去了。临近天津解放时，鲁鹤鹏又以天津市参议员身份制止闯入旅馆欲抢劫面粉的国民党兵痞。

从1946年3月至1949年1月，交通旅馆的地下党员充分利用一切可以利用的时机，与国民党当局展开了曲折复杂的斗争，通过关心群众生活，帮助群众解决困难，发动群众进行经济斗争，寓政治斗争于经济斗争之中，虽经历多次波折，却始终没有暴露身份，并终于迎来了整个城市的解放。

共产党人在天津监狱战斗遗址（原小西关天津监狱）

共产党人在天津监狱战斗遗址（原小西关天津监狱）

位于红桥区原小西关天津监狱（今人民医院所在地）

◎小西关天津监狱鸟瞰图

» 建筑历史与风貌

小西关天津监狱始建于 1903 年，初名天津习艺所，是中国近代第一座新式监狱。中华民国成立后，更名为天津监狱、直隶第一监狱。1928 年 7 月，更名"河北省第三监狱"（第一、二监狱在北平，第四监狱在保定）。因地处西营门外的小西关，天津人俗称"小西关监狱"。南京国民政府时期，河北省第三监狱已颇具规模，是"全国有名之监狱"。天津解放后，更名为天津市人民法院监狱、天津市监狱。1999 年天津市监狱迁至西青区梨园头。

小西关天津监狱四周砖砌高大围墙两重，内设监房、教诲室、监禁室、学校、工厂、工艺品陈列馆、仓库、医院、菜园、操场、食堂、浴室、会议室和办公用房等百余间，占地约 78 000 m²。

◎ 监狱炮楼遗存　　◎ 监狱塔楼　　◎ 牢房历史照片　　◎平面布局图

» 红色往事

身陷囹圄，白区革命斗争的又一战场

1929 年 5 月至 1930 年 5 月，由于"左"倾路线的严重影响和部分党内败类变节投敌，天津地区党组织遭到极其严重的破坏，一年左右的时间，包括傅茂公（彭真）、金城、詹大权、郭宗鉴等在内的一百多名党员干部先后被捕，

◎ 第三监狱的政治犯请求援助的公开信

并以各种罪名被判刑关押在河北省第三监狱①。

当时，狱中生存条件极其恶劣，犯人每天两顿饭，只有发霉的小米饭和一小块咸菜，七八名犯人挤在只能容纳四五人的小牢房中，床铺容不下只能睡在潮湿的地面上。监狱里卫生条件也极差，很多犯人生病且无法得到医治。监狱当局把政治犯和刑事犯关押在一起，在每个牢房内都安排犯有重罪的刑事犯，充当"铺头"，欺压政治犯和其他犯人。1929年6月下旬，共产党员程秉义入狱不久被折磨致死。后又发生共产党员、共青团干部左镇南身患重病，狱方不予医治，"铺头"强令其睡在地上。在左镇南病重失去反抗能力时，"铺头"竟把点燃的蜡烛放在左镇南的前额上取乐，左镇南最终被残害致死。

彭真等同志抓住这一事件，在狱中秘密串联，发动政治犯揭露敌人的罪恶和监狱的黑暗，以争得起码的生存条件，保护组织力量②。在中共顺直省委的帮助下，狱中同志通过地下关系将左镇南被迫害致死的真相公布于世，对监狱的黑暗残暴进行揭露和控诉，引起社会各界的广泛关注和谴责。国民党天津当局为防止事态扩大，被迫将迫害左镇南的"铺头"判处死刑。监狱当局还被迫修建了新监舍，将政治犯与普通犯隔离，集中关押在新监舍，狱中斗争获得初步胜利。

这次斗争取得胜利后，狱中政治犯建立了党支部，彭真任书记，狱中斗争更加有组织、有计划地开展起来③。1930年5月，为进一步争取生存权利，改善

① 中共天津市委党史研究室.中国共产党天津历史.北京：中共党史出版社，2005：180.

② 中共天津市委党史研究室.中国共产党天津历史.北京：中共党史出版社，2005：181.

③ 中共天津市委党史研究室.中国共产党天津历史.北京：中共党史出版社，2005：181.

生活条件，狱中党支部一方面组织尚未判决定案的同志，利用法院提审的机会，在候审室和法庭上对敌人在狱中滥施酷刑进行控诉揭露；另一方面则酝酿组织反对恶劣待遇、要求改善生活条件、争取生存权利的绝食斗争。6月2日，郭宗鉴等代表政治犯向监狱当局提出改善生活待遇的8项要求，要求狱方限期答复，监狱当局拒不答应。在这种情况下，党支部加紧了绝食斗争的准备工作，要求全体政治犯团结一致，严格遵守共同制定的各项纪律。党支部还布置各监房，秘密准备好食盐、咸菜等，一旦绝食开始，则静卧多饮盐水，以维持体力坚持斗争。此间，原津浦铁路工人领袖、共产党员魏振华在狱中去世。党支部再次向狱方提出严正抗议，要求给魏振华开追悼会并重提改善生活的8项要求。在狱方拒绝后，120多名政治犯于1930年7月2日展开了第一次绝食斗争。

对此，狱方采取种种手段，妄图破坏绝食斗争。先是将其认为首要分子的郭宗鉴等10多人押进单人牢房，送去好饭好菜，进行诱骗，绝大多数同志不动摇、不妥协，继续坚持斗争。于是狱方又诬陷政治犯要暴动，调来大批军警。面对荷枪实弹的军警，狱友们质问："我们手无寸铁，又已饿了三天肚子，怎么'暴动'？你们到底讲不讲道理？"相持了两个多小时后，军警把彭真、李运昌等20多人押往陆军监狱。绝食的第三天，报纸上陆续刊载第三监狱政治犯绝食的消息。第四天，一些新闻记者到狱中采访，各大报刊对绝食斗争都做了详细的报道。

由于正值中原大战吃紧之时，占据天津的军阀阎锡山生怕后方不稳，遂命令天津市政当局迅速解决狱中绝食问题。在各方压力下，至绝食斗争的第五天，当局对所提条件，除"允许阅读报刊"一条外，其余全部接受，斗争终于取得了胜利，郭宗鉴等人当天转回第三监狱。

从1930年9月至1932年3月，狱中党组织又先后开展了3次绝食斗争，在内外密切配合下，均取得了胜利。发生在河北第三监狱里政治犯的斗争，是天津乃至北方地区党史上的重要事件之一，是中国共产党人同国民党反动派进行生死斗争的见证。身陷囹圄的共产党人将监狱当作战场，开辟了白区地下斗争的又一战场。

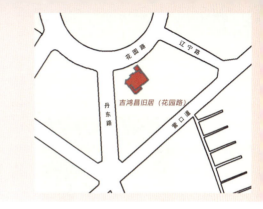

吉鸿昌旧居（花园路）

位于和平区花园路 5 号

◎吉鸿昌旧居外观

◎ 吉鸿昌

» 建筑历史与风貌

　　吉鸿昌旧居建于1917年，为二层砖木混合结构，局部三层，并设有地下室，建筑面积1 408 ㎡，由比利时义品公司工程师沙德利设计。建筑风格典雅别致，平面布局紧凑，功能分区明晰。首层主要是起居、工作的空间，方厅为平面核心，周围布置有办公室、画室、餐厅及卧室，卧室对外有单独的出入口。建筑造型丰富，整体感强。一、二层均有敞开式的走廊、平台，空间过渡自然。外檐为红色清水砖墙，局部混水饰面，墙角包砌隅石，开方窗，带有窗套，并饰以拱心石。外廊处作拱券和简化柱式。女儿墙处设铁栏杆，局部三层为瓦顶坡屋面。建筑现为天津市文物保护单位，重点保护等级历史风貌建筑，第一批天津市革命文物。

　　吉鸿昌（1895—1934），近代抗日英雄、爱国将领。1931年，吉鸿昌率部队驻扎河南潢川时，让夫人胡红霞在天津法租界霞飞路（今花园路）买下一栋洋房作为住宅。1931年，吉鸿昌因拒绝执行蒋介石进攻中国工农红军的命令，被国民党当局解职，并强令其携家眷出国"考察"。1932年1月，日军进攻上海，吉鸿昌毅然回国，寓居天津，秘密与中共华北地下组织联系，并于当年秋在北平加入中国共产党，由一名爱国旧军人转变为共产主义者。吉鸿昌的住所随之成为党的秘密联络站和活动据点，很多革命活动都曾在这里发生。

» 红色往事

一位爱国将领的抗日义举

　　1933年3月，按照党组织的指示，吉鸿昌前往张家口，与冯玉祥共同筹划组织抗日军队。为解决武器和军费不足问题，他自费6万余元，派人到天津协助夫人购买了一批冲锋枪和勃朗宁手枪，并通过关系将枪支运到张家口。5月26日，在张家口成立"察哈尔民众抗日同盟军"。

◎吉鸿昌旧居（花园路）正立面测绘图

◎吉鸿昌旧居（花园路）侧立面测绘图

10月，同盟军在蒋、日、伪的联合镇压下最终失败。吉鸿昌辗转返回天津，但正处在白色恐怖之下的天津，中共地下党团组织及进步团体遭到破坏，吉鸿昌与党组织失去联系。1934年初，吉鸿昌秘密前往上海找到在特科工作的王世英，恢复了组织关系，并向党组织汇报了察哈尔抗日斗争的经过。不久，吉鸿昌按照党的指示返回天津。

次年3月初，按照中央指示，地下党员南汉宸、宣侠父来到天津，与吉鸿昌接上关系，开始广泛联络各地反蒋抗日力量，为组织抗日民族统一战线，建立抗日武装，展开了积极工作。5月，吉鸿昌与南汉宸等在天津成立中国人民反法西斯大同盟，吉鸿昌被选为中央委员。为了组织抗日武装力量，由吉鸿昌等举办培训班培训各地来津的抗日爱国人士。为了进行抗日宣传，反法西斯大同盟决定编辑出版《民族战旗》，作为机关刊物。吉鸿昌自费购置了印刷器材，在住所三楼设置秘密印刷所。这个简易印刷所除油印《民族战旗》外，还承担了印刷部分党的秘密文件的任务。

为配合党的地下工作，吉鸿昌特意对住所进行了改造，楼道楼梯间都铺上地毯，使人来人往没有声音。将二楼客厅的3个门改造为7个，其中有3个门通向阳台，目的是在紧急情况时可以快速撤出。为筹建抗日武装力量，吉鸿昌将家中地下室改为秘密仓库，将武器存放于此。整个住所门门相通，间间相连，每层楼都设有一间密室。许多地下党员都曾住在这里，一些失去联系的地下党员也会找到这里，吉鸿昌总是想尽办法掩护他们。

1934 年八九月间，吉鸿昌在津组织训练抗日武装力量的工作暴露。蒋介石严令北平军分会不惜一切手段逮捕吉鸿昌，同时命令复兴社特务处暗杀吉鸿昌等人。党组织得到情报后，立即通知吉鸿昌、南汉宸、宣侠父等人尽快离津。当时，吉鸿昌经手的几批武器还没运到，与广西反蒋抗日力量也尚未见面，所以决定暂时留下处理后续工作，让南汉宸等人先行撤离。

1934 年 11 月，吉鸿昌在国民饭店遇刺被捕，党组织通过各种渠道积极组织营救，社会舆论也一再呼吁释放吉鸿昌，但蒋介石仍然下令"立时枪决"。11 月 24 日，吉鸿昌在北平陆军监狱英勇就义，时年 39 岁。

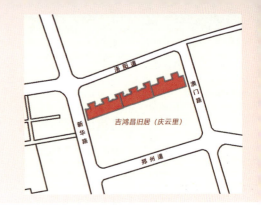

吉鸿昌旧居（庆云里）

位于和平区新华路庆云里3号

◎ 吉鸿昌旧居（庆云里）外观

197

» 建筑历史与风貌

　　庆云里建成于1934年，由华姓人士投资建造，用于出租，原名"牛津别墅"，由两幢相对的联排式住宅组成。建筑均为二层砖木结构楼房，设有地下室。每户独门，前后均设小院，房间宽敞，布置合理，设施齐全，是当时较为高档的里弄式住宅。建筑外檐首层以水泥断块抹灰为主，二层以清水硫缸砖墙面为主，女儿墙用"甩疙瘩"抹灰装饰，与清水墙面交界处用花纹装饰线条分隔，具有折中主义风格特征。阳台由内嵌式和出挑式搭配设置，屋顶为筒瓦坡屋顶，屋面设雕花装饰的老虎窗。中华人民共和国成立后，更名为"庆云里"。现为尚未核定公布为文物保护单位的不可移动文物，一般保护等级历史风貌建筑。

◎庆云里单号沿街立面测绘图

» 红色往事

安顿好家人，继续战斗

　　20世纪30年代，吉鸿昌在津开展反蒋抗日爱国活动，特别是组织抗日武装力量，引起国民党政府极大恐慌。1934年，军统特务加紧对吉鸿昌等在津共产党员的监视、盯梢，同时派特务混进反法西斯大同盟组织内部窃取情报，进行破坏活动，吉鸿昌在法租界的住所更是被昼夜严密监视。面对特务明目张胆的监视活动，吉鸿昌当机立断改变联系地点和方法，并秘密地把印刷所转移他处。10月，又将家人搬到英

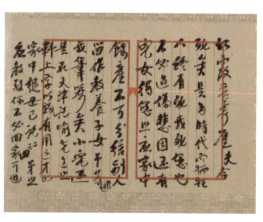

◎ 吉鸿昌就义前写给妻子胡红霞的遗嘱

198

租界牛津别墅3号，以减少与家人的来往，同时分散特务们的监视力量。

由于吉鸿昌在社会上的颇有威望，英、法租界的一些巡捕也因敬佩其抗日义举，暗地保护吉鸿昌，使得国民党特务迟迟无法公开抓捕，也一直没有找到机会暗中刺杀。地下党员南汉宸撤离后，吉鸿昌通过连襟林少文在法租界国民饭店开辟了新的秘密联络点，每天照常在饭店里以"会客""打牌"为名，联络各方反蒋抗日力量，并等候购买的军火运抵天津。

1934年11月，吉鸿昌将军在北平就义后，胡红霞为料理后事将法租界旧居以低价抵押，全家继续租住在牛津别墅3号，直到天津解放。此间，由于无力赎回，1944年4月，法界旧居售与他人。

吉鸿昌关押地（原法国工部局）

吉鸿昌关押地（原法国工部局）

位于和平区解放北路 34—36 号

◎ 原法国工部局外观

» 建筑历史与风貌

原法国工部局建于 1934 年，由比商义品公司设计建造。主体建筑为 4 层混合结构，设有半地下室。建筑立面采用古典三段式划分，墙面为清水红砖与混合装饰线搭配，色调明快。采用券洞式入口，并与通高三角形山花成为立面构图的中心，并依据屋顶陡峭程度而设置圆形老虎窗，在坚固庄严基调的同时，兼有采光通风和观景作用。

院内另有两座呈"L"形布局的楼房，一座为二层简易结构的马厩。过街楼两侧立面为券柱式。正门为半圆券，方钢花饰铁门，顶部有三角形断山花。建筑体现了简化古典建筑形式的明显趋势。另一座为四层结构楼房。该楼一侧为法国工部局高级员工居所，另一侧的二楼以上，为巡捕的营房，一楼设为拘留所。

该旧址建筑主体结构完整，外观及内部结构仍保持原貌。马厩现虽已改为使用单位办公用房，但其外观及内部仍存有旧址痕迹和拴马设施。现为天津市文物保护单位，特殊保护等级历史风貌建筑。

◎原法国工部局院内

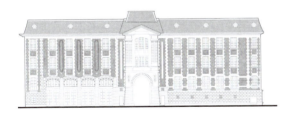

◎原法国工部局正立面测绘图

» 红色往事

法国工部局是天津法租界当局从事警务、道路和卫生等工作的机构，下设保安处（后称侦探处）、警察队（巡捕房）、稽查室、手枪队、消防队等分支机构，拥有警察近 600 人，在遍布于租界之内的大小里巷和市面街道设有岗哨 100 多处。1934 年 11 月 9 日，爱国将领吉鸿昌、任应岐在法租界国民饭店遭到国民党特务枪击受伤。由于现场没有抓到凶手，法国工部局以涉嫌杀人的罪名反将二人拘捕，关押在法国工部局楼内地下牢房。南京国民政府为引渡吉鸿昌不遗余力，一方面派人以公款向法工部局行贿，一方面直接向法国公议局施压。最终，二人被迅速引渡到天津公安局，关押在第五十一军蔡家花园陆军监狱。11 月 22 日，吉鸿昌、任应岐被押解到北平，24 日在北平英勇就义。

法国工部局牢房设有拘禁和审讯室，地下设有牢门厚度达半尺的封闭式牢房。在其一间牢房的牢门上，至今仍保留着革命志士刻写的"世人勿笑铁窗苦，一生未尝不丈夫"的豪言壮语。

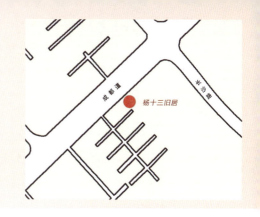

杨十三旧居

位于和平区成都道鹏程里4号

◎ 杨十三旧居外观

» 建筑历史与风貌

杨十三旧居所在的鹏程里位于旧英租界，建于 1930 年，西北起成都道，东南端不通行，东西各有 4 条支巷，里内为 3 层砖木结构建筑，外檐为青砖墙面。鹏程里初名为伦敦里，1950 年归天津民航局，更名鹏程里，取鹏程万里之意。

杨十三（1889—1939），名彦伦，字灿如，又名杨裕民，出生于直隶迁安一个世代书香门第家庭。早年立志工业救国，1906 年考入天津工艺学堂，毕业后就任天津直隶省工业试验所化学工业课技师，致力于造纸专业，首创芦苇制浆造纸法。1920 年赴美留学，获博士学位。回国后，他依旧致力于造纸工业改革，所研发的桑皮纸曾畅销国内。1929 年，杨十三任天津河北工业学院教授，授课融会贯通，善于团结师生，深受学院教职员工和学生的敬重信赖。从 1930 年起，杨十三搬入英租界伦敦里，开始利用其身份和社会地位，掩护在津工作的地下党员，这里实际上成为党的秘密联络点。

» 红色往事

一位海归教授的投笔从戎

20 世纪 30 年代初，杨十三曾冒着极大的风险，聘请在天津曲艺界工作的地下党员戴福华（陈竹君）为家庭教师，并把她留住家中长达三年之久。此间，戴福华的未婚夫潘谟华被国民党作为政治犯在天津杀害，杨十三冒险为烈士成殓埋葬。杨十三的妻子司湘云一直默默地支持着丈夫，杨十三不方便出面的场合，司湘云就代为出面。当时她最常做的事情就是"探监"和"收尸"，想办法为烈士买棺安葬。

"九一八"事变后，已兼任河北工学院斋务科主任的杨十三认为御侮复仇，

◎ 杨十三旧居入口

非讲求武备不为功。在他的倡导下,河北工学院特别注重军训、体育、国术,并以身作则,每天清晨与学生一起训练,数年如一日。1933年,日军入侵热河,长城抗战爆发。杨十三坚决声援在喜峰口一线抗击日军的二十九军,还动员在北京学医的大女儿杨效昭组织支前救护队,奔赴抗战前线。

全面抗战爆发后,杨十三以自家为地下党和八路军联络点,派杨效昭担任联络员,负责给生活困难的同志们送钱和米面,并以出诊看病的名义为地下党组织传递情报。

1938年春,中共河北省委决定在冀东举行一次大规模工农抗日武装大暴动。杨十三拿出了全部的家产,又动员亲朋好友"有钱出钱,有力出力",支援冀东抗日游击战。为了筹备武器,他亲自安排,委托连以农(与杨十三同在河北工业学院斋务科工作,后随杨十三投身根据地抗日斗争)负责经费筹措,以给迁安师范学校春季运动会购买体育器材为名,暗中从外国洋行购买机枪等武器设备、无线电发报机等,并以自家为转运站,将这些禁运品混在从天津利生体育用品厂买来的运动鞋和各种球类等物品里,从敌人眼皮底下把武器运出天津。

当年6月,时任八路军第四纵队参谋长的李钟奇在战斗中负重伤。杨十三闻讯后,立即向省委请示,提出将李钟奇送到天津治疗养伤。经天津市委书记姚依林安排,杨十三让侄子杨效贤将李钟奇秘密接到天津家中,并安排其进入天津医疗水平最高的马大夫医院,托名医黎宗尧为李钟奇秘密治疗。李钟奇手术出院后,又安排其住在自己家中养伤,在杨十三妻女的悉心照顾下,历时一个多月,李钟奇痊愈并安全离开天津回到冀东。

不久,杨十三也毅然投笔从戎,带领由子女和河北省工业学院学生组成的"工字团"亲赴前线,投入党所领导的"冀东抗日武装大暴动"。由于长时间的跋山涉水,风餐露宿,1938年9月,杨十三的胃病复发,暂回天津养病。11月,再次前往冀中,与在冀南坚持游击战争的侄子、地下党员杨秀峰取得了联系。在经过冀西根据地时,朱德总司令电召其前往八路军总部,并特意为杨十三召开欢迎会。会后,朱德总司令、彭德怀副总司令接见了杨十三,并同他进行了亲切的交谈，对他的义举和冀东工农武装暴动都给予很高的评价，并赞同他提出的"必须搞工业，以保证军需"的建议。1939年6月27日，《新华日报》发表了题为《欢迎冀东抗日联军领袖杨老先生》的社论。此后，杨十三奉命留在总部。

1939年夏，杨十三在随总部转移途中因病去世，终年50岁。八路军总部特召开了追悼大会，朱总司令主持，彭德怀致悼词①。重庆文化教育界知名人士和八路军驻重庆办事处闻悉杨十三病逝，发起召开追悼大会。

抗战胜利后，河北工学院广大师生为了纪念杨十三，成立"十三图书馆"。中华人民共和国成立后，杨十三和左权等7位烈士于1950年10月移葬于河北邯郸晋冀鲁豫烈士陵园。

---

① 中共天津市委党史研究室.天津市革命遗址通览.北京：中共党史出版社，2012：83.

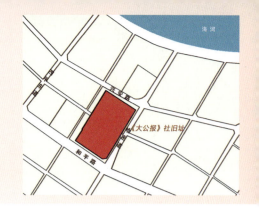

《大公报》社旧址

位于和平区和平路 169 号

◎《大公报》社旧址外观

» 建筑历史与风貌

《大公报》创刊于 1902 年 6 月，是中国近代历史上最有影响的报纸之一，也是中国发行时间最长的中文报纸之一，至今仍在香港出版发行。社址初在法租界，1906 年 9 月迁至日租界旭街（今和平路）新楼。北洋时期，《大公报》一度衰落以至停刊。1926年，实业家吴鼎昌盘购天津《大公报》，自任社长，组建《大公报》新记公司。新记《大公报》复刊之始即在第一期上公布

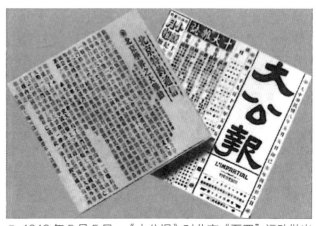

◎ 1919 年 5 月 5 日，《大公报》对北京"五四"运动做出比较详细的报道

了著名的"四不"办报方针，即"不党，不卖，不私，不盲"，表示以民报之身份，尽可能客观、公正地报道时事，发表评论。

20 世纪 30 年代，因日军侵华，《大公报》曾数迁社址，历尽艰辛。1936年 4 月，报社落户上海，津沪版同时发行，《大公报》正式成为一张名副其实的全国大报。南京沦陷后，《大公报》曾辗转汉口、重庆，并在香港和桂林设立分馆。抗战胜利后，《大公报》重庆版继续出版，上海版、天津版、香港版先后回原地复刊。中华人民共和国成立后，《大公报》重庆版、上海版先后停刊。天津版改名为《进步日报》，不久恢复原名。1957 年迁至北京出版，主要报道财经和国际问题。1966 年 9 月 10 日停刊。

该建筑为二层砖混结构房，平顶，外檐墙为水泥饰面。立面采用古典段落划分，首层开券窗，入口为券形洞门，二层为矩形窗，立面设有壁柱和线脚等简洁装饰元素。檐口设有若干阶梯状卷涡形山花，天际线丰富。现为天津市文物保护单位。

» 红色往事

只有《大公报》拿我们当人看

1927年4月，国民党发动"四一二"反革命政变后，《大公报》发表社评呼吁，应当认识到无产阶级运动兴起是因"政治不良，经济困难""轻加杀戮，无异残害民族之精锐，将成为国家之罪人！"

◎ 1917年大水中的大公报馆

20世纪30年代，国民党要求各个报刊一律称共产党为"共匪"，只有《大公报》抵住各方压力，未服从此命令，文章中多称共军。《大公报》总编辑张季鸾等人虽不信仰共产主义，但将共产党视为一个党派，给予了应有的尊重。

1930年至1931年，蒋介石进行第三次军事"围剿"时，《大公报》还派记者到红区采访，在1930年4月的报道中公开称红军"纪律甚严不可轻视"，"吃民间饭，每人给钱五百文"的消息。1934年《大公报》的子报《国闻周报》以连载的形式刊登了《赤区土地问题》，肯定苏区的某些制度值得认真思考、研究。1944年夏，《大公报》记者孙昭恺参加中外记者参观团赴延安访问。中央领导在宴请中外记者团时，请孙昭恺坐首席，并对其说道："只有你们《大公报》拿我们共产党人当人"[1]，话虽平常，却有千斤分量。

1935年7月开始，《大公报》特派记者、26岁的北大哲学系学生范长江穿越川、陕、青、宁等地，只身展开西北之旅，给《大公报》发回大量旅行通讯，真实记录了西北人民的生活状况和红军的长征，写出30余篇通讯报道，打破

---

[1] 孙昭恺. 旧大公报坐科记. 北京：中国文史出版社，1991：155.

国民党的新闻封锁,客观、真实地报道了尚在进行中的红军长征。

1936年西安事变后,范长江赴延安,受到中央领导的亲切接见。1937年2月,范长江将陕北采访和见闻以《动荡中之西北大局》《西北近影》和《陕

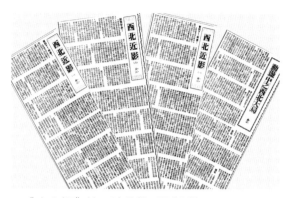

◎《大公报》关于陕北的系列报道

北之行》为题写成3篇通讯,先后在津沪版《大公报》发表,不仅报道了西安事变的真相,而且第一次向人们公开介绍了中国共产党提出的抗日民族统一战线的主张,增进了全国人民对中国共产党和红军的了解。而这与蒋介石的宣传口径大相径庭,引起蒋介石大怒,斥责正在南京的报社总编辑张季鸾,认为不应当发表这样的文章,但张季鸾不为所动,仍然坚持刊发范长江的通讯。

红军长征落脚点与《大公报》

1935年9月,正在长征途中的中国工农红军第一方面军(即中央红军)突破天险腊子口后,先头部队占领甘肃陇南哈达铺。在当地的邮政代办所缴获了一批报纸,主要有天津《大公报》《晋阳日报》《国民日报》等。红军主力到达后,报纸传至中央领导手里。正是根据《大公报》上登载的新闻,中央领导获知一条重要消息:在距驻地西北方向的陕西北部有刘志丹等人领导的红二十六军6 000余人和10余个县域大小、十数万民众的苏区根据地存在,而且红二十五军3 000余人已与红二十六军在陕北会合。

9月20日,毛泽东在陕甘支队团以上干部会上提出:"到陕北去"。随后,毛泽东随第一纵队向北行进,27日到达通渭县榜罗镇,出席中共中央政治局常委会议。会议正式确定把中共中央和陕甘支队的落脚点放在陕北,"在陕北

保卫和扩大苏区"①。

　　中央红军在哈达铺根据《大公报》提供的消息做出了把长征的落脚点放在陕北的重大决策，使这份报纸在红军北上抗日、走向陕北伟大转折中发挥了重大作用，也使同期的《大公报》身价百倍，成为历史上最有价值的报纸之一。

---

① 金冲及 . 毛泽东传（1893—1949）（上）. 北京：中央文献出版社，1996：365.

比商电车电灯股份有限公司旧址

位于河北区进步道 29 号

◎ 比商电车电灯股份有限公司旧址外观

» 建筑历史与风貌

比商电车电灯股份有限公司（以下简称"比商公司"）成立于1904年4月，按照中比双方签订的《天津电车电灯公司合同》，准许比利时在天津独家承办电灯电车线路，以50年为期限，满50年后公司一切财产无条件交与中国政府。公司总部设在比利时，天津总办事处设在意租界三马路（今河北区进步道），发电厂设在望海楼后金家窑，仓库和电车修理厂在南开中学旁。

经过一年多的筹备工作，公司在奥、意、俄、比四国租界和全部华界架设了电线网络，在旧城垣基址修筑的马路上铺设单轨"围城转"的白牌电车，至1927年全市共有电车路线6条，全长近22 km，成为中国最早引进有轨电车并形成公共交通网络的城市。公司通过免费安装、低价推销等方式逐步打开天津电灯、电车市场，获得巨额利润。1941年，公司被日伪华北电业天津分公司接收。1944年4月，公司彻底解体。抗战胜利后，比方收回公司的提议遭到中方员工的坚决抵制，1945年10月由国民党天津市政府公用局收归国有，1949年后由人民政府电力部门使用。

建筑为三层混合结构楼房，带地下室，外檐为清水砖墙，局部混水抹灰饰面，多坡屋顶，筒瓦屋面。立面采用文艺复兴晚期对称式构图，具有浓郁的南欧风情。 一、二层中段均设由双柱支撑的外廊，三层设露台。两翼边缘为方形附壁柱，外檐窗均为长方形，首层、二层分别以三角形和半圆形窗楣形成对比。墙身装饰精美。室内金库门保存完好。两端三层塔楼在1976年唐山大地震中被震损，2008年整修恢复旧貌，建成天津电力科技博物馆。现为天津市文物保护单位，一般保护等级历史风貌建筑。

» 红色往事

电车工人罢工威力大

大革命失败后，党组织力量遭到严重破坏，斗争环境异常险恶，但天津工人群众在党领导下依然开展了一些影响较大的经济斗争，其中1929年比商公司工人大罢工即是比较有代表性的一例。

1928 年底至 1929 年上半年，比商公司破坏工会，多次无故开除工会代表，引发工人不满。6 月，比商电车公司工人成立罢工委员会，向公司提出交涉条件。同时还组织了 6 个维持大队和 1 个交通大队，准备举行罢工时维持秩序。公司对工人提出的条件置之不理，11 日，1 000 余名工人举行大罢工，全市电车交通顿时陷于瘫痪。电车工人上街游行示威，四处张贴标语、散发传单，标语贴满车厢，游行队伍高呼"打倒比帝国主义""收回电车电灯公司""打倒工贼"等口号，并将平日欺压工人、向公司告密的稽查员等 7 人揪出游街示众。此次罢工轰动津城，引起比利时政府注意。

12 日，电车公司为破坏工人罢工斗争，宣布另外招募工人。对此，电车工会发布紧急启事，郑重声明："务望全市革命同胞，以敝会团体为念，勿因小利而冒大不韪。倘有无知之徒，甘做比奴，当以破坏民众运动反革命而论。"天津电车工人的罢工斗争得到天津地方党组织和广大民众的支持。中共顺直省委于次日发出紧急通知，号召各地党团组织尽量利用各种机会开展宣传，扩大援助罢工活动，鼓励罢工群众坚持到底。天津各民众团体组织"天津电车工人罢工后援会"，学联、反日会、妇协、商协、总工会、银行工会等单位均派代表参加，后援会通知天津各报馆不得登载比商公司有妨碍罢工之声明和广告。比商电灯用户建议在工潮解决前停交电灯费。上海、保定各业工会和民众团体也纷纷来电声援，表示愿做后盾。

近半月之久的天津电车工人大罢工，给比商公司在政治上和经济上以沉重打击，最后比商公司委托美国律师居中调解，基本接受工人所提要求。24 日电车工人 700 多人召开大会，庆祝历经半月之久的大罢工胜利结束。

进入 20 世纪 30 年代，随着乘客逐渐增多，比商公司以独家经营之特权多次擅自提高电车票价，从最初的半个铜圆涨到 8 枚铜圆，公司盈利与日俱增，每天售票所收铜币达 70 万枚，占全市流通量的一半以上。为反对比商公司电车频频涨价，天津电车工人开展了数次反涨价斗争。

1931 年 1 月 1 日，比商电车公司宣布各色电车票价一律上涨铜圆 2 枚。电车工人和各界市民一致表示反对，纷纷呼吁国民党当局加以制止。电车工人还联合邮务、电话、自来水等行业工人发表抗议书，宣布即日起市民乘车可不买票，电灯用户可不付电费，在市民群众中引起很大反响。随后，各业工会还发起了收回电车电灯事业的活动，得到各界市民群众的

◎ 电车工人罢工使城市交通陷于瘫痪

声援。在电车工人和各界群众的抗议下，最终比商公司被迫宣布取消加价。

　　但转年新年刚过，比商公司再次未经天津市当局批准，擅自决定电车票价加价，全市各界人民一致反对，要求天津市当局予以制止。电车工会通告7日起停止售票，市民乘车可不买票，反对电车加价委员会还组织了8个纠察队，每队5人，分赴各列车站，向市民宣传劝阻市民购票。公司全体华人员工举行大罢工，要求迅速解决电车加价问题。2月2日，在电车工人罢工和全市各界群众的请愿斗争压力下，天津市政府发布告示，电车票价一律按原价出售，反涨价斗争再次取得胜利。

蓟县乡村师范旧址

位于蓟州区文庙内（今城关第一小学院内）

◎ 蓟县乡村师范（文庙大成殿）外观

» 建筑历史与风貌

蓟县乡村师范（也称蓟县简易师范，以下简称"乡师"）是 20 世纪 30 年代蓟县地区的最高学府，专门培养小学教师。在乡师任教的教师大都来自北平、天津等地。在革命战争年代，蓟县乡师是一所紧随时代潮流发展的进步学校，特别是在党组织与工农群众的联系中，发挥了知识分子的桥梁和纽带作用。

蓟县乡师所在的蓟州文庙原称宣圣庙、学宫，始建于明嘉靖三年（1524 年），明清之际，多次遭战火损毁。旧址现有建筑中仅泮池、三孔戟门、大殿（先师殿）和东西庑为清道光年间遗存。

2006 年，蓟县人民政府对文庙留存建筑进行修缮，一定程度上恢复了历史原貌。蓟县文庙建筑群由棂星门、登瀛桥、戟门、东西庑、大成殿及乡贤祠和名宦祠组成，沿中轴线布置。棂星门为文庙入口，四柱三门，石柱为方形通天柱，正门栏额刻"棂星门"。棂星门和戟门之间为半月形泮池，池上为三座单孔拱桥，称为"登瀛桥"。乡贤祠和名宦祠位于戟门东西两侧。大成殿又称先师殿，为主体建筑，面阔五间，前出廊用七檩，硬山顶。殿内供奉至圣先师孔子塑像和牌位，颜回等弟子塑像列于两侧。蓟县文庙是天津市保存最好、最完整的文庙之一。现为天津市文物保护单

◎ 历史照片

◎ 戟门、棂星门、泮池

位，重点保护等级历史风貌建筑。

» 红色往事

不做亡国奴，从学生运动到农民武装自卫斗争

1932年春，日本侵略者不断向中国内地进攻，保定第二师范学校师生发起了大规模的抗日护校运动。国民党军警包围学校，迫使学生提前放假，一些进步学生因奋起反抗而被捕。蓟县乡师为声援保定二师学生的爱国斗争举行罢课，在县城内张贴抗日反蒋标语，动员同胞团结起来抗日救国，并要求释放被捕师生。第二天，国民党蓟县党部派警察包围乡师，在师生中展开大搜捕。国民党的行径引起了学校师生的强烈愤慨，学生们包围前来搜查的警察，质问其为什么要武装搜查学校，局长、警官无言以对，学生便高呼口号将警察赶出学校，一直追到国民党县党部。

为镇压乡师学生的爱国行动，国民党蓟县党部和教育局强令学校提前放假，开除进步学生，并声言"有言抗日者，即以赤化分子论处"。学校教师、地下党员赵步清和学生党员贾润芝受到监视。为激发全县人民抗日救国的热情，乡师进步师生深入乡村，采取多种形式，宣传抗日救国思想，甚至在村民中发展抗日武装秘密小组。6月，蓟县反帝大同盟派代表参加了在北平举行的河北省反帝同盟代表大会，蓟县抗日救亡运动出现了新的局面。

1935年11月，汉奸殷汝耕成立"冀东防共自治政府"，声明"脱离中央""实行防控自治"，统辖包括蓟县在内的冀东22县，蓟县自此成为沦陷区。为反对"冀东防共自治政府"推行的奴化教育，乡师进步师生自觉组织起来，以逃课、拒绝学习日文等方式，表达对反动当局推行奴化教育的强烈不满。"一二·九"运动后，乡师进步学生通过成立"落叶社"，编写《落叶刊》，抒发抗日爱国热情，团结爱国师生。1936年秋，受党组织委派，共产党员吕瑛、赵迪之从北平来到乡师任教，她们通过向学生介绍进步书刊、文学作品，宣传革命思想。许多师生对时局和学校的现状表示不满，对封建家庭的约束产生反感，要求自由、解放的思想愈加强烈。1936年6月，党组织及时提出把学生运动同工农群

众的武装自卫斗争结合起来的要求，从而把抗日救亡运动引向深入。

　　全面抗战爆发后，在蓟县地下党组织的领导下，乡师成立党支部。在冀热边特委领导蓟县县委（1939 年 1 月改为冀东地委，属冀热察区党委）发动抗日武装大暴动期间，乡师学生深入农村，参加抗日武装，掩护革命同志，战斗在抗日的最前线，不少学生为保家卫国献出了宝贵生命。

渔阳北路

安街

一分利文具店旧址

府后街

一分利文具店旧址

位于蓟州区城内鼓楼北大街东侧鲁班庙内

◎一分利文具店外观

» 建筑历史与风貌

蓟县鲁班庙为全国少有专门供奉鲁班的庙宇之一，又称公输子庙。地下党员李子光曾在此创建一分利文具店，从事革命活动，是天津市爱国主义教育基地。

鲁班庙始建于清康熙年间，曾于清光绪三年（1877年）重修。由山门、大殿和配殿构成，按照清代官式做法修建。占地面积786 ㎡，建筑面积310.34 ㎡。山门面阔3间，用五檩，明间为穿堂，顶作硬山，屋面布筒瓦。东

◎ 庭院景观

◎ 建筑细部—墀头

西配殿面阔3间，用五檩，顶作硬山卷棚，屋面合瓦。大殿面阔3间，前出廊用六檩，采用九脊歇山式屋顶。屋面为绿琉璃瓦剪边。大殿前现存光绪三年（1877年）《重修公输子庙碑》碑2通。建筑整体在古代官式建筑的营造规制限制下，对规格等级有所突破。其外檐彩画是明清时期天津地区民间彩绘艺术的代表之作。现为天津市文物保护单位、重点保护等级历史风貌建筑。

» 红色往事

藏在庙里的地下联络点

大革命失败后，由于"左"倾错误路线影响，党组织在河北各地强令组织农民暴动，大多以失败告终，蓟县党组织也遭到严重破坏，党员一度只剩下四五名。在这种情况下，党组织决定把工作重点转移至蓟县城内，并派时任迁（安）遵（化）蓟（县）中心县委书记的李子光秘密在蓟县城内开展工作，恢

复和发展党的组织。

　　1933 年春夏之际，李子光到达县城，为了广泛接触和联系乡村师范的进步师生，进一步开展活动，他联合几名共产党员共同筹资，在县城鲁班庙内的西配殿开设了一家文具店。店面不大，三尺柜台，简易货架，各种纸张、毛笔、砚台、铅笔、橡皮等文具齐全，殿门口写了一副对联："利取一分虽薄犹厚，行销百货既美且廉"，因此取名叫"一分利文具店"。由于毗邻蓟县最高学府——蓟县乡村师范，加之后来又引进了照相业务，店内常常顾客云集，买卖兴隆。地下党员表面上是在这里做"小本买卖"，实际是在做"革命大生意"。李子光以店老板的身份，经常与县城内商号、士绅接触，了解掌握敌人动向，伙计们借教师、学生来店购买学习用品之机，向他们传播革命思想，物色积极分子。店里几名地下党员常借外出采购之机，与天津、北京的党组织保持联系。

　　经过李子光等几位同志的艰苦努力，京东地区党的组织逐步得到恢复和发展。从 1933 年 10 月到 1938 年秋的近 5 年时间里，一分利文具店一直是蓟县党组织进行秘密活动和对外联络的中心，培养了 30 多名党的各级领导骨干和革命志士，为蓟县地区开展抗日武装斗争积蓄了重要力量。

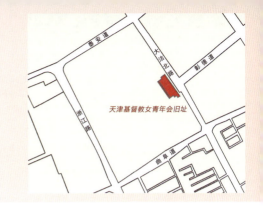

天津基督教女青年会旧址

位于和平区大沽北路 200 号

◎天津基督教女青年会旧址外观

» 建筑历史与风貌

基督教女青年会是基督教新教的社会活动组织，天津基督教女青年会创始于1913年，是中国成立较早的城市女青年会之一。女青年会下设会员部、德育部、智育部、劳工部、学生部、少女部、宿舍部和幼儿园，为广大妇女和儿童特别是劳动妇女、职业妇女和青年学生做了不少工作。全面抗战时期，大批青年学生失学失业，流离失所，女青年会和其他宗教组织共同开展学生救济工作，为学生提供助学金和生活费，为女青年会赢得了较高的社会声誉。

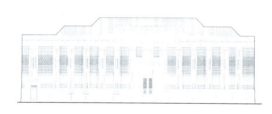

◎天津基督教女青年会旧址正立面测绘图

天津基督教女青年会建于1933年，由开滦矿务局于1931年捐赠土地，关颂坚设计，姜隆昌营造厂承建。建筑为二层砖木结构，带半地下室，建筑面积1 440 ㎡。建筑外檐为红砖清水墙，局部为混水抹灰饰面，坡屋顶，大筒瓦屋面。立面采用横纵三段构图的同时，以长方形平开窗和通高砖砌壁柱所形成的竖向构图，弱化沿街立面的横向尺度。建筑檐口采用中国传统纹饰，主入口线脚和正立面底部的水泥饰裙都处理得简洁得体。建筑造型整体上以几何图形统率构图，具有宗教办公建筑的严肃稳重的特色。现为天津市文物保护单位，一般保护等级历史风貌建筑。

» 红色往事

天津女界爱国抗日主阵地

全面抗战爆发前夕，天津基督教女青年会是天津妇女救国会的主要活动阵地。天津妇女救国会成立于1936年初，成立之初成员有地下党员张秀岩、董明秋等5人，后逐步发展到三四十人，是天津地下党领导的秘密爱国妇女群众组织。在中共天津市委领导下，"妇救会"与"民先""学联"等进步组织紧密配合，积极开展抗日救亡活动。

◎天津爱国女青年为在东北坚持抗战的将士制军衣

当时，中共天津市委十分注意妇女界上层统战工作，通过基督教女青年会总干事郑汝铨和会员部兼劳工部干事邵漪容的积极协助，地处英租界的女青年会，逐渐成为地下党开展抗日救亡运动的主要阵地。张秀岩和邵漪容经常在一起研究如何组织开展抗日救亡活动，地下党员张洁清亲自带领一批职业妇女加入女青年会，成为天津女界组织开展抗日爱国活动的骨干力量。

"妇救会"多次利用女青年会小会议室举办演讲会、培训会，请高校学者杨秀峰、董仲华、罗隆基做时事报告，每次到会听讲的都有五六十人。党组织派郭明秋、方惠如等到女青年会主办的三义庄和大王庄等妇女夜校教课，学员大多是棉纺厂或烟草公司的女工。学习内容主要是识字、教唱爱国歌曲等，目的是一边普及文化，一边宣传抗日救亡的道理，启发女工的觉悟。

全面抗战爆发前后，天津基督教女青年会充分发挥自身社会关系广泛的优势，宣传抗日救国思想，发动各界人士为抗日将士捐款捐物，扩大了抗日救亡运动的参与度。女青年会曾组织成立了"青蛙歌咏队"，每周活动半天，成为全市传播抗日救亡歌曲的中心，著名音乐家吕骥同志曾来此指导歌咏活动，并亲自教唱。为支援抗日前线将士，女青年会还曾组织妇女缝制了一百多条棉被，派代表亲自送往绥远抗日前线。此外，还通过邀请知名话剧团在中国大戏院演出、组织郊游赏花活动、建立读书会等多种方式开展抗日救亡活动。

第四部分

抗日担当　艰苦卓绝　彰显横流砥柱（1937.7—1945.8）

建筑·党史

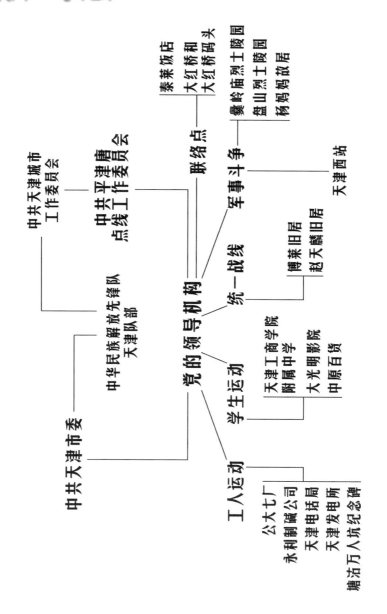

党的领导机构

中共天津市委
├─ 中共天津城市工作委员会
├─ 中共平津唐点线工作委员会
└─ 中华民族解放先锋队天津队部

统一战线
├─ 傅莱旧居
└─ 赵天麟旧居
天津西站

联络点
├─ 秦莱饭店
├─ 大红桥和大红桥码头

军事斗争
├─ 爨岭庙烈士陵园
├─ 盘山烈士陵园
└─ 杨妈妈故居

学生运动
├─ 天津工商学院附属中学
├─ 大光明影院
└─ 中原百货

工人运动
├─ 公大七厂
├─ 永利制碱公司
├─ 天津电话局
├─ 天津发电所
└─ 塘沽万人坑纪念碑

1937.7—1945.8

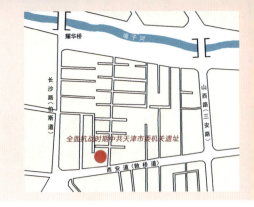

全面抗战时期中共天津市委机关遗址

位于和平区西安道原福顺里 12 号

◎福顺里历史照片

◎ 全面抗战时期中共天津市委机关所在地历史照片

» 建筑历史与风貌

全面抗战时期的中共天津市委是天津沦陷后建立的市内党的领导机关，属敌后河北省委（机关驻地在天津）领导，省委宣传部长姚依林兼任天津市委书记。主要任务是负责领导留在市区的党员坚持秘密工作，发展聚集组织力量，向农村输送干部，支援抗日游击战争和农村根据地建设。1938年7月，冀东抗日大暴动后，按照中央指示，河北省委撤往冀东，9月，天津市委撤销。

这一时期中共天津市委机关所在的福顺里主巷北起南京路，南至西安道，中间横贯7条支巷。1925年英租界当局填土垫地，1927年李清和购地营造，取福顺平安之意命名。里内为3层砖木结构楼房，1976年因地震损坏。

» 红色往事

沦陷区的领导机关

1937年7月30日，日军占领平津。根据中共中央北方局指示，1937年八九月间，在天津组成敌后河北省委，负责领导中共北平市委、天津市委、冀东特委以及华北人民抗日自卫委员会工作，马辉之任书记，姚依林任省委宣传部部长兼天津市委书记。为方便掩护党的工作，姚依林与母亲租住在英租界福顺里，并在此建立市委机关[1]。

9月，根据中央指示精神，市内大部分党员和中华民族解放先锋队队员先后撤往农村或大后方，只有少数党员留津坚持地下工作。市委下属组织多数奉命撤销，党员或分散或随单位转移，党支部亦随之解体。全面抗战初期保留下来继续领导党员坚持斗争的基层组织，只有北郊西北乡、西郊王兰庄和南郊小站3个支部。

---

① 中共天津市委党史研究室.天津市革命遗址通览.北京：中共党史出版社，2012：59.

为保存和集聚市内革命力量，中共天津市委重新组建了中华民族解放先锋队天津队部，领导留下来的党员、进步青年坚持开展抗日斗争，以秘密活动方式在学校、工厂、机关和失学青年中发展成员，扩大抗日力量，多次完成为抗日根据地募集衣物、药品、钱款，收集日军情报等任务。为做好抗日宣传工作，由姚依林直接领导，地下党员秘密创办了《抗日小报》，积极宣传党的抗战主张，刊登鼓舞人心的前线消息，在群众中秘密传播，影响很大。地下党员李青等在英租界出版党内刊物《风雨同舟》，及时刊登党中央、河北省委的各项指示。

除福顺里的市委机关外，姚依林还经常出入五叔姚国桢（曾任北洋政府交通部次长、北京交通大学校长）位于法租界 32 号路（今赤峰道）的寓所，一方面利用姚家社会关系，结识天津上层人士，择机为党做工作；一方面，与姚家的兄弟姐妹在一起，谈社会、谈国家、谈抗日斗争，姚家多位兄弟姐妹在姚依林的引导下投入爱国救亡运动，更有 3 位弟妹加入革命队伍。正是在姚府，姚依林结识并引荐时任国民党天津电报局局长、姚国桢连襟王若僖，担任党领导的"天津各界武装自卫会"负责人，为这一组织赢得合法身份和经费来源[①]。

1938 年夏，根据天津周边根据地和市内抗日斗争的需要，在姚依林的具体策划安排下，在英租界 62 号路伊甸园 3 楼 (今沙市道 45 号，已拆除) 建立了秘密电台，由河北省委和天津市委直接领导，为联络上级党委，指导冀中、天津两地的抗日斗争发挥了重要作用。

1938 年 9 月，按照中央指示，中共河北省委撤离天津，天津市委撤销，保留秘密电台，姚依林奉命离津。在津一年多的时间里，姚依林领导天津人民采取各种方式给骄横残暴的日本侵略者以沉重的打击，扩大了党在沦陷区的影响。

① 姚锦 . 姚依林百夕谈 . 北京：中共党史出版社，2008：83-84.

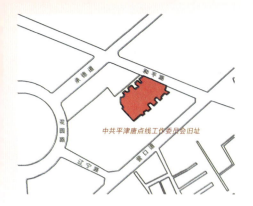

中共平津唐点线工作委员会旧址

中共平津唐点线工作委员会旧址

位于和平路 322 号（原寿德大楼内）

◎原寿德大楼外观

» 建筑历史与风貌

中共平津唐点线工作委员会（以下简称点线工委）于 1938 年 9 月正式成立，负责领导北平、天津、唐山 3 个城市工委和北宁铁路沿线党组织，葛琛任书记。成立之初由中共中央长江局领导，1939 年 1 月以后，改归北方分局（即中共中央晋察冀分局）冀热察区党委、城委领导。机关最初设在法租界寿德大楼内，后迁至老西开贩商路（今贵阳路）信昌里 10 号。1941 年 8 月，点线工委遭敌人破坏，1942 年 2 月停止工作。此后直至天津解放前夕，党组织在市内未再建立统一的领导机构。

点线工委所在的寿德大楼建成于 1936 年，由中国工程师阎子亨设计。占地 1 904 m²，建筑面积 13 493 m²，总平面为直角梯形。平面设计充分利用地形，底层建筑平面呈"U"字型、南北两侧设有东西向的通道。出入口采用过街楼的形式，8 m 宽的通道与内院合一，既是商业街道，又作大楼的采光天井。内院南北两侧设有南北向的通道，并同大楼南北两边的通道相通。

建筑正立面对称，纵向划分为 3 段。中间一段是建筑构图中心：下为过街楼，用双柱及凸窗加以强调，顶部高出一层，窗间是上下贯通的纵向线脚。左、右两段做水平线脚处理，突出横向线条，与中段形成对比。建筑立面以清水墙与混水墙形成色彩对比，造型简洁，流线造型和竖向线脚、阶梯状入口装饰有明显的装饰艺术风格特征。20 世纪 90 年代，原敞开式入口改造成新式过街楼，

◎寿德大楼历史照片

◎ 寿德大楼正立面测绘图

原敞开式大厅则成为前厅。现为尚未核定公布为文物保护单位的不可移动文物，重点保护等级历史风貌建筑，第一批天津市革命文物。

» 红色往事

点线工委，以点带面，连线抗日根据地

1937 年 7 月，全面抗战爆发后，平津地区很快沦陷，大批党员和青年学生滞留天津租界，等待南下或奔赴抗战前线。寿德大楼是天津党团青年和大批学生转移撤离的重要中转站之一。

天津沦陷后，由于日伪当局对抗日斗争的疯狂镇压，在津坚持战斗的中共河北省委和天津市委的处境愈发艰难。为了尽快扭转这一被动局面，1938 年 5 月，中央指示在天津成立中共平津唐点线工作委员会。

点线工委成立之后，为了便于立即开展工作，地下党员在法租界寿德大楼 4 楼 68 号房间设立机关，部分点线工委的领导同志时常住在这里。不久，又迁至 5 楼 102 号房间。为安全起见，房间门口悬挂"耕石刻字社"的牌匾，地下党员刘耕石以老板身份作掩护，开展秘密工作。翌年 8 月，随着天津形势的日益恶化，点线工委机关迁至老西开附近的信昌里。

为解决全面抗日战争爆发后，市内党员数量急剧减少的问题，点线工委在学生、教师和工人中积极稳妥地发展了一批党员和积极分子，通过 3 个城委和铁路党组织，不断向根据地输送党员干部和抗日群众，支援和充实了根据地武装部队和基层党组织的干部力量。在情报工作方面，点线工委秘密搜寻铁路沿线日伪军事力量部署、关卡设施、枪炮弹药和粮食的存储地点、运输去向等重要军事情报，为我军出其不意地打击敌人、劫获物资提供了可靠的情报。此外，点线工委通过多渠道购买军械、通信器材、医药、布匹、食盐、纸张等物资，及时运送至根据地，有力地支援和保证了前线的军需民用。

在历时 3 年的艰苦斗争中，点线工委不仅为夺取抗战胜利做出了重要贡献，还为解放战争时期平津唐等地学生运动和工人运动迅速发展以及党组织的壮大，打下了良好的基础。

中华民族解放先锋队天津队部旧址（保善里）

位于和平区开封道保善里 14 号

◎ 中华民族解放先锋队天津队部旧址外观

» 建筑历史与风貌

中华民族解放先锋队是华北爱国青年在中国共产党领导下建立的抗日救国组织，简称民先、民先队。1936年2月1日在北平正式成立，其前身为"平津学生南下扩大宣传团"。队员深入农村基层宣传抗日，与国民党当局的不抵抗政策展开坚决斗争。1937年2月，在北平召开第一次全国代表大会。全面抗战爆发后，一部分成员留在沦陷区坚持斗争，一部分前往各大城市从事地下抗日工作，也有不少成员奔赴抗日根据地，成员遍及全国近30个城市及巴黎、东京、香港等地。1937年9月，民先队在太原

◎ 保善里 14 号外观

成立总队部，队员最多时达2万余人。1940年，民先队并入青年救国会。

民先天津队部旧址所在的保善里东南起开封道，西北至安善里。1925年陈光远建房成巷，取其"择善而从"之意定此名。里内为二、三层砖木结构楼房。保善里所在地块在历史上分属多家教会，产权复杂。各里巷间多加以分割，北部里巷内断头路较多，旧址所在的南部里巷道路较为通达。

» 红色往事

重整旗鼓，坚持沦陷区里的秘密战斗

全面抗日战争爆发后，平津地区很快沦陷，由于形势混乱，留在天津的一些民先队员处于失联状态。1937年8月，中共天津市委决定恢复和整顿天津民先组织。在时任市委书记姚依林及学生区区委书记程宏毅的领导下，很快在队员张樾堂家（今和平区柳州路寿康里地块）组织召开天津民先队委会筹备会，决定重建民先天津队部，任命地下党员张淑贞为大队长，并对队部委员进行分工。会议分析了天津沦陷后军事、政治形势的变化，确定民先组织活动立即转入秘密状态，首要任务是同失散的民先队员取得联系。经过一段时间的个

◎中华民族解放先锋队代表前往医院慰问受伤的二十九军战士

别谈话和审查研究，同愿意继续留在民先组织和参加敌后抗日斗争的队员逐步恢复了正常联系，同时要求所有民先队员在新队部的领导下，密切联系周围群众，在青年学生和市民中宣传抗日主张，适时开展抗日救亡活动。

9月，民先队部转移到英租界小白楼保善里14号。民先队员经常在此召开支部会议，刻写印刷队刊《灯塔》。队刊《灯塔》为32开油印本，每月一期，每期有文章10余篇。封面印有一座灯塔，塔上放射出粗大的光束，寓意为中国青年照亮了前进的道路，封面下端写有"中华民族解放先锋队天津地方队部编印"字样。队刊由姚依林亲自指导，社论等重要文章的编写内容须由姚依林决定。除社论外还有分析形势的文章，以及有关抗日游击战争的报道和战斗经验。队刊的出版发行，对宣传党的政策和抗日思想，鼓舞斗志，统一认识，加强对队员的思想政治教育发挥了很大作用。

全面抗战初期，天津的抗日进步团体很多，根据党的指示，民先作为集体会员参加了党领导下的统战组织——华北人民抗日自卫委员会（简称自卫会），并派出专人同自卫会负责人联系，接受任务。当时民先队部的主要任务是为冀中、冀东和冀南抗日游击区募集衣物、药品、钱款并收集敌军情报等。1938年春，地下党组织从敌方《武德报》报社获取了一批重要的军事地图，内容极为详细，须连夜复制后及时送回，以避免被敌人发现。民先队部随即组织全体队委及有关同志在队长郝贻谋家（英租界顺和里59号）连夜赶制，终于在规定的时间内完成了这项紧急任务。不久，这批重要的军事地图通过秘密交通站，由水路安全送往冀东抗日游击区。

民先组织工作的重点是学校。先后在市内的耀华学校、圣功女中、中西女中、法汉学校等院校，恢复和发展了不少民先队员，并建立起以"读书会"为掩护形式的民先小组，秘密进行活动。至1939年8月，民先中的青年学生队员已达 150 多人。队员们通过传阅队刊《灯塔》及重要文件，组织学习各种马列主义书籍，宣传"持久战"理论，组织开展抗日救亡活动，在广大学生中树立起抗日必胜的信心。

1939 年秋，日本加强对沦陷区的控制，天津斗争形势日益恶化，民先天津队部领导干部相继撤往根据地。1940 年 7 月，最后一任大队长郝贻谋调离天津，民先天津队部结束工作。

泰莱饭店旧址

位于和平区解放北路 158 号

◎泰莱饭店旧址外观

» 建筑历史与风貌

泰莱饭店建于1929年，由比商义品公司设计，钢筋混凝土框架结构。首层为商业用房，二层设写字间，三至六层为公寓，每套公寓均设有会客室、餐室、厨房、卫生间。立面采用横三段构图，檐口和五层下方皆出檐

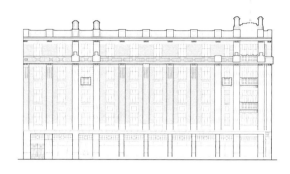

◎泰莱饭店沿街立面测绘图

深远，并以牛腿支撑。屋顶转角部位以阶梯状山花强化中心构图。外檐立面大面积粘贴黄褐色麻面面砖，水刷石方壁柱形成鲜明的竖向构图。建筑造型典雅，色彩和谐，竖向构图受装饰艺术风格影响，几何造型的铁艺栏杆带有新艺术运动风格的痕迹。现为尚未核定公布为文物保护单位的不可移动文物、重点保护等级历史风貌建筑。

» 红色往事

散布租界内的秘密联络点

"七七"事变后，平津很快沦陷，大批社会名流及爱国人士、进步学生纷纷南下，天津作为北方海陆交通枢纽，迅速成为革命力量转移的重要中转站。准备南下的各方人士大多辗转来到天津，设法进入租界后，或等待南下船只，或等待指示再作南下打算。在组织爱国人士、进步学生与地下党员撤离、投身抗日斗争中的过程中，姚依林领导下的中共天津市委做了大量周密而细致的工作，发挥了重要的作用。

当时，天津党组织和地下党员用各方关系在租界内各个旅馆、饭店、公寓楼租赁房间，为南下爱国人士和进步师生提供落脚点。党组织在英租界泰莱饭店（今和平区解放北路158号）租下固定房屋，作为南下知名人士和领导干部的中转站，并租用饭店汽车到车站负责接送，因为汽车上插有英国国旗，进

出租界比较自由、安全。当时，党领导下的统战组织在租界内的交通旅馆、国民饭店、佛照楼、渤海大楼、基泰大楼等处设立联络点，为来往于冀东抗日游击区的同志提供安全住所。

党的外围组织民先天津队部主要利用天津"清华同学会"（位于今大沽北路）为掩护，通过各方关系借用英租界内开滦煤矿货栈（今大光明桥附近）、怡和洋行仓库（今六号院创意产业园），铺设地铺供同学们住宿，将从北平及其他地方来津的民先队员和进步青年安顿下来。同时，向社会和爱国人士募捐，为困难青年买车船票和生活用品，及时输送他们南下，或转赴内地，或奔赴延安。地下党员张致祥的伯父、津门知名人士管洛声的利亚书局（原和平路100号）地处繁华地带，离火车站较近，交通便利，成为党内接头地点和自卫会联络点，在转移大批党员和进步青年的工作中发挥了重要作用。

全面抗战初期天津电话局职工抗交斗争遗址

位于和平区烟台道35号（今中国联通和平分公司所在地）

◎天津电话南局历史照片

» 建筑历史与风貌

天津电话局成立于 1905 年 4 月，初在英租界，1907 年迁至南市闸口。1918 年，随着市内电话用户增加，决定增设南局，扩充号额，并在英租界比尔道（今四川路）和博罗斯道（今烟台道）交口处购置空地。1920 年 11 月，南局落成。次年 8 月开始通话，租界电话用户自此一律改归南局接线。1926 年，天津电话总局由闸口迁至南局办公。至 1933 年，市内有二、三、四、五、六 5 个分局，市外有唐山、塘沽、胥各庄、杨柳青、葛沽、咸水沽、小站 7 个分局，装机 1 万余号，工作人员合计有 900 余人。

天津电话南局为新古典主义建筑风格，横向 3 段式构图，坡屋顶。主入口设古典柱式支撑的门廊，上筑三角形山花。立面以壁柱分割，并形成宽窄相间的韵律。窗套、窗楣等形式组合与建筑整体风格相得益彰。

» 红色往事

三年"抗交"斗争，彰显民族气节

全面抗战爆发前，位于租界区的南局（即天津电话总局）已成为党在工人中开展抗日救亡斗争和发展党员的重要阵地之一。中共天津党特科人员朱子饰（化名朱其文）于 1936 年春到电话局工作，担任电话局职工教育班主任。他充分利用职工教育阵地开展活动，借招考话务员之机，吸收了一些地下党员来电话局工作，不久建立电话局党支部。支部通过各种活动不仅团结了一批职工中的积极分子，而且争取了一些同情抗日活动的上层爱国人士，如申话局局长张子奇（国民党员）、总工程师朱彭寿等。

1937 年 7 月 29 日，日本侵略者占领天津后，英、法租界成为孤岛，天津地下党利用日军尚未占领租界这一条件，坚持开展抗日斗争，形成了以英租界为据点，英、法租

◎ 天津电话南局历史照片

界为中心的斗争局面。其中，天津电话局职工反对将电话局交给日本侵略者的斗争（简称"抗交"斗争），在天津人民抗日斗争史上留下了光辉一页。

日军占领天津后，英租界以外的电话局先后被日军接管。随后，日伪政权将电话、电报两局合并，成立了"华北电报电话公司"。电话三、四两局（即南局、东局）在英、意租界内，日军不能以武力接管，成为日伪统治天津电信事业的一大障碍。当时，日军急于接管电话局，而广大职工抗日爱国热情十分高涨，局长张子奇是党领导下的统战组织——华北人民抗日自卫委员会成员，抗日态度坚决。英租界当局为保护自身利益，虽不敢公开抗拒日军，但也不愿让日军控制租界电信。于是，"抗交"斗争很快乘势兴起。

为了组织和发动"抗交"斗争，地下党组织以党员为核心，成立了电话工人救国会。在救国会的名义下开展工作，号召广大职工就"抗交"问题进行串联。随后多次召开职工大会，宣传抗日救的方针，地下党员朱其文先后6次在职工大会上讲话，鼓舞职工斗志，消除了部分职工的顾虑。很快，全局职工即取得一致，表示绝不把电话局交给日本侵略者，并得到局长张子奇的坚决支持。

日本侵略军几经交涉未能如愿，又企图利用伪政权来达到接收目的。1938年1月，伪天津市市长潘毓桂刚刚上任即来到电话局，声称奉命前来接收电话局，并当即出示了一颗刻有"天津特别分署"的关防，要求马上召集全局职工听其训话，企图压服职工，造成既成事实。局长张子奇、总工程师朱彭寿及时赶到，将关防退给了潘毓桂，并表示未经英界当局同意，不能交出电话局。此事发生后，英租界工部局立即在电话局门前设岗以防此类事件再次发生。

日本侵略者在强行接管失败后，开始施行各种阴谋手段。1938年2月28日，日军下令切断英租界的电话线，并运走了全部电信器材，使南局电话与外界隔绝。3月，在日、法租界路口，日军又截捕了多名电话局员工，导致电话局的技术力量遭到破坏。此后，日本特务又指使汉奸潜入租界，破坏电话线路，导致用户无法正常通话。日军的阴谋破坏造成电话局职工的恐慌，一些线路工人离开电话局。

面对严酷的斗争形势，朱其文在3月下旬召集电话局职工开会，揭露敌人的阴谋，号召职工决不屈服，把"抗交"斗争坚持下去。会后，在张子奇的支持下，朱其文安排租界外职工携眷属迁入租界，无住所者暂时住在电话局内，还动员老工人推荐亲属、子女来局工作。针对日军的破坏，局长张子奇也采取了一系列措施，如及时组织技术力量抢修被破坏的设施；对前往日军占领地区毗邻的"危险区"施工人员采取保护措施；团结同情"抗交"斗争的外籍工人支持"抗交"斗争等。

在这场"抗交"斗争中，总工程师、爱国知识分子朱彭寿始终站在了第一线。面对敌人在技术上的种种破坏手段，他一方面在局内成立了短期技术训练班，对新参加工作的职工亲自进行培训，结业后立即上岗，从而解决技术力量奇缺的问题。另一方面，加班加点亲自带领工人抢修被日军破坏的通信设施，尽快恢复租界区电话业务，使敌人破坏目的难以得逞。当时，英方为防止日本的破坏行为，也派出许多巡捕在分线箱下昼夜巡逻。

从1939年下半年起，日伪进一步加紧了对"抗交"斗争骨干的迫害。总工程师朱彭寿坚定的爱国立场和高超的技术是阻碍日伪在技术上破坏租界区电话局的中坚力量，日军多次派人向其游说，许以高官厚禄，但每次都遭到朱彭寿的严词拒绝。9月，日本宪兵队潜入英租界，在墙子河桥头（今南京路和成都道交口处）将朱彭寿绑架，并扣押在日本宪兵队，最终折磨致死。朱彭寿壮烈殉国的消息传开后，电话局广大职工无比悲痛，决心继承烈士遗志，把"抗交"斗争进行到底。

1940年9月，英、法、意租界当局最终迫于日军压力，与日伪当局签订协议，将电话局的管理权全部移交日方。天津电话局职工的"抗交"斗争历时3年多，表现了广大工人和知识分子的民族气节和对敌斗争的勇气，直接给日伪当局及其电信事业以沉重打击。

公大七厂旧址

公大七厂旧址

位于河北区万柳村大街

◎ 公大七厂旧址外观

» 建筑历史与风貌

公大七厂建于 1916 年 4 月，时称华新纺织股份有限公司津厂（即天津华新纱厂），是天津第一座近代化的大型纺织工厂，民族工业企业的代表之一。1936 年 8 月，日商钟渊纺绩株式会社强行低价收购华新纱厂，改名钟渊实业株式会社第七工厂（简称公大七厂）。

"七七"事变后，日军进驻公大七厂，目的是利用工厂地理位置之优势，作为攻占天津总站（今天津火车北站）的军事基地，成批枪支弹药物资被运至厂内。天津沦陷前，中国军队入该厂，以厂内水塔为据点与日军展开激战，5 名战士在子弹打光后冲下水塔，与日军展开白刃战，最终全部壮烈牺牲。日本投降后，工厂移交中国纺织建设公司天津分公司，更名为中纺公司天津第七纺织厂。1950 年 11 月更名为国营天津印染厂。

厂内现存具有意大利文艺复兴建筑风格八角形水塔和老厂房一座，建于 20 世纪 30 年代。水塔见证了党领导工人运动的历史，也是天津抗战的珍贵实证。现为河北区文物保护单位，第一批天津市革命文物。

» 红色往事

组织工人消极怠工，密谋火烧毛绒厂

◎ 水塔

自"五卅"运动起，华新纱厂内即建立了党组织和工会组织，地下党员组织工人在厂内展开了不屈不挠的政治、经济斗争。

全面抗战时期，公大七厂主要负责为日军生产军布、药布、军毯等军需品。1945 年初，地下党员田民、夏英武被派到公大七厂开展工作。两人利用聊天讲故事的方式，向工人们宣传抗日道理和进步思想，帮助工人们认识到只有团结起来，齐心协力跟鬼子斗，将来才有好日子过。二人还经常一起研究部署破坏敌人军工生产的斗争

方案。当时，日军让工人试制药布和降落伞，在地下党组织的发动下，工人们故意出错，不是卡梭，就是断线，弄得敌人只好改产。有的工人偷偷把机器弄坏，把一些电器材料拆下来扔到废井里，厂里还隔三岔五着把火，不让敌人的工厂安宁。群众的消极怠工、破坏活动严重打乱了敌人的军需生产计划。

1945 年 7 月，为了落实党的"破坏日本军需物资、打击鬼子侵略战争"的指示，地下党员杨树明、夏英武和工厂电工老刘密谋火烧毛绒厂。计划确定以后，3 人立即行动，老刘利用平时检修电线的机会摸透了地形和日军的活动规律。20 日中午 12 点左右，趁值班日本人钓鱼的机会，3 人带上工具，一起混在吃饭的工人队伍中进入工厂，3 人两前一后直奔毛绒厂，到了毛绒厂变电室的后墙，老刘环顾四周，确认安全后，扬手扭开变电室的铁窗，与杨树明一前一后跳进去，夏英武则就近躲在隐蔽处进行警戒。变电室内，老刘首先打开了闸盒，然后踩在杨树明的肩上，戴上绝缘手套，用钳子熟练地把早已准备好的铅丝拧成两股横接在两根高压线上，又将一大把旧羊毛散挂在接好的铅丝上。最后用绳子一头拴在闸把上，另一头搭在窗口外，二人跳出闸室后，老刘抓住搭在窗外的绳头，轻轻一拉，电闸即合上了，高压线之间立即迸发出火花，同时发出砰砰巨响，挂在铅丝上的旧羊毛被电击后立刻燃烧，火球四溅，3 人遂迅速撤出厂，很快大火烧了起来，整个毛绒厂浓烟滚滚，火光冲天，成了一片火海，一直烧到第二天清晨。最终整个工厂只剩下一片残垣断壁，给日本人的军需生产以沉重打击。

大红桥与大红桥码头

位于红桥区大红桥西侧，子牙河北岸

◎ 大红桥外观

249

» 建筑历史与风貌

大红桥原为木桥，1887年改建为单孔拱式钢桥。1924年被洪水冲毁，1933年筹建新桥，1937年竣工，仍称"大红桥"，为开启式3孔铁桥，其结构严谨，造型美观，是红桥区内现存的唯

◎ 大红桥码头历史照片

一铁桥。主跨为杆拱结构，右岸一孔为人工启闭的单叶立转开启桥跨。拱跨与引跨均以沥青混凝土铺设，下部台、墩为钢混结构，全长80.24 m，宽12.66 m。1964年因开启制动系统失灵，将开启钢架及平衡砣拆除。1956年1月，根据天津市人民委员会关于市辖区按地名称呼的通知，原第八区因界内子牙河上建有大红桥，故改称红桥区。大红桥是红桥区标志性建筑物，现为天津市文物保护单位。

全面抗战时期，大红桥南侧的码头成为日伪招商局管辖的轮机船（小火轮）码头，也是子牙河、大清河上往来物资的集散地，其对岸常有民船停靠，逐渐形成民用船只码头——胜芳码头。这条航线的上游联系着大片游击区和抗日根据地，因此成为天津地下党组织向根据地和解放区运送物资、传递情报和干部往来的重要通道，为革命事业做出了不可磨灭的历史贡献。

» 红色往事

巧运智取，敌人眼皮下的物资抢运战

天津沦陷后，为彻底切断天津这座北方最大贸易港口城市与抗日根据地的经济联系，日军采取了一系列极为残酷的管制措施，叫嚣要在经济上"毁灭边区"，先后颁布《经济封锁法》，建立专门从事经济战的机构，对军用物资、医药用品、通信材料、机械器材、油墨纸张和生活用品等一律实行严密封锁。当时，每艘船出码头前都必须经过日军的严格检查，一旦查出违禁品，从发货人、船主到码头

工人，轻则坐牢重则枪毙，无一幸免。

全面抗战初期，为帮助抗日根据地解决物资困难问题，天津人民在地下党组织的领导下，不顾个人安危，千方百计协助根据地运送物资，为根据地来津采购物资开辟秘密通道，极大地支援了抗日根据地的对敌斗争。清华大学理学院院长叶企孙与学生熊大缜在津期间积极参加抗日救国斗争，为帮助根据地解决弹药紧缺的困难，自费研制 TNT 黄色炸药，然后浇铸成条形肥皂状，同真条皂一起通过码头运往冀中。离大红桥码头不远的三条石和估衣街地区的全聚兴、郭天祥、益顺兴等工厂的技师、工人和中西大药房、上官池大药房的职工在地下党员的引导下，多次甘冒风险，鼎力相助，将印刷设备、电信设备、医药用品等物资运出天津。

◎ 为根据地筹集储运药品和医疗器械等物资的秘密据点之估衣街中西大药房

◎ 为根据地提供油墨、纸张、文具等物资的天津益顺兴工厂

抗战后期和解放战争时期，为解决物资运输问题，加强对大红桥地区码头工人的领导，1943 年初，冀中区党委派干部苑兰田来到天津，团结争取了大批码头工人，并成立了大红桥码头党支部。在党组织的领导下，人民群众开动脑筋、巧运智取，克服重重困难，将一批批急需物资和军需用品，通过这里送往根据地。

为打通从天津至根据地的医药物资采购渠道，冀中区党委九地委在药材行业集中的天津大红桥一带，建立了 4 个进步组织，组织各方面人员采购和运送医疗物资，以保证根据地药品供应。在地下党员的领导下，许多药店的职工不顾个人安危，秘密帮助根据地采购人员运送了大量治疗外伤、疟痢、止痛、消炎的药品，以及酒精、甘油、水银等数百种化学制剂。地下党员还通过统战工作，团结争取了把持大红桥码头的天津青帮，在为根据地运送药品等物资方面发挥了作用。

为避开国民党当局的盘查，保证物资及时运出，药业工人可谓绞尽脑汁，他们大多以回乡捎带等方式，或将违禁药品改装成滋补药品；或将水银灌入自行车车胎或用小容器装好，放在双层底水桶的夹层里，再往桶里盛上水，放进伙仓（船员住的地方）里；或将西药油质盘尼西林封好黄蜡放在虾酱篓里……

除了采买转运军用物资外，地下党员还根据上级指示搜集敌人情报，这条航线也成为党传递情报的重要通路。如地下党员曾把国民党天津警备司令部稽查处各稽查所、哨的分布情况和头目名单缩写在一张小纸片上，字朝里对折好，贴在火柴盒底层，再装上火柴带到大红桥码头，交给联络人员转送到解放区。解放战争爆发后，一批批地下党员在党组织的安排下，秘密从大红桥码头撤出天津。

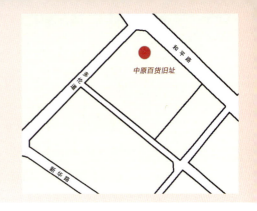

中原百货旧址

位于和平区和平路172号（今天津百货大楼所在地）

◎ 中原百货旧址外观

» 建筑历史与风貌

天津中原百货公司成立于 1926 年，中原百货商场于 1928 年 1 月 1 日正式营业，是现代中国著名的百货品牌企业，也是当时华北地区最大的百货零售商场，天津最摩登、最时尚的购物娱乐中心之一。全面抗战爆发前，中原公司一度左右天津百货市场，鼎盛时期日销五六万元，为天津百货业之冠。中原公司以天津中上层群体为销售对象，确立了高档、新潮、精致、齐全的定位，打出"推销中华百货，统办环球货品"的口号，集中采购高档商品。

"九一八"事变后，民众抵制日货情绪高涨，由于地处日租界，又以日货为主要商品，中原公司销售日渐衰落。1932 年，中原公司在法租界开设分店，即今天滨江道上的中原百货。1933 年，在北京王府井大街开设中原公司北京分店，以平衡总店生意。天津解放后更名为百货大楼。

位于原日租界旭街的中原百货建成于 1927 年，由基泰工程司张镈、杨宽麟设计。7 层钢筋混凝土框架结构，占地 1 131 m²，建筑面积 9 164 m²，沿街中部设塔楼。1~4 层为商场，5 层有电影院，7 层设有"七重天"舞厅和屋顶花园。

1940 年，此楼遭火灾，后利用原框架改为现代式，总高 61.6 m。主、侧门分别设在和平路和多伦道一侧。首层为敞开式商场，中间是两根外贴美术磨石的圆柱。大厅的后部设两部客、货电梯，沿多伦道另设一部电梯。电梯周围环设楼梯通向各层，中二楼亦作商场使用。其他各层均为敞开式营业厅。塔楼内设钢制旋转楼梯，直通塔顶。建筑立面采用无光米黄色石砖。宽窄相间的竖线条对墙体的纵向分割，加上 33 m 高的塔楼，使整个建筑高耸挺拔，具有典型的装饰艺术风格特征，成为当时的天津城市地标。

1976 年，唐山大地震使大楼主体遭到损害。抗震加固过程中，中二楼腰线以下

◎ 明信片上的中原百货

改为浅米黄色预制水磨石，原小窗改为大玻璃钢窗，原塔楼改建为高 24.6 m 钟楼及观览大厅。

» 红色往事

小女子火烧中原公司大楼

乌兰，蒙古族，1939 年加入中国共产党后，先后在延安、内蒙古等地学习和工作。1945 年以后，乌兰受党组织派遣回到内蒙古，担任冀热辽军区蒙民武工队政治指导员。由于能够策马执双枪战斗，广大群众亲切地称其为"双枪红司令"。乌兰在天津曾有一段惊心动魄的经历。

1937 年初，年仅 15 岁的乌兰经朋友介绍加入中华民族解放先锋队。"七七"事变后不久，北平的民先队员大批前往天津，继续从事抗日救亡活动。在天津，乌兰结识了地下党员王森，王森经常给这些年轻的民先队员讲抗日救亡的道理，由于王森知识广博且经验丰富，很多年轻的学生对其心服口服，亲切地叫她"mother"。

当时，坐落在天津日租界的中原公司与日伪勾结，倾销日货，生意兴盛。而且几乎每条街道胡同都贴满了鼓吹中原公司是日本天皇陛下资本的宣传画和标语，以制造"日中亲善"的骗局，蒙骗中国老百姓。为了回击侵略者的谎言，表现中华民族不可征服的决心，党组织决定找一名不引人注目而又有胆略的人，去火烧中原公司。当时乌兰年纪小，不容易被特务察觉，几经研究，在王森的推荐下，组织决定由乌兰来承担这个任务。

行动前，王森交给乌兰一个肥皂盒，并告诉她使用方法，即肥皂盒倒置后，里面的炸弹会在 5 个小时内爆炸。王森特别嘱咐道：万一你没有走出商场便爆炸，千万不能承认。在国难当头之时，乌兰明白一个浅显的道理，如果没有人去牺牲，会有更多的人牺牲，没有人去流血，子子孙孙都将流血。她毅然接下了这个重任，只身前往中原公司。

乌兰把肥皂盒大小的定时炸弹放在口袋里，中午吃过饭，走到中原公司的一个柜台前，假装挑选货物，并寻找到一个不易让人发现的角落，迅速把炸弹放置好，匆匆地离开了商场。临近傍晚，炸弹准时爆炸。中原公司门口聚集了许多同胞，看着楼里燃烧的烈火和敌人惊慌失措的样子，很多人心里暗自高兴。乌兰也因人小胆大、有勇有谋，顺利完成了任务，获得了组织的嘉奖。此后，乌兰又在地下党组织的指导下，参与多次爆破活动，炸过桥梁、铁路，还炸过日本装载军用物资的船只。1938年8月，按照组织要求，乌兰从天津登上怡和洋行轮船离开天津，绕道前往延安。

1937年至1940年间，中原公司接连遭受多次"水火之灾"。除乌兰火烧中原公司外，1939年天津发大水，总部大楼及分店均遭受严重损失；1939年冬，北京分店因火灾全部货品化为灰烬；1940年夏，天津抗日杀奸团在天津总部玩具柜台放火，烧着易燃商品，火势直窜楼上，一至六楼设施、商品全被焚毁，损失惨重。

大光明影院旧址

位于和平区曲阜道 1 号

◎ 大光明影院外观

» 建筑历史与风貌

大光明影院建成于 1929 年，初名"蚨蝶电影院"。影院共有 900 多个座席，是当时天津设备最好、放映厅规模最大的电影院。1935 年更名"大光明影院"并进行改建。大光明影院是中国第一个签约美国米高梅影片公司的影院，当时与世界各地同步上映米高梅影片公司拍摄的西方故事片。1941 年，由日商华北影片公司强行接管。由于票价昂贵，观众多是居住在租界里的外国人和达官贵人，影院也因这些身份特殊的座上宾成为近现代天津许多重大历史事件的见证者。1954 年 11 月改为国营。

大光明影院由英籍印度人泰莱棣投资兴建，英商永固工程司设计。建筑采用 4 层混合结构，观众厅为阶梯式，呈弧形，平面布局充分考虑了功能需要。外檐带有水泥抹灰线条装饰，设附壁柱。檐部出挑，由牛腿支撑，檐下设齿饰及云纹抹灰装饰。现为尚未核定公布为文物保护单位的不可移动文物、重点保护等级历史风貌建筑。

» 红色往事

"抗团"的"得意之作"——刺杀汉奸程锡庚

抗日杀奸团（简称抗团）是 1937 年冬由天津爱国学生自发建立的秘密抗日锄奸组织，后发展成为活跃于华北的著名抗日团体，其成员多是耀华中学、南开中学、汇文中学等十几所学校的学生，许多团员家境殷实、出身名门望族。为鼓舞士气、加强纪律，抗团制定了团训，即："抗日杀奸，复仇雪耻，同心一德，克敌致果"；新团员加入时要秘密宣誓，誓词是：誓以至诚参加抗日杀奸团，服从指挥，积极工作，保守秘密，如有违犯，愿受最严厉的制裁。

平津沦陷后，抗团曾经在北平和天津多次展开以爆炸、暗杀为主要方式的抗日锄奸行动，沉重地打击了汉奸、卖国贼的嚣张气焰，极大地鼓舞了天津人民的抗日勇气和信心，其中刺杀程锡庚案轰动全国。

程锡庚曾任北洋政府财政总长，天津沦陷后，甘当汉奸，先后担任华北联合准备银行天津支行经理、天津海关监督，在华北地区推行伪"联银券"，

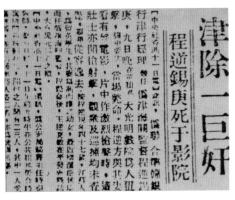

◎ 1939年4月12日《大公报（重庆版）》对程锡庚被刺事件进行了报道

对拒不接受的爱国实业家、金融界人士进行疯狂镇压，气焰嚣张。程锡庚的汉奸行为引起各界爱国人士的极大愤恨，抗团青年决定为民除害。团员们经过侦察，掌握了程锡庚的基本情况：50多岁，秃顶、戴金丝眼镜，汽车号牌是"1657"，爱好看电影，有个女儿在耀华中学读书。但由于找不到本人照片，一直不清楚其外貌。程锡庚住在英租界小洋楼里，四周围墙很高，门口有英国工部局巡捕警卫，环境开阔，行人很少，不宜隐蔽，难以实施刺杀。正在大家苦想对策之时，程家门口值班的巡捕换成了抗团成员，这名巡捕提出：程锡庚爱看电影，不如到电影院去动手。

1939年4月9日，抗团总务干事袁汉俊（南开中学学生）和孙惠书（耀华中学学生）、冯健美（耀华中学学生）到技术干事祝宗樑（南开中学学生）家小聚。下午5点多钟，几个人商量一起到几家大电影院门前转转，看看有没有程锡庚的汽车，结果意外地在大光明电影院外面发现了程锡庚的汽车。于是，团员们决定立即行动。

袁汉俊把朋友刘友深（工商附中学生）叫来协助行动，祝宗樑取来4支左轮手枪和炸炮。几个人分工行动，男生持枪，祝宗樑、袁汉俊各一把，刘友深两把，负责上楼刺杀；孙惠书、冯健美两个女生每人带上两个炸炮在楼下，楼上得手后踩响炸炮，制造混乱，掩护撤退。几个人趁中场休息之时，持票进入电影院分头寻找程锡庚，但因灯光昏暗无法确定。于是，祝宗樑灵机一动，让放映员打出幻灯，上写"程经理外找"几个字。程锡庚起身时负责盯梢的刘友深立即锁定了他的位置。

晚上7点30分左右，祝宗樑悄悄来到程锡庚座位的正后方，在离程锡庚只有1 m多远的空位子坐下，假装看电影。突然，祝宗樑抽出手枪，对准前排程锡庚的脑袋连开4枪。一时间影院内大乱，祝宗樑趁乱混入人群，向门口撤退。刚到楼梯口，被一名外国人猛然从身后抱住，祝宗樑未转身，回手即是两枪，老外中枪倒地。往前没走几步，又被一外国人抱住。祝宗樑手枪内没有子弹了，双方扭打着滚下楼梯。危急时刻，袁汉俊等人赶过来，用枪顶住老外开了一枪，祝宗樑乘势逃脱。

第二天，《庸报》第一版刊登程锡庚遇刺身亡的消息。祝宗樑等人照常去学校上课，语文老师没有讲新课，而是绘声绘色地把报纸上的刺杀程锡庚的消息讲给学生们听，老师根本不会想到"刺客"正是课堂上自己的学生。

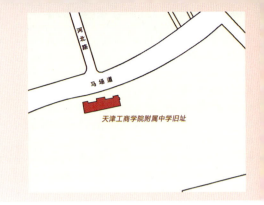

天津工商学院附属中学旧址

位于河西区马场道 117—119 号（今天津外国语大学内）

◎天津工商学院附属中学旧址外观

» 建筑历史与风貌

天津工商学院附中创立于 1930 年，初为 1923 年设立的天津工商大学预科，是法国天主教耶稣会创办的私立学校，1948 年更名津沽大学附属中学（以下简称"附中"）。学校坚守宗教色彩，对学生严密控制，师资水平和教学质量较高，有一套完整的规章制度，限制学生参与政治活动。1952年 12 月由天津市人民政府接管，改为天津师范学院男附中。1954 年夏迁至今平山道校址，

◎主入口

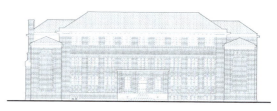

◎正立面测绘图

1981 年更名为天津实验中学，原址并入天津外国语大学。

天津工商学院附中旧址建于 20 世纪 20 年代。建筑采用 3 层混合结构，主入口设砖砌拱券，外檐为硫缸砖清水墙，多坡屋顶，筒瓦屋面，檐部出挑，二、三层窗间饰有砖雕图案。立面采用横纵三段构图，庄重简洁。现为天津市文物保护单位、重点保护等级历史风貌建筑。

» 红色往事

正义之声，挑战高压管制

在抗日战争和解放战争时期，尽管校方管控严格，但面对民族危亡，附中广大师生为反抗日本帝国主义奴役和国民党反动统治，在地下党领导下开展了一系列斗争，先后有 20 余名青年前往根据地和解放区参加革命。

1938 年，中华民族解放先锋队队员赵恩沐考入附中高中部，不久便成为校内第一名共产党员。此后他在校内一面积极慎重地发展民先队员，一面带

头组织读书会，先后吸收了 10 多名同学参加读书会。当时，读书会主要任务之一是复习好功课，因为只有功课好，才能在同学中享有威信，站住脚跟，便于开展工作。赵恩沐通过组织大家阅读《大众哲学》《西行漫记》《中国的西北角》等进步书籍，提高会员觉悟，培养一些外围组织骨干。赵恩沐离津后，党组织又陆续派一些党员进入学校，继续组织读书会活动，在阅读进步文艺作品的同时开始读一些《新民主主义论》《大众哲学》等社会科学书籍，进一步提高成员思想觉悟水平和对马列主义和中国共产党的了解。

为阻止学生参加政治活动，学校通过频繁的考试占去学生大部分时间和精力。当时附中学生周有周考，月有月考，还有期中和期末考，考得学生晕头转向。其中最使学生头疼的是"星期考"，即每周一第一堂课的考试，预先不通知考试科目，使学生整个星期天都不得休息。考试制度非常严格，动辄就是记过、打零分。一门不及格者降班，操行不及格开除。当时学生的口头禅就是"工商附中三宗宝：记过、得零、星期考"。

面对过于频繁的考试，学生们以各种方式进行抵制。进步学生陈振寰曾在作文课上即席写了一篇《一幕哑剧的观后感》。他以犀利的文笔，揭露和讽刺考场上监考的神甫和修士故意与学生为敌的种种做法，给学校当局当头一棒。文章最后指出："今日的教育失败了！破产了！要为今日的教育而痛哭！要为今日的教育者而痛哭！要为今日的第二代国民而痛哭！"陈振寰的文章，受到语文老师朱星元很高的评价，被同学们广泛传阅，产生强烈影响。

抗日战争结束后不久，在地下党员的组织和发动下，附中学生先后加入全市性的反"甄审"、反内战、敬师助学等爱国学生运动。1945 年 12 月，正当天津各校反"甄审"运动轰轰烈烈展开之时，昆明发生了大批国民党特务和军人围攻西南联大等学校，毒打师生，并向学生队伍投掷手榴弹，致数十名师生死伤的"一二·一"昆明惨案。1946 年 1 月 25 日，天津学联以"反内战、争和平、声援'一二·一'昆明惨案中受害学生，实现民主联合政府"为口号，组织全市性大游行，1.2 万名师生和普通市民参加游行，500 余名附中学生参加。在敬师助学运动中，附中学生发挥教会学校优势、广泛动员各方关系，积极为处于饥寒交迫的困难教师募集钱物。

1947年5月，附中第一个党支部正式成立，学生刘增祚任支部书记。不久，南京、天津两地同时发生国民党特务殴打学生的流血事件，即"五二〇"惨案。在刘增祚的组织领导下，附中学生积极开展罢课声援活动，不久，包括刘增祚在内的多名地下党员即被校方开除，支部不复存在。

此后，留校地下党员和进步学生改变斗争方式，通过交朋友、搞读书会、开展文娱体育活动等方式，广泛联系群众，发展进步力量，并在此基础上组建了党的外围组织——民主青年联合会（简称"民青"）。1948年底，在"民青"基础上，校内再次建立了党支部。

1948年12月，天津解放前夕，按照上级党组织要求，附中党支部成员组织进步学生清点学校财产、制作师生名册，并成立纠察队保护学校，还把解放军颁发的《约法八章》、新华社《新年献辞》刻印出来，冒着危险秘密寄送给教师和学校当局。大学部（即津沽大学）校长、天主教中国神甫刘乃仁，在地下党的耐心说服工作后，公开表示"坚决留津"。

1949年天津解放后不久，附中校内发生了轰动全国的盖斯杰事件。当年8月，北疆博物院院长、天主教神甫盖斯杰无理囚禁工商附中学生，并威胁恐吓前来解救学生的教务主任，引起师生极大愤怒。"民青"支部代理书记、校务委员会常委、学生会主席陈德仁组织校委会讨论并决定向市人民法院起诉。经市人民法院受理、调查、开庭审讯，最终以判决盖斯杰7天劳役胜利结束。案件的处理结果生动而深刻地向全校师生表明了站立起来的中国人民不再忍受外国人的欺辱。

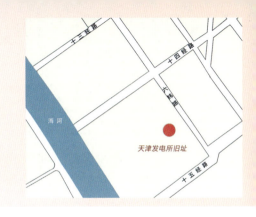

天津发电所旧址

位于河东区大王庄六纬路 70 号

◎ 天津发电所历史照片

天津发电所是由日本南满株式会社和国民党天津市政府合办的天津电业股份有限公司兴建的电力公司。1936 年 8 月，天津电业股份有限公司成立，天津市政府斥巨资入股。1936 年 11 月

◎ 汽机厂房及办公楼内部

动工，1938 年 3 月竣工发电，总装机容量为 3 万千瓦，是当时华北地区最大的电厂。天津解放后，先后更名第一热电厂、天津第一发电厂，2003 年正式划归中国国电集团公司，2011 年 11 月全部关停并转。

中华人民共和国成立以来，电厂经过数次改扩建，生产能力不断增强，主要担负向京津唐地区供电和向市内河东、和平、河西、河北等区部分地段的供热任务，曾经是京津唐电网的主力电厂之一，被誉为天津电业摇篮。

» 红色往事

从怠工斗争到护厂斗争

全面抗战后期，党组织派驻在大直沽的地下党员李风林进入该厂，与工人秘密接触，启发工人觉悟。尽管由于日本侵略者对电厂控制极严，地下党员未能长期站住脚，也未能广泛深入地开展工作，但地下党员的活动对工人的思想觉悟还是有一定影响的。电厂工人们开始以各种方式同敌人开展机智顽强、不屈不挠的斗争。

发电所的修配厂是工人们的秘密活动地，每当中午日本监工回家吃饭，工人们便纷纷聚集在此，放哨的放哨，加工的加工，把能卖的铁棍、铜板裁割成小块携带出厂。工人们的方法五花八门，"大的剁，整的拆，怀里带，腰里揣，七零八碎装面袋（每月发粮食时装在面袋里集中带出厂）。"这样不仅或多或少地补贴了工人的生活，而且破坏了电厂的生产，甚至有些物资还会通过

秘密交通线转运到根据地兵工厂，支援根据地的建设。

从 1944 年春季开始，电厂工人开始了有组织、有计划的怠工活动。怠工斗争之始，日本厂长桥本非常不屑，但当中班工人迟迟不来接班，白班工人威胁离厂后，桥本有点儿慌神，立即与宪兵队联系，并派汉奸骑车去寻找未接班的工人。面对厂内工人提出的先发面粉再开工的要求，桥本又气又急，因为如果立刻开除怠工工人，自己是无法在短时间内找到大批技术工人的，于是只好用汽车拉来面粉，发给在班工人每人一袋。各班次怠工工友得到了消息后，遂向厂方提出每人发一袋面才来上班，为了不影响电厂运转，桥本只得答应。此后为了防止再出事端，厂方给电厂工人每月增加了半袋面粉，一场集体怠工斗争终于取得了胜利。这次斗争的胜利使工人们领悟到了一个道理：团结就是力量。此后，工人们的心更齐了，胆更壮了，斗争更广泛地开展起来。

解放战争时期，国民党当局对发电厂工人控制相当严厉，直至天津解放前夕，党组织才重新打入工厂。一方面，通过秘密关系让该厂工程师、地下党员金克刚做厂长和技术人员的工作，争取为保卫和接管电厂贡献一己之力，另一方面由地下党员、材料股记账员国经文在电厂工人中宣传共产党和解放军的政策，启发工人觉悟，培养发展党的骨干力量。

1948 年秋天，党组织向国经文布置了 4 项具体工作。一是给电厂内负责人发信，约法三章，要求他们保护工厂安全；二是封仓库，保护物资；三是瓦解驻厂警察；四是组织工人护厂队。国经文接受任务后，与党员在进步工人中秘密串联，积极开展活动。通过给重要岗位上的工人写信，宣传党的政策。天津战役前夕，国经文把冀中军区关于保护工厂安全及对国民党人员政策的宣传品压在厂长办公桌上，并把厂里唯一的仓库锁上并贴上封条，顺利完成了党交给的重要任务。

1949 年元旦过后，地下党在电厂附近活动十分频繁，电厂四周不时腾起彩色信号弹，目的是为解放军指示炮击位置，并为保护电厂提供坐标。1 月 14日，解放军向天津市区发起总攻，为了保护机器设备和工人的安全，电厂值班工程师指挥工人们立即停电，大家全部隐蔽到安全地带。次日清晨，解放军攻城部队进攻至电厂附近，国经文和工友爬到吸风机楼上，在电厂的最高处摇晃起白旗，向攻城部队示意电厂已没有国民党武装。下午4点，军管会派代表接管电厂，同时宣布全体员工即日起照常上班、电厂照常输送电、职工一律原职原薪，不准擅离职守等政策。自此，全厂职工以饱满的热情开始工作，抢修机器、设备，迅速恢复了电厂发供电等各项工作。

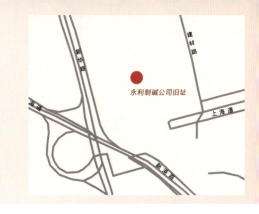

永利制碱公司旧址

位于滨海新区新华路 87 号

◎ 永利碱厂科学厅旧址外观

» 建筑历史与风貌

永利制碱公司（以下简称"永利碱厂"）筹建于 1918 年 11 月，1924 年 8 月正式投产，是中国创建最早的制碱厂，奠定了中国近代化学工业的基础。公司建立初期，由于产品质量差，设备损坏等原因停工。至 1926 年 6 月，在总工程师侯德榜等一大批爱国知识分子的不懈努力下，工厂重新开工，终于生产出优质纯碱产品，定名"红三角"，自此中国有了自己的制碱企业。当年，"红三角"牌纯碱即在美国费城举办的万国博览会上获最高荣誉金质奖章，为民族工业争得了荣誉。全面抗战时期，公司总部迁至香港，大批工人技术骨干撤往四川。在津工厂由日本三菱公司接收。

1955 年 1 月 1 日，永利碱厂与久大精盐公司合并，定名为"公私合营永利久大化学工业公司沽厂"，后又更名"化学工业部天津碱厂""天津渤化永利碱业有限公司"。

永利制碱公司旧址现存代表性建筑为白灰窑和科学厅，占地 3 300 m^2。白灰窑位于碱厂正门东侧 500 m 处，是大型露天生产设备，保存完好。科学厅位于正门南侧 150 m 处，坐南朝北，单层建筑，双坡反水屋顶，灰色窑口砖墙，保存完好。现为尚未核定公布为文物保护单位的不可移动文物。

» 红色往事

斗智斗勇的弄碱斗争

全面抗战时期，为反对日本侵略者的殖民统治，永利碱厂工人开展了轰轰烈烈的怠工斗争和弄碱斗争。当时，厂内中国工人要忍受日本人的残酷剥削和压榨，根本无法养活一家老小。

◎ 永利碱厂历史照片

由于上工时间极为严格，上班要打卡，中午不准出厂吃饭，上下班要搜身检查。工人们就自发在上工时与敌人捉迷藏，设法怠工，为的是养点精神，下班之后再找一点生计。日本人监视越严，工人反抗情绪越大，工人们的消极怠工转向破坏生产的弄碱斗争。

弄碱是指当时工人们为补贴家用、破坏生产把厂内碱面设法偷偷带出厂外卖的自发斗争活动，工人们风趣地称之为"上货"或"弄碱"。起初工人们将碱面装在鸭舌帽的帽檐里、腰带里或者饭盒的夹层里带到厂外，但随着"弄碱"的人越来越多，引起了日本人的注意，遂加强门口的搜查，工人们针锋相对也改变了"弄碱"和出厂的办法。工人们通常夜间"弄碱"，有的用细长布袋装碱，放在自行车内外胎之间，打上一点气骑着走；有的从自行车鞍子下把碱灌入车架子；管理检修的工人利用干燥时检修之机，把碱装进烧焊用的乙炔罐内，又利用出厂干活的机会，在日本人的眼皮底下把罐子带出厂外。当时防空警报很多，笛声一响，日本人都钻进洞里去隐蔽，工人们便趁机将准备好的碱运出厂外。

1942 年底，中共永利党小组建立，地下党员按照党的隐蔽策略，没有直接领导工运，而是在"弄碱"斗争中因势利导，以普通工人的身份与工人一起想办法实现破坏敌人，保护工人，改善工人生活的目的。当时，全厂上下中国工人、职员和警备人员几乎全部参与到弄碱斗争中，只瞒着日本人。由于大家团结一致，配合巧妙，虽然参加斗争的人数多，但始终没有暴露，斗争一直坚持到抗战胜利。积极分子杨廷焕、贾振华等人为帮工人多带一些碱出厂，与门警交上了朋友，门警都是受苦人出身，他们很快商定了一套办法：工人"弄碱"出厂时集中活动，先有人打头探路，如果门警把枪立在地上就是安全信号，如果把枪端在手里就是危险信号。自从打通了门警后，工人们开始用雨披、夹层裤等方法，每次能带一二十斤，多者三四十斤，而且比较安全，对改善工人生活起了不小作用。

永利碱厂的碱"不翼而飞"，丢得太多了，日本人遂在厂门口进一步加强了门岗，由日本人亲自搜身检查。为了打通日本门警，杨廷焕又利用看门日本人爱贪小便宜的特点，常买些炒花生、烤白薯等食物送给他们，并设法把他们引开岗位，趁机把已"上货"的工人放出去。

为了将整袋成批的碱运出厂外，碱厂工人们不但联合本厂的警备、门岗和直接产碱部门的工人，还将碱厂附近盐滩的盐警和进厂运货的火车司机争取过来，共同对付日本人。由于每天运出的袋碱和司筹工人所发的筹数必须与进库的碱数一致，司筹工高大爷想出一个办法，即伺机少发筹，由警备帮助让没拿筹的扛碱工人不进库门直接扛出厂外，已拿筹的照样扛入库内，这样既可运出一批碱，又使筹数和碱数对得上。有时由工人与进厂运煤、运石的火车司机联系好，把成批的碱装进空车厢运出厂外，一次就能运出若干吨；有时工人与运盐工联系好，将碱装上运盐槽子从水上运出去，再通过地下交通线运至根据地；有时工人把整袋的碱直接卖给附近盐警；有时工人将碱辗转运往全国各地，支援抗日战争。

弄碱斗争使日本人控制的碱厂由日产 135 吨纯碱下降到 70 余吨左右，而这 70 余吨又被工人弄走 20 多吨，不仅沉重打击了日本侵略者，支援了抗日战争，而且使绝大多数工人的生活得到一定程度的改善，充分显示了在党指引下工人阶级团结起来勇斗日本侵略者的巨大力量。

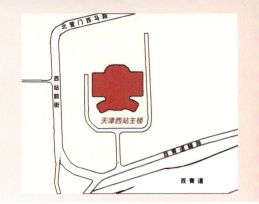

天津西站主楼

位于红桥区大丰路与西青道的交汇处

◎ 天津西站主楼外观

» 建筑历史与风貌

天津西站是津浦铁路的北起点。1908 年，清政府与英、德两国签订借款合同，修建津浦铁路（天津至南京浦口）。车站始建于 1909 年 8 月，1910 年 12 月开始运营，成为最早联结中国南北铁路干线的车站。天津

◎正在平移的天津西站主站楼

也由此形成东、北、西三大站鼎足而立的格局，成为北方最重要的铁路枢纽城市。

该建筑为二层楼房，带半地下室，坐北朝南，建筑面积 1 900 m²。正立面中部前突，呈凸字形。正门立面间置四根圆形立柱，两侧阶梯走道，瓶式护栏。楼内门厅与圆形候车大厅相连。楼体为木结构建筑，墙体以红砖砌筑，长方形窗，上口有人字或连弧线脚花饰。大坡顶，舌形瓦。中部正方筑方形二层"塔楼"，设老虎窗。外檐墙面为清水砖墙，窗套、立柱、花饰及入口台阶均为石材。其设计图纸和建筑材料都来自德国，是全国铁路枢纽站中修建最早、保留最完整、规模最大的哥特式建筑，具有折中主义建筑特征。

天津西站主楼是在原址基础上向南平移 135 m，然后向东平移 40 m 至新址位置，并整体抬升 2.5 m。现为全国重点文物保护单位、重点保护等级历史风貌建筑。

天津西站的百年老站房曾见证了许多重要历史场景。1935 年 12 月，北平"一二·九"运动爆发后，天津的学生满腔热忱地在天津西站广场前举行集会和游行，要求"停止内战、一致抗日"。不久，天津各校师生组成了南下扩大宣传团，从天津西站乘火车到农村深入发动群众，促进了抗日救亡运动深入发展。1937 年 7 月 27 日，平津守军与日本侵略军在天津西站地区进行了激烈的枪战。抗战胜利之时，八路军收复天津的部队在西站遭到日军、伪军和伪警察部队的激烈抵抗和阻挠。

八路军受降遭遇日伪激烈抵抗

1945 年 8 月 9 日，毛泽东发表《对日寇的最后一战》的声明。10 日，中共中央发出《关于苏联参战后准备进占城市及交通要道的指示》。11 日，八路军总部朱德总司令向全军下达反攻命令，并准备接受日伪投降。中共冀中区党委、冀中军区命令所属部队迅速前进，准备解放天津。13 日，冀中区党委发出《关于目前时局与任务的紧急指示》，要求各地委迅速集中各种力量，夺取城市（平、津、保、石），控制交通要道，取得最后胜利。

事实上，日本宣布无条件投降前夕，天津已经处于冀中、冀东、渤海 3 个党领导下的敌后抗日根据地的团团包围之中，因此，收复天津和解除这里的日本军队武装，理所当然应该由八路军负责。但抗战胜利前后，作为当时北方经济中心、全国第二大城市的天津必然是蒋介石抢占的首要目标之一。因此，蒋介石一面下令，中共领导的八路军、新四军"就地驻防待命"，一面命令日、伪军队在原地区"切实维持治安""不要向八路军投降缴械"。从而导致八路军准备收复天津和解除日、伪武装的正义行动，遭到已经宣布投降的驻津日军和伪军的激烈抵抗。

当时，遵照八路军总部命令，冀中军区部队向天津近郊、北宁铁路和津浦铁路沿线迅速挺进，相继攻克杨柳青、杨村和北仓等地。8 月 19 日，上级命令驻扎在杨柳青附近的 38 团为第一梯队接管天津。团部立即召开连以上干部紧急会议，传达了军分区命令。因当时无天津市区地图，未确定各连具体接管单位，只能确定各连前进方向，待进城与地下党接头后，根据情况发展再定。

8 月 19 日当夜，部队攻占天津西站，切断了北宁铁路平津段，俘虏伪军 30 余人，日军 40 余名，缴获步枪 40 余支，一连伤亡 20 余人。占领西站后，团部即移至西站内，各连战况随时来此报到。这时天津市内枪声四起，敌人主力转向西站方向。炮弹不断向西站袭来，电台向军分区联系报告情况，但分区机关在行军途中始终无法联络。随着日本装甲车分 3 路向八路军包围而来，情况更加紧急，38 团遂写出书面报告，派侦察排长亲自送往军分区，在敌人密集的炮火下，我部队仍坚守西站待命。

中午 12 点左右，日军后续部队到达西站附近，团领导决定部队后撤，向团指挥所位置靠拢，这时河道的浮桥已被炸毁，鉴于敌众我寡，再坚持下去，损失更大，部队遂分两路，分别向津南和曹庄撤退，集合地点为双口镇。至第三天两路部队才汇合起来。经过清点，八路军伤亡 100 余人。

八路军武力接收天津虽然受阻，未能进入市区收复天津，但一度占领了天津西站，新华社当时曾进行广播报道，对敌人震动很大。

赵天麟旧居

位于成都道73号（原昭明里2号）

◎ 赵天麟旧居外观

» 建筑历史与风貌

赵天麟旧居为三层砖木结构独立式住宅，局部四层，外檐为红砖清水墙，局部混水。建筑立面通过运用高大的外檐窗、砖砌竖向线条等简洁的手法，强调了竖向构图，使建筑更加挺拔，具有装饰艺术风格特征。现为尚未核定公布为文物保护单位的不可移动文物，一般保护等级历史风貌建筑、天津市第一批革命文物。

赵天麟（1886—1938），字君达，革命烈士，天津市人，著名爱国教育家。赵天麟中学毕业于天津官立中学堂，后考入北洋大学法律系，是北洋大学首批公派赴美留学生，获美国哈佛大学博士学位。回国后在北洋大学任教，1914年被任命为校长，1934年，出任耀华中学校长。赵天麟在教育界享有很高的威望，任北洋大学校长期间，提出以"实事求是"作为校训，并身体力行，脚踏实地改善办学条件，进行了多方面的调整和建设，为北洋大学（今天津大学）的发展奠定了良好基础。主持耀华中学工作后，以"勤、朴、忠、诚"为校训，严选师资，德智体并重，取得斐然成绩。1938

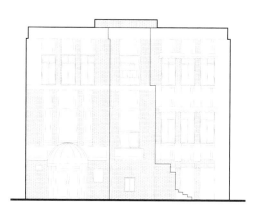

◎赵天麟故居正立面测绘图

年6月27日被日宪兵队暗杀团特务暗杀。1992年2月24日，经民政部批准，追认赵天麟为革命烈士。

» 红色往事

永不当亡国奴，爱国抗日到底

全面抗战爆发后，时任耀华中学校长的赵天麟对日军轰炸南开校舍，强征校舍为日本兵营、在天津实施残暴殖民统治等恶举非常气愤，决心为抵抗日本的殖民统治而斗争到底。

天津沦陷后，由于日本占领军无法进入英法租界，租界区基本能够维持原有社会秩序。1937年12月12日，赵天麟邀请租界区教育界50多名校长和教师举行秘密会议，在会上做慷慨激昂的爱国演说，要求大家"不应坐视倭奴以我华人当犬马，永不当亡国奴，爱国抗日到底！"在其倡议下，会议通过了3项决议：一是继续使用原有教科书，绝不更改原教科书中抗日救国的内容；二是各校一律不购买日货；三是从即日起，各校对学生增加军训1个小时，随时准备参加抗日战争。

当时东北和北平等大批爱国流亡学生撤入租界区，为解决爱国青年失学问题，赵天麟在耀华中学开设了两个特班，招收了千余名失学青年入校就读，并招聘南开中学大批爱国教师到耀华中学任教，很多民先队员、地下党员随"特班"招生进入耀华中学。加之姚依林领导下的中共天津市委就在耀华中学对面，因此学校成为党开展抗日救国斗争的一个重要据点。

对于日本人干涉耀华校务的企图，赵天麟给予坚决抵制。一日，以日本宪兵队军人酒井为首的一些日本人前往学校参观，赵天麟以须与英国总领事联系解决为由拒绝，一行人在校门口等待4个多小时，才接到英国总领事的回复：等日本总领事来，再由英国总领事陪同参观。此后，英租界工部局通知赵天麟日伪教育局拟派人来校视察，要其接待，当"视察"人员来时，一行人中竟有身穿军服的日本宪兵，赵天麟当即坚决拒绝军人入校。赵天麟的抗日义举和民族气节，让日本人恨之入骨，遂生杀机。

当时，日本当局为杀害中国著名的抗日人士，专门组织了暗杀团。1938年初，日本特务机关交给暗杀团一份黑名单，赵天麟名列其中。英租界工部局警务处及时获得情报，立即通知赵天麟提高警惕。此前，赵天麟及夫人已多次受到敌人的恐吓信。由于赵天麟的社会地位很高，英租界工部局也采取了一些保护措施，如为赵天麟提供了警卫，配备专用汽车，以防发生意外。

面对敌人的威胁恐吓，赵天麟始终不为所动，但对残酷的形势也有所准备。他给家人留下遗嘱，并安排了后事，并拒绝所有走访聚会活动，只是坚持每天按时上下班。赵天麟的住所与学校相距不远，平时上班均步行，乘车仅为防患。两个月之后，由于没有发生意外，英租界工部局即不再派车接送。日本特务遂找到刺杀的最佳时机。

1938 年 6 月 27 日清晨，赵天麟步行去学校上班，刚出家门突遭两名骑自行车的日本特务枪击，胸部和腰部共中 4 弹，当即牺牲。两个随从和警卫人员立即开枪追捕，凶手当场被擒获，经审问凶手供认皆系日本暗杀团分子。

赵天麟被害激起耀华全体师生的极大悲愤，也引起天津各界极大震动。1938 年 8 月，国民政府以特例给耀华中学电拍了褒奖令，并给予抚恤。1948 年，在其牺牲 10 周年之际，耀华中学将校图书馆定名为"君达堂"以示纪念。

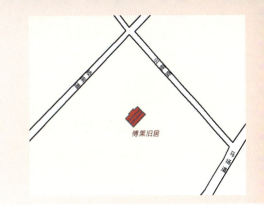

傅莱旧居

位于和平区云南路 48 号

◎ 傅莱旧居外观

» 建筑历史与风貌

傅莱旧居建于20世纪20年代，二层砖木结构楼房，坡屋顶，上有老虎窗，外檐为红砖墙面。

理查德·傅莱（1920—2004），奥地利犹太人，国际共产主义战士，被称为"活着的白求恩"，是所有中共外籍党员中党龄最长的老党员。1937年参加奥地利共产党。1938年底，为逃避纳粹追捕，离开维也纳前往中国上海。1939年3月，为寻找八路军，北上抵津，先后在天津多家医院任职。1941年12月，在中共北平地下党组织的秘密护送下，奔赴晋察冀根据地，从此开始了在中国的革命生涯。1944年10月，经聂荣臻介绍，中共中央组织部批准，加入了中国共产党。傅莱先后担任白求恩学校、延安中国医科大学教员，华北军区卫生部顾问等职。中华人民共和国成立后他在重庆、北京担任卫生部门领导和顾问。

» 红色往事

历经艰辛，苦寻革命根据地

1938年底，在上海的傅莱没有找到奥共组织，在获知北方八路军在天津抗日的消息后，于1939年3月毅然北上来到天津。在当时的革命形势下，一名外国人在一个陌生的国家、一座陌生的城市，寻找党组织很难。

◎ 1939年，傅莱（中）与天津马大夫医院的同事合影

傅莱在天津工作、生活了3年，他的医学知识帮助他首先解决了生存问题。他先在一家奥地利医生开办的德美医院从事化验工作，但他的专业是放射和诊疗。由于专业不对口，加上当年天津洪水，傅莱患上伤寒症，于是在此工作不到半年，病愈后又转战北平美国长老会办的道济医院、邢台教会医院工作。1940年前后在西开天主教医院工作，不

到一年又转往天津最大、最著名的马大夫医院工作。至此，他在天津医学界完全站住了脚，工作稳定，生活安逸。他在马大夫医院工作时间超过一年，主要从事 X 光拍照和实验工作。

在辗转各医院期间，傅莱听说河北昌黎山区冀东八路军活跃，1941 年夏，便只身前往北戴河、昌黎及附近铁路北面的山区找寻冀东八路军，但由于遭到日军阻拦无果。在从北戴河去天津的途中，他结识了在保定基督教青年会任职的美国进步人士、保定教会中学校长、美国牧师胡本德。

得知胡本德与北平地下党组织有联系，傅莱向他表达了自己想加入中国共产党的愿望，希望胡本德能帮助他。回到天津后在胡本德的帮助下，傅莱才转到天津马大夫医院。胡本德向当时负责华北地区敌占城市工作的晋察冀城工部委员刘仁领导的北平地下党介绍了傅莱的情况，转达了其急切加入党组织和八路军、抗击日本法西斯的请求。考虑到当时根据地急需要医务人员，晋察冀边区司令员聂荣臻亲自批准了傅莱的请求。

在天津等待党组织接应之时，考虑到他的医生身份，党组织让其利用在医院工作的条件，为晋察冀抗日根据地和平西抗日根据地采购和运送部队急需的药品。傅莱利用他外籍人士的身份和行医的便利，在日军的严密监控下，冒着生命危险，为抗日根据地秘密采购药品、策划运输路线。1940 年 8 月，八路军发动百团大战，战况异常激烈，伤员不断增加，急需大量医药物资。日军为了防止药品进入平西抗日根据地，加紧了对天津外运物资的检查和封锁。傅莱以往的运输渠道已被日军切断，在此严峻的形势下，得知一名德国商人要把一批化妆品运到北平，傅莱急中生智，很快与那个德商取得联系，称自己也有一批物资要运到北平，希望能与他们的物资同行。获得同意后，傅莱和他的两个助手对药品进行了严密的包装，并通知中共北平地下党组织派人接站。由于日本与德国同属轴心国，因此日军对这批物资没有严格检查。就这样，在傅莱的安排下，药品顺利通过道道关卡，安全地运抵平西抗日根据地，有力地支援了百团大战。为此，傅莱受到晋察冀军区司令员聂荣臻的高度赞扬。

一日，傅莱正在天津马大夫医院化验室工作，突然一位戴着墨镜的陌生年轻人推门进来了，来人小声问道：您是奥地利来的理查德·石泰因吗？傅莱本能地用英语答到"是的"。来人说"我叫黄浩，专程从北平来找您，晋察冀革命根据地的聂荣臻司令员让我给你带来口信，欢迎来晋察冀边区搞医务工作。"听到这个消息，他激动得热泪盈眶，紧紧握住这位朝思暮想的革命同志的双手，久久说不出话来。从1939年1月15日抵达上海，到1941年12月中旬前往晋察冀边区，傅莱用了近3年的时间寻找中国共产党组织。此刻，终于和组织接上头，他心中有说不出的喜悦，正如他在回忆中写到的"就像流浪的孩子找到了自己的母亲"。

接下来的几个月内，党组织多次秘密组织交通站安排护送他去抗日根据地都未能成行。直至1941年底，经过多次接头、几经辗转、翻山越岭，傅莱才最终到达晋察冀根据地，并受到了聂荣臻司令员的热烈欢迎。从此在这片热土上开始了他崭新的革命生活。在前往根据地途中，傅莱将随身携带的德国护照交给了护送人员，托其回天津后退给德国在天津的领事馆，并附上了一封信，信中痛斥法西斯的罪行，声明不再做德国公民。他将中国作为自己的第二故乡，投身于伟大的革命斗争之中。

抗日战争胜利后，傅莱又带着X光机等医疗设备，参加了解放大同、太原、张家口、石家庄和天津等城市的战役。在解放天津的战役中，傅莱作为华北军区卫生顾问，亲临前线组织伤员救护工作。为确保伤员能够得到及时救治，他根据天津战役的规模、参战的兵力和特点，及时提出组建多个野战医院的建议。在他的积极努力下，天津周围很快建立起10余个野战医院，同时，他还就手术治疗、药品供应和防敌偷袭等问题进行了周密细致的部署，为顺利解放天津做出了重要贡献。

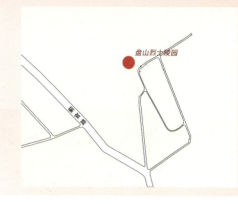

盘山烈士陵园

位于蓟州区盘山南麓

◎ 盘山烈士陵园纪念碑

» 建筑历史与风貌

◎盘山烈士陵园入口

盘山烈士陵园建于1957年，是在原静寄山庄的小石城和乐山书室的基址上修筑的，是冀东著名的烈士陵园之一，也是天津市唯一的抗日战争遗址烈士陵园，主要建筑物有烈士纪念碑、烈士墓区、烈士纪念馆和革命传统教育纪念馆。纪念馆内依次悬挂烈士遗像以供瞻仰，并介绍了烈士的生平事迹。

陵园内东角道东侧的石海是昔日的小石城。石海现存五六亩，散落着形态各异的怪石。这里也是闻名的抗日战争时期的战斗遗址。1941年春，八路军十三团一营利用这一天然屏障，抗击数倍日军两天两夜，取得了突围战的胜利。陵园附近还有冀东抗日战士当年在岩石上刻写的标语口号和战场、会场、电台、报社等遗迹。

陵园内安葬着曾经在蓟县和冀东从事抗日工作的53位烈士，其中包括冀东军分区副司令员包森、冀东西部地委书记田野、冀热辽第一专署专员杨大章、蓟县党组织的主要创始人李子光等。

» 红色往事

从一场漂亮歼灭战到一片抗日根据地

盘山地处燕山南麓，属京、津、唐、承交汇地带，进可攻退可守，向来为兵家必争之地。抗战时期，以盘山为中心的冀东地区是日军大后方东北与华北之间的咽喉要冲，在日本侵略者的铁蹄下，盘山遭到了空前浩劫，山上历代修建的古刹名寺均被炸毁或烧光。1940年，八路军冀东军分区副司令员包森率部挺进盘山地区。

当时盘山地区除日伪军队外，还栖居着十几股数百人的土匪。这些人借抗日之名，横行乡间，群众恨之入骨。1940年2月，包森、李子光等带领游击队和一批地方干部，先后抵达盘山。为整肃盘山地区社会秩序，游击队采取瓦解和镇压相结合的办法，对作恶多端、屡教不改的匪首予以剿灭镇压，群众拍手称快，抗日热情空前高涨起来。1940年4月15日，蓟（县）平（谷）密（云）联合县

◎盘山抗日根据地现状俯瞰

政府在盘山成立，这是冀东西部地区第一个抗日民主联合政权，标志着盘山抗日根据地的初步形成。

盘山根据地的发展壮大，引起了日、伪军的惊恐。从1940年5月起，日寇调集重兵，对盘山根据地进行大规模的军事进攻和围剿，实行惨无人道的杀光、抢光、烧光的"三光"政策。

1940年7月28日，日本关东军驻遵化第一骑兵中队扫荡盘山，这个中队是由74人组成的日本骑兵队，大多是参加过第一次世界大战的"胡子兵"，武器精良，战斗经验丰富。当其从莲花岭闯进白草洼时，与包森、曾克林率领的八路军六总队及军分区12团一部遭遇。当时，部队正在田家峪整训，仅有12条步枪、1挺机枪和35颗手榴弹，每条步枪里只有5发子弹。面对险情，包森临危不惧，采取诱敌深入的战术，命令各部火速占领山头，投入战斗。敌骑兵进入八路军包围圈后，为节省弹药，包森并没有急于进攻，而是命令战士不要抬头，弯着腰往下扔石头，只用2条枪零星开火吓唬日军，以消耗敌人子弹。直至敌人子弹消耗得差不多，被石头砸得人仰马翻后，八路军才开始迎头射击。当敌人发现退路已被我军堵住时，即就地寻找掩体，顽强抵抗，妄图待援或拖至天黑突围。为尽快消灭敌人，包森率部凭有利地形和优势兵力向敌发起猛烈进攻，敌大部被歼，只剩几个人躲进石缝、石洞，继续抵抗。

为避免部队伤亡过重，包森改变策略，令多数人隐蔽后撤，集结于机动位置，准备打击可能来自周边日军的增援；少数人分别包围顽抗之敌，挑选精良射手，封锁敌人火力，掩护突击队员接近敌人，用手榴弹将其歼灭，整个战

斗持续 10 余小时至傍晚胜利结束，全歼日军一个骑兵中队 73 人，仅 1 人外逃，获轻机枪 3 挺，大枪 50 余支，战马 70 余匹。

这一仗被称为白草洼战斗，在冀东西部战场开创了整建制地歼灭日军的光辉战例，打击了日军的骄横气焰。此役过后，日、伪军在半年多的时间里未再侵犯盘山，为根据地的各项建设事业，赢得了发展时间。

此后，在党的领导下，八路军利用盘山优越地理位置、独有的山林沟壑、便于隐蔽的环境，与敌人巧妙周旋，坚持游击战等，巩固发展了盘山抗日根据地。根据地以蓟县为中心辐射周边几个县，是冀热边区重要组成部分，与平西、平北、冀中根据地遥相呼应，成为抗击日本侵略者的重要基地之一，为夺取抗日战争的最后胜利做出了重大贡献。

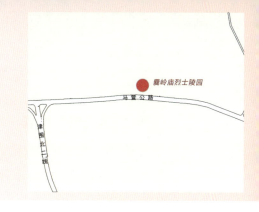

爨岭庙烈士陵园

位于蓟州区下营镇刘庄子村东

◎爨岭庙烈士陵园纪念碑

» 建筑历史与风貌

1957年，为了纪念爨岭庙战斗牺牲的革命烈士，蓟县民政局修建爨岭庙烈士陵园。1980年重修，在陵园内增建烈士遗物陈列室和纪念碑。陈列室内陈列着杨大章烈士学习和使用过的《党员教材》，季安烈士的笔记本和战士们用过的步枪、粮袋、钢笔等革命文物。纪念碑高5 m，为砖石结构，水泥抹面，碑面镌刻着"革命烈士永垂不朽"。现为蓟州区文物保护单位，第一批天津市革命文物。

» 红色往事

1943年7月，蓟遵兴联合县成立后，为整顿地方党组织，加强地方政权建设，1944年5月16日，冀东14专署专员杨大章、八路军十三团副政委廖峰、蓟遵兴联合县县委书记季安，率县委、县政府机关部分干部、各区主要干部和警卫部队共200多人，来到下营镇东8华里的团山子村，准备在这里召开工作会议。由于汉奸告密，17日上午，日伪开始炮击团山子村。

18日凌晨2点，全体与会人员按计划撤离村庄，当队伍走到爨岭庙附近时，天降大雨，队伍无法前进，只好挤进仅有7间房的爨岭庙内避雨。18日拂晓，日伪增兵3 000多人包围爨岭庙。在已处于敌人前后夹击的危急情况下，警卫连长马振林奉命带前卫排和联合县武装部爆炸班，冒着敌人密集枪弹，向西南天草岭北山头猛攻突围。但终因敌众我寡，力量相差悬殊，加上机关干部无作战经验，最后大部分同志壮烈牺牲，其中包括冀东14专署专员杨大章等高级干部。爨岭庙战斗是一场悲壮的战斗，战斗结束当天，抗日军民找到杨大章、季安等烈士遗体33具，埋葬在爨岭庙西南的山坡上。

敌人的反扑，更激起了全县军民的斗志，1944年6月，蓟县西北部以盘山为依托，建立了平（谷）、三（河）、蓟（县）联合县。蓟遵兴、玉蓟宝、平三蓟3个联合县的相继建立，是盘山根据地发展的重要标志。

八路军杨妈妈故居遗址

位于蓟州区盘山后砖瓦窑村内

◎八路军杨妈妈故居现状

◎ 杨妈妈与小八路军战士合影

» 建筑历史与风貌

盘山根据地是敌人历次治安强化运动中重点摧毁的目标。当时敌人围着盘山从塔院到夏各庄，挖了宽深各 5 m 的"防共壕"，壕南是"良民区"，壕北是"匪区"，妄图把抗日人员和八路军封锁在山地，断绝平地和盘山的联系。但盘山人民以顽强的斗争精神和对革命的赤诚同敌人进行了不屈不挠的斗争，在斗争环境最残酷的时候，仍然有十余户居民坚持不下山，留在壕北"无人区"斗争，涌现了许多"堡垒户"。蓟县砖瓦窑村的"杨妈妈"正是盘山人民支援八路军抗日斗争的杰出代表。正如盘山游击队员们所说：我们在盘山打仗靠三多，即石多、洞多、干妈多。

» 红色往事

八路军战士的干妈

杨妈妈本是西小刀剪营村人，年轻时出嫁到了砖瓦窑村，丈夫杨宝生是个老实厚道的庄稼人。夫妻俩风里来雨里去，起早贪黑，精打细算，凑合着过日子。她心地善良，大半生的艰苦生活，磨炼出其坚强、沉着、勇敢的性格。

盘山抗日根据地建立后，杨妈妈多次机智地掩护八路军指战员，精心照顾伤病员，冒着生命危险保存抗日物资，成为著名的抗日"堡垒户"。八路军根据地的领导人包森、李子光、王少奇等人经常在她家开会，许多八路军的伤病员也在她家养过伤。当敌人扫荡搜山时，她背着伤病员藏在山洞里，给伤病员洗衣换药，喂汤喂饭，像对待亲生儿子一样。在缺医少药的情况下，为使伤病员早日恢复健康，她跑遍盘山寻找草药。为掩护八路军脱险，她也曾遭到日伪军的拳打脚踢。

在日伪的治安强化运动期间，杨妈妈家的房子被烧毁，她便以山洞为家，与八路军同甘共苦。在极端艰苦的条件下，她宁可自己吃野菜，也要把仅有的一点粮食留给伤病员吃。一次一个伤病员在喝热乎乎的小米粥时，发现老人家背着他吃野菜团，感动得热泪盈眶。究竟有多少伤病员在她的精心护理下痊愈，多少革命战士在她的掩护下脱险，连她自己也记不清。

◎ 杨妈妈藏匿党的秘密文件的石洞

1942 年，在抗日战争最艰苦的岁月里，杨妈妈把两个儿子送上了前线。1945 年 5 月 26 日，冀热辽十四军分区在平谷县刘家河召开抗日群英表彰大会，授予杨妈妈"八路军母亲"光荣称号，同时奖给她一头小毛驴、一支长枪。1958 年，八旬高龄的杨妈妈双目失明，由蓟县县委、县政府接到县城居住。1961 年，老人去世。

除了杨妈妈，还有联合村的崔老太太冒着生命危险，骑着毛驴穿过封锁线，帮助八路军开展工作。因为给八路军保存物品，被敌人抓住毒打，肋骨被打断了仍不屈服。还有朴老太太、龙老太太，她们多次给八路军送情报，照顾伤员，掩护八路军脱险，为革命做出了重大贡献。

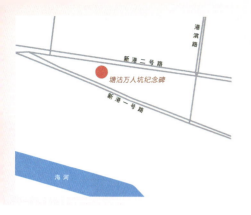

塘沽万人坑纪念碑

位于滨海新区新港一号路与新港二号楼交口东南

◎ 塘沽万人坑纪念碑外观

294

» 建筑历史与风貌

塘沽万人坑纪念碑建于 1992 年，是塘沽区人民政府在原新港劳工营"万人坑"旁树立的一座纪念碑，以表达对惨死中国劳工的悼念，同时警示后人不要忘记这段屈辱的历史。

新港劳工营建于 1943 年冬，是华北较大的劳工转运站之一。抗战后期，日本侵略者为缓解本国兵员和劳动力严重不足的问题，在华北地区抓骗劳工，在塘沽新港 4 号码头仓库建立劳工收容所，收容所被周边群众称为劳工营。日本侵略者将从华北各地抓骗来的劳工集中在此看管，经过照相、验血、检疫和编队之后，分批运往日本国内和中国东北等地。从进入劳工营起，劳工即被强行换上囚衣般的劳工服，再把头发剃掉，只在脑后留下一撮毛，作为劳工的标记。劳工营的伙食极差，霍乱等疾病蔓延。起初，一天之中死几个人，之后死的人太多，日本侵略者即在离劳工营不远处挖了几个大坑，把因病致死或被殴打、被虐待致死甚至奄奄一息的劳工扔进坑中，逐渐形成了"万人坑"。1944 年 6 月，劳工中的地下党员刘建民和范自强发动劳工举行大规模暴动，共有百余名劳工逃出敌人魔掌。

» 红色往事

哪里有压迫，哪里就有无畏的反抗

1944 年初，山东省庆云县板打营区青年救国会干事范自强因叛徒出卖被特务逮捕，并押送到日本宪兵队审讯，在被押往盐山警察局的车上与被捕的地下党员刘建民、王俊峰相遇。通过交谈他们约定，找机会逃出去。在盐山警察局，他们 3 人连同其他中国人被一起装上了闷罐火车，径直送到新港劳工营。

刚进劳工营的两天里，敌人忙着进行检疫、验血、验便，妄图尽快把人运出大沽口，但因船只误期耽搁下来。刘建民、范自强、王俊峰 3 人借此机会观察环境，并向周围的劳工了解情况，弄清这里是押送中国劳工到日本国的转运站，戒备森严。3 人还了解到和他们一起来的 100 多人当中有一部分是解放区的村干部和民兵，一部分是普通老百姓，也有少数被治罪的伪军和地痞。这些人成分各异，但强烈的求生欲是相同的。

刘建民、范自强、王俊峰掌握了这些情况之后，开始秘密研究暴动的方案。刘建民认为：只要先把本屋群众成功地组织发动起来，突然暴动，不但能使自己屋内的100多人逃走，而且还能带动其他屋的人。总之，跟着走的人越多，胜利就越有希望。范自强、王俊峰两人都赞成刘建民的分析和意见。3人统一思想后，商定出几条办法，首先向大家说明逃则生留则亡，要活命只有大家联合起来暴动逃跑；二是把自己熟悉的人凑在一起，推出个代表，以便有事商量和联系；三是行动时要听从统一指挥，以免打草惊蛇出乱子。接着他们把这几条办法分头借上厕所和敌人岗哨不注意之机向选定的几个人宣传。群众在绝望中看到了希望，纷纷找3人表决心、要办法。为安全起见，他们告诉劳工不要乱找，要群众把自己熟悉的人凑到一起，指定专人有事联系。他们所在的这个大屋很快推出五六个代表。3人通过这些代表，把暴动逃离劳工营的办法转告给群众，劳工们有了主心骨，更加坚定了集体暴动逃跑的信心。

为了暴动逃跑成功，刘俊峰、范自强二人又对劳工营周围的地理环境和逃走的路线做了研究，确定逃跑的路线。接着确定暴动时间为深夜12点，并确定暴动时靠近电灯的人用木板先把灯打灭（当时为防止劳工逃跑，劳工营夜间不准屋里关灯，不准将门关死）。然后先冲出木板房，靠窗的破窗走，靠门的破门走，决不能乱，避免挤到一处谁都出不去。行动信号为范自强发出3声咳嗽声。

行动当天夜里，大家躺在床上都不睡觉，等待信号。至深夜12点整，敌人换岗时，范自强敏锐地发现换上岗的是短枪队，而短枪队子弹多，杀伤力大，范自强急忙向刘建民汇报。刘建民立即决定当夜停止行动，改在次日夜里行动。

第二天深夜12点一过，

◎新港劳工营

敌人的长枪队上岗换哨，刘建民、范自强二人决定立即组织行动。当范自强发出 3 声咳嗽声后，靠近灯的一位难友立刻把灯打灭。劳工们齐声怒吼，分窗冲出，负责收拾岗哨的劳工迅速打晕岗哨后也随大队伍冲到屋外，其他岗哨也被突如其来的暴动吓懵，而劳工们像脱缰的野马不顾一切地呼叫着往外冲。在混乱中，其他屋的一部分难友听到喊声也跟着往外冲，黑压压的人群勇猛地向西面电网冲去。很快敌人即反应过来，开始疯狂射击，冲到半路的劳工受到阻击本能地往回跑。这时范自强正架着腿受伤的刘建民从后面赶上来，刘建民一见返回来的人群，急红了眼，马上让范自强不要管自己，一定要带领大家冲出去，只能进不能退，稍一迟疑就一个也出不去了！于是范自强大喊"大家不要怕！跟我们冲出去。"听到喊声，往回跑的人群顿时又冲了上去，大伙顶着敌人的子弹一口气冲到电网前，用木板将电网打开一个大豁口，又把木板铺在电网上，一个个难友冲出了电网，滚过壕沟，分散跑开，大多数难友最终冲出了这座人间地狱。

据事后在劳工营做木工活的工人杨宝文介绍，这次暴动共逃出 114 人，被敌人机枪打死 7 人。范自强和王俊峰带出了八九个人，他们绕过盐滩趁黑夜经天津转道回到解放区。由于敌人只顾着追大部队了，劳工营内反倒无人把守，受伤的刘建民趁机翻过电网，顺着一条土沟爬出来，在路上遇到一位参加暴动逃出来的难友，两人相互搀扶着绕过盐滩回到河北省三河县找到了党组织。

第五部分

无畏独裁　摧枯拉朽　筑就人民江山

（1945.8—1949.10）

建筑·党史

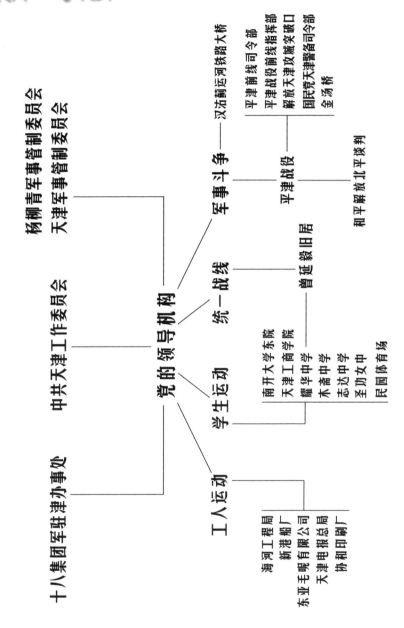

党的领导机构

中共天津工作委员会
　十八集团军驻津办事处

杨柳青军事管制委员会
天津军事管制委员会

工人运动
　海河工程局
　新港船厂
　东亚毛呢有限公司
　天津电报总局
　协和印刷厂

学生运动
　南开大学东院
　天津工商学院
　耀华中学
　木斋中学
　志达中学
　圣功女中
　民园体育场

统一战线
　曾延毅旧居

军事斗争
　汉沽蓟运河铁路大桥
　平津前线司令部
　平津战役前线指挥部
　解放天津攻城突破口
　国民党天津警备司令部
　金汤桥

平津战役
　和平解放北平谈判

1945.8—1949.10

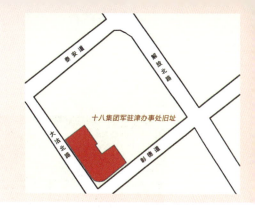

十八集团军驻津办事处旧址

位于和平区彰德道 18 号

◎ 十八集团军驻津办事处旧址外观

◎建筑外檐局部　　　　　　　　　◎建筑沿街立面

» 建筑历史与风貌

　　十八集团军驻津办事处于 1945 年 10 月 10 日正式成立，实际上是冀中区党委天津市工作委员会（以下简称"津委会"）办事处，对外称"十八集团军驻津办事处"，主要负责与驻津美军联络，对外宣示中国共产党领导的八路军有权进驻天津及接受日军投降，为接管天津做好舆论工作。办事处为公开活动的机关，与市内地下党组织严格分开。11 月下旬，办事处撤销。

　　十八集团军驻津办事处所在的义品公司大楼建于 1933 年，由比商义品公司设计建造。建筑占地 3 131 m²，建筑面积 4 910 m²。建筑首层为出租商业用房，二楼以上为出租办公用房和单元式住房。建筑原为三层钢筋混凝土结构建筑，后加建第四层。建筑平面呈"L"形，转角处为弧形，设置主入口。立面构图采用段落式划分，沿街立面设 13 根附墙混水方壁柱，采用叠柱式，下大上小，稳重向上。首层开大平窗，二层为券窗，三层为方形小窗。方形壁柱贯通一、

◎ 十八集团军驻津办事处西立面测绘图

二层。二、三层之间设腰檐并带有齿形装饰和线脚，一、二层窗间设有花饰。室内装饰因层而异。首层大厅有美术磨石地面、木墙裙，楼梯踏步带铁护角，银灰色方钢花饰栏杆，木扶手。现为和平区文物保护单位，重点保护等级历史风貌建筑，第一批天津市革命文物。

» 红色往事

宣示八路军有权进驻天津

抗战胜利后，为取消中国共产党领导的人民军队和解放区政权，抢占华北地区的大城市，蒋介石打着"统一军令""统一政令"的旗号，命令日伪军队"就地维持秩序""不要向八路军缴械投降"。1945 年 9 月 30 日，美国海军陆战队第三军团 1.8 万人在塘沽登陆。次日，4 000 余名美国士兵进驻天津市区。10 月 8 日，在天津日军受降仪式上，美国海军陆战队第三军团司令骆基将军和国民党第十一战区前进指挥所主任施奎龄，分别代表美国政府和中国政府接受日本驻屯军司令官内田银之助的投降，将在华北地区始终坚持对日作战的八路军排除在外。

面对北方政治形势发生的重大变化，9 月，中共冀中区党委和冀中军区决定对外设立十八集团军驻津办事处，宣示八路军有权进驻天津，并准备接受日军投降。10 月 10 日，办事处正式成立。

十八集团军驻津办事处成立后，冀中区党委派吴英民、谷小波分别担任正、副主任。进入市内的共产党员积极开展工作，张贴布告，散发传单，宣传党的主张，为八路军接管天津做了大量舆论准备工作，产生了重大政治影响。同时，一些地下党员利用天津贸易港口城市的优势，在市内为根据地筹备采购武器弹药、通信器材等，为不久后爆发的国共内战做好充分的物资储备。

1945 年 10 月 18 日，美军空运大批国民党政府军抵津。天津警察局伙同美军 30 余人包围并搜查了十八集团军驻津办事处，非法拘捕办事处 5 名工作人员，没收办事处 4 支自卫手枪。后经我方严重抗议，警察局被迫释放办事处工作人员，但将枪支扣留。为此，朱德总司令向驻华美军司令魏德迈提出抗

◎ 1945年9月30日，美军在天津登陆并进入市区

议，指出"此种行为毫无疑问乃系直接干涉中国内政及破坏中国人民主权"的行动，"严重损害中美人民之传统友谊"，要求美军立即恢复办事处之原状，退还所扣留的武器，保证今后不再发生同类事件。12月，津委会负责的《天津导报》也被迫停刊。

根据政治形势发生的变化，晋察冀中央局（冀中区党委上级部门）指示："平津工作需要做长期打算，党的组织应绝对隐蔽，但必须乘此时机发动大批党员打入一切可能打入的部门，坚持组织领导数百个正式的或灰色的群众组织……以便将来有力地领导民族民主斗争。"据此，冀中区党委重新确定津委会的任务，由准备接管天津，改变为隐蔽埋伏，组织群众，长期坚持地下斗争工作，重点放在市内。原已集中在河北胜芳准备接收天津的200余名县以上干部中适合做城市工作的派往市内，其余派往各解放区，并将多头领导的天津市内地下党组织工作，由津委会统一领导。

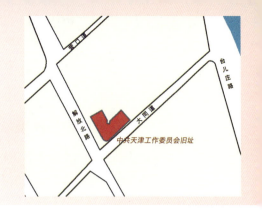

中共天津工作委员会旧址

位于和平区解放北路 121—123 号（原华俄道胜银行大楼）

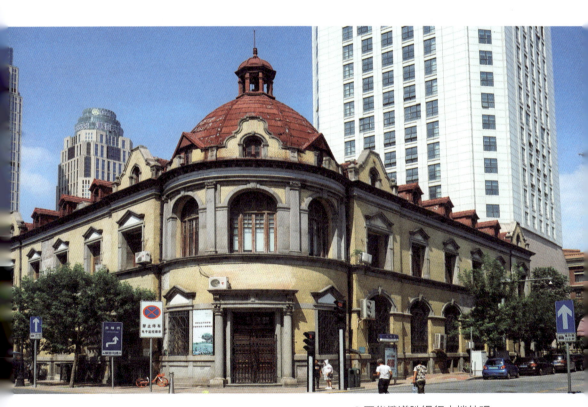

◎原华俄道胜银行大楼外观

» 建筑历史与风貌

中共天津工作委员会（以下简称"天津工委"）成立于 1948 年 11 月，对外称迎接天津解放行动委员会，黎智任书记，下设企业工作委员会、职业青年工作委员会和学校工作委员会。解放战争时期，天津大、中学校中有相当一批青年地下党员秘密开展党的工作，他们的组织关系分两类，即由南方局（后为南京局、上海局）领导的通称"南系"，由北平学委领导的通称"北系"。11 月，为更好地开展工作，统一领导，密切配合平津解放，根据中央指示，平津两地各自独立开展工作的南北两系地下党合并，统归华北局城工部领导，并在此基础上组建中共天津工作委员会，直接配合解放军攻城和接管城市。为便于指挥，中共天津工作委员会在当时的交通银行下行（即交通银行天津分行）楼上设立机关，主要成员黎智、李之楠等都住在这里。

华俄道胜银行成立于 1896 年，由俄、法和清政府共同出资，总行设在圣彼得堡，1926 年停业。至解放战争时期，大楼几经转手由交通银行天津分行使用。

◎ 东南立面三维扫描图

原华俄道胜银行大楼为二层砖木结构建筑，立面采用横纵三段式构图，外檐勒脚及檐口做水刷石面层，其余部分贴黄色面砖，与棕红色屋顶呼应，形成暖色调的基调。转角处三开间呈圆弧形，屋面耸起穹顶，上立塔顶，成为整个建筑的构图中心。两侧翼红陶瓦坡屋顶上开有折线老虎窗，沿街立面耸立着一排山花。檐口周边设有波迭式六角装修女儿墙，建筑转角弧线的位置做文艺复兴风格的穹顶及采光亭，

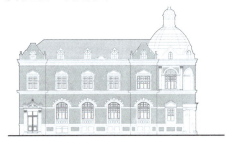

◎华俄道胜银行立面测绘图

是天津现存近代建筑中的孤例。建筑汇聚多种风格，具有折中主义建筑特征。现为天津市文物保护单位，特殊保护等级历史风貌建筑，第一批天津市革命文物。

◎次入口爱奥尼克柱式支撑的门廊及三角形山花

» 红色往事

临战受命，把天津保护好

1948 年 11 月，当时负责平津南系学委工作的黎智奉命从天津前往华北城工部驻地泊镇，与华北城工部部长刘仁见面，商议解放平津的相关问题。两人见面后，刘仁首先向黎智通报了华北局的决定，即对南系、北系的党组织进行统一领导，按地区分设北平、天津工作委员会，并传达了党中央关于解放平津的方针。黎智围绕解放平津的议题，汇报了平津南系、北系党组织所进行的工作，重点汇报了对傅作义的统战工作。在随后两天的谈话中，刘仁告诉黎智：党中央决定立即进行平津战役，对天津的解放拟将用战争的方式，而北平则尽可能争取采用和平的方式。刘仁明确指出：天津工作委员会的主要任务是有计划、有组织地开展配合解放军解放天津的各项工作。……（而）天津是我们即将要占领的城市，一定要保护好，要广泛地开展统战工作，耐心细致地做好统战对象的工作，护厂护校，保护城市的基础设施。

为了便于联系、及时传递市内地下党员掌握的情报，刘仁要求黎智快速建立秘密电台，并将正在泊镇学习的北大西语系毕业生周菁确定为译电员。返津前，刘仁紧紧握住黎智的双手嘱咐道："天津就交给你了，交批人，交个任务，交个电台，你们自己去搞。一个原则，你们要把天津保护好，不要让敌人破坏了。"

11 月 26 日，黎智顺利返回天津，并即刻开始整合南、北系地下党组织，组建天津工作委员会。两天后，天津工委在开滦矿务局大楼旁的泰安大厦内召开成立会，会上黎智要求各委员和下属各党委的负责同志加强协作，领导市内进步力量和广大市民形成强有力的第二条战线，直接配合解放军攻城和接管城市。

　　按照刘仁"把天津保护好"的指示精神，黎智领导下的天津工委对上层人士开展了出色的统战和策反工作。面对国民党政府强令天津当局将市内的重要工厂、学校设备，以及高级技术人员、教师进行南迁的指示，多数民族资本家进退两难，难以决断。黎智带领天津工委的同志通过各种渠道主动接触民族资本家，向其宣讲党的城市政策以及工商业政策，动员他们稳定下来，设法保护好工厂，并诚恳地告诉他们：天津是华北工业重镇，解放后的天津民族工商业将肯定会获得极大的发展。此后，天津工委与华北局城工部直接领导下的工、学、民、统4个系统和其他系统的地下党组织，共同展开了一场针锋相对的反南迁、护厂校的斗争。在这场斗争中，天津地下党组织在黎智的领导下，利用原南、北系地下党所形成的秘密工作渠道，将统战工作做到工商界、文教界、军界、政界等上层社会的方方面面，使天津解放时人民的生命财产未遭国民党溃兵和地痞流氓的大规模破坏。

　　自天津工委成立至天津解放的近50天时间里，在黎智的主持下，天津工委先后召开了5次会议，传达上级指示精神，沟通各方面情况研究问题，部署工作。当解放军开始攻打天津外围时，以黎智为首的天津工委负责同志向市内地下党员布置战前、战中和战后支援任务达16次之多，用一切有效的办法，配合解放军攻城和接管天津，领导天津人民完成了迎接天津解放的各项工作。

南开大学东院旧址

位于和平区甘肃路 40 号（今汇文中学所在地）

◎南开大学东院旧址（今汇文中学）外观

◎标志性的圆筒结构

◎沿街立面

» 建筑历史与风貌

南开大学东院原为日租界天津日本商业学校。1946 年南开大学回津复校，并改为国立大学。除将残存的原八里台废旧校舍进行整修外，已经停止招生的天津日本商业学校校舍由国民党天津市政府拨归南开大学使用，时称南开大学东院。中华人民共和国成立后，该楼曾归天津教育学院，现归天津汇文中学使用。

该建筑建于 20 世纪 30 年代，为地下一层、地上四层混合结构楼房。建筑平面呈"U"形，入口上方均设宽大雨篷，四层设阳台。外檐为红色清水砖墙，水泥抹灰窗套。沿街立面两侧各有两端半圆形墙体凸出，直达屋顶，形成标志性柱状造型。转角处套窗采用竖向线条，形成明确的竖向构图。凹凸对比的体块布置，使建筑形成错落有致、虚实相间的立面效果。

» 红色往事

有理有力有节、机动灵活的斗争策略

1948 年春，国民党在全国各战场遭到挫败，为做垂死挣扎，加强对国统区进步学运的镇压。3 月 29 日，北平警备司令部通过各报刊公开宣布"查禁华北学联"。4 月 5 日晚，南开大学学生在东院召开"抗议解散华北学联控诉大会"，

会议期间，反动军警包围东院，校内外特务勾结，砸抢学生自治会，打伤自治会负责人。南开大学地下党组织抓住特务行凶事件，发动各社团、系级组织，动员广大师生，以各种方式要求严惩凶手，形成围剿特务的强大声势。4月9日，天津警备司令部特约南开大学、北洋大学校负责人便餐，商讨应对办法。下午，国民党市党部、警备司令部、中统局、警察局、宪兵团等8单位再次开会，研究对付学潮的办法，决定组织"除奸别动队"，加强特务活动，派人潜入学校以"截断学校以外之奸匪活动据点……切实控制各报，限制其煽动性文字之登载"等。

在广大师生和国民党反动当局的双重压力下，南大校方采取折中的办法：一方面，宣布给打人凶手一人记大过、两人记小过，以示警诫；另一方面，又宣布学生自治会在"戒严以后开会"，常务理事"主持会务不善"，各记小过两次。这种各打五十大板的决定，立即引起广大学生不满。学生纷纷集会抗议，并包围正在东院的国民党"训导处"反动党团头目，严词质问。次日，学校当局又以"侮辱师长"的"罪名"，开除两名进步学生，更加激起广大同学，特别是一些积极分子的不满。部分学生提出长期罢课的主张，并酝酿13日到校外游行示威。学生与学校当局出现严重对抗的局面。

南大地下党支部及时向上级组织汇报这一情况。当时负责天津地下党组织的黎智等人经过分析研判，指出：罢课、示威、游行是学运的最后手段，不能轻易使用。为反对学校当局而长期罢课，不仅将损害学业，导致脱离群众，而且也难于得到社会各阶层的理解、同情和支持。据此，南大党支部决定立即说服学生，停止罢课和示威游行计划，改在4月11日下午，以召开全校师生"反特务迫害控诉大会"等方式进行斗争。但当时许多学生情绪激动，校内某些反动党团特务分子也利用学生中的激进思想，暗中四处活动，煽动"无限期罢课"。对此，党组织首先在学生党员、外围组织中做好斗争方向和策略的教育，通过他们再做好积极分子和广大学生的工作。上级党组织还通过教师中的地下党员，发动教师劝导学生，帮助做好学生工作。胡国定等进步教师还草拟了一份希望即日复课的《告全体同学的公开信》，并征得65位教授、讲师、助教的签名后，于4月12日公开发表。

与此同时，党组织通过多方面的工作，推动学生自治会出面，于当日下午2时召开了系级代表会，在上级党组织代表和南大师生党支部的协同配合下，终于说服了广大学生，会议决定停止罢课及示威游行，并于14日复课。

天津解放前夕，国民党军队借口在学校制高点设防，要求进驻当时南大师生员工集中的东院，实际是监视师生活动。学生自治会的地下党员发动群众组成了300多人的纠察队，在学校大门口堆起桌椅等障碍物，由纠察队昼夜守卫，反对军队进驻。那时，南大周围的高层建筑都已被国民党军队占据，士兵的机枪口对着南大东院校园，气氛十分紧张。一日，学校门口突然来了一连全副武装的国民党士兵，要强行进驻。学生自治会立即紧急动员全校师生堵住门口，女同学坐在前面，男同学和教师在后边，纠察队拿着棍棒也在后面。双方对峙，情况非常紧急，一场流血冲突随时可能发生。住在附近的魏克（时任中共天津工作委员会学运组书记）闻讯赶来，把自治会的负责同学拉到一边劝阻道："这样不行，如果一旦冲突，学生就会流血牺牲。"魏克提示负责学生应当做国民党军队的工作，给他们讲利害，宣传反内战，争取他们的同情。于是自治会立即组织进步学生弄些茶水，并动员大量学生分散到国民党军队中做工作，一群学生围着一拨军队，讲国民党发动内战对中国人民的危害，讲士兵不应危害人民、镇压学生。通过讲道理，一些士兵很同情学生，学生与士兵谈得不亦乐乎，军官多次呵斥也无法制止。国民党军官担心士兵被赤化，强行把士兵与学生分开重新集合，随即撤走了事。

这些有理有力有节的斗争既执行了党的路线和上级指示，又与当时当地的反独裁斗争实际紧密结合起来；既揭发了反动党团分子，教育了广大群众，争取了社会各方面的同情，又锻炼和提高了地下党员及广大进步师生的斗争策略和水平。

天津工商学院旧址

天津工商学院旧址

位于河西区马场道 117 号

◎ 天津工商学院主楼旧址外观

» 建筑历史与风貌

天津工商学院筹建于 1920 年，初为法国耶稣会在天津创办的一所专科大学，1923 年 9 月正式开学。该校是中国三所天主教大学之一，也是近代天津唯一的教会大学，分工、商两科，学制预科 2 年，本科 4 年。1933 年，更名河北省私立天津工商学院。1943 年，增设女子文学院，设有文学系、史地系、家政系。该院附设北疆博物馆。1948 年 10 月，学校更名为私立津沽大学。中华人民共和国成立后，学校由人民政府接管，定名国立津沽大学。1952 年院系调整后，在原址组建天津师范学院。1958 年，扩建为天津师范大学。1970 年，原校址由天津外国语学院（今天津外国语大学）使用。

天津工商学院主楼由法国永和工程司建筑师慕乐设计，为三层混合结构，坐南朝北，正面临马场道，主门厅居于正中。一至三层布置教室、备课室及办公室。西翼是教堂，并设有单独入口。建筑面积为 4 917 ㎡，平面呈"H"形，用封闭式外廊连接所有教室。建筑立面采用古典三段式构图，并强调中轴线。基座部分使用人工仿造的浅色料石贴面，上开半圆形券窗。建筑北立面强调古典构图原则，主入口处伸出雨棚，并用 4 组双柱支撑，形成塔斯干双柱式门廊，充分强调了主入口。建筑二、三层采用清水砖墙面，砌工精细，以矩形窗为主，只有中间为半圆券窗，窗间设横向分格的砖垛扶壁，形如简化古典

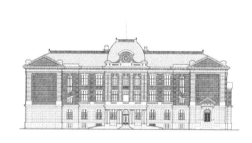

◎ 天津工商学院旧址主楼正立面测绘图

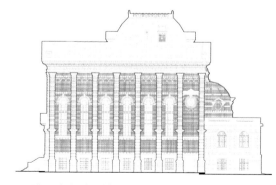

◎ 天津工商学院旧址主楼侧立面测绘图

◎主楼背面外观　　　　　　　　　◎外立面细部

柱式。建筑南立面局部不对称，西侧教堂采用突出于墙面的半穹顶，东侧为三角形山花。整个建筑的屋顶较为复杂，主体为红瓦双坡顶，屋脊饰以混凝土方形花饰。屋顶正中建有法国曼赛尔结构穹顶，覆以红色鱼鳞瓦，前后各有设一座圆形钟，两翼檐口形成三角形山花，并饰以白色线脚。

　　建筑室内有少量装饰，走廊地面用彩色马赛克铺装出精美的图案，地面和白色墙面形成了鲜明的对比。墙上的门洞较深，门框为暗红色木框，且有的门框上为半圆形亮子，有的则为矩形。门厅及楼梯间过厅的门都为四开或两开落地木门。楼梯栏杆为间距较大的黑色方铁花饰配以木扶手，钢筋混凝土踏步带铁护角。现为全国重点文物保护单位，特殊保护等级历史风貌建筑。

» 红色往事

教会大学里的革命活动

　　1937年全面抗战爆发后，平津地区很快沦陷，北平、天津大部分高等院校及教师纷纷南迁，但仍有一批高校知名专家学者不便远行，又不愿出任伪职，于是先后转入天津工商学院任教。因此20世纪40年代，工商学院进入黄金时期，成为天津沦陷区中的孤岛，是整个华北沦陷区内三所坚持国民政府教育部制度的大学之一。校长刘乃仁曾秘密参加抗日团体——天津教育促进会，不顾个人安危，掩护坚持抗日的地下工作者在津执行任务，并积极引导广大爱国学生到大后方为抗战出力，开展了一系列抗日活动。

　　抗日战争胜利后，该校学生在1947年天津学生反饥饿、反内战、反迫害运动中同南开大学、北洋大学、耀华中学等校联合行动，举行罢课，抗议国民党反动派镇压学生的罪行。解放战争后期，中共地下党组织领导学校师生广泛开展革命斗争。教师方面由地下党员王金鼎领导，学生方面由地下党员金永清等领导，主要帮助师生阅读进步书籍，在课堂教学和课外活动中加入一些爱国民主内容。1948 年春，在地下党员的组织下，工商学院学生赴北京大学参加北平、天津学生大联欢，反对国民党政府的内战政策和独裁统治，要求民主自由。天津解放前夕，校内各派进步力量联合成立了护校委员会，成功说服校长刘乃仁抵制南迁，留津迎接天津解放。

耀华学校

位于和平区南京路 106 号

◎耀华学校礼堂外观

» 建筑历史与风貌

私立耀华学校创建于 1927 年，是英租界内中国人为争取子女的求学权利而发起建立的，初名天津公学。校址初在怡丰道（今湖北路），1928 年在墙子河畔围墙道（今南京路）选定新校址，1929 年动工，至 1938 年全部竣工，包括大礼堂、体育馆、健身房、图书馆等 5 座校舍。设男中部、女中部和小学部。1934 年，爱国教育家赵天麟继任校长，次年更名耀华学校，寓意"光耀华人"。1952 年 12 月更名为十六中学，1988 年恢复耀华中学校名。

耀华学校中学部原建筑面积 15 200 ㎡，占地 53 亩，平面近似三角形，周边式布局，中间围成一个巨大的天井式广场，共分为 4 个校舍区，每个校舍区之间均有封闭式过廊相连。建筑外檐用红色缸砖砌筑，端庄朴实。

礼堂平面呈扇形，与第一、三校舍相连。构图严谨，布局紧凑，巧妙地利用了地形。礼堂主要由前厅、观众厅、舞台、化妆室、放映室，以及附属房间组成，是供学生习礼、集会、讲演和观看影剧的多功能礼堂。

校内主入口为平列四柱式中拱肩平券门，校外的两侧入口为侧立扶壁式平券凹廊三联门。门厅高敞，采用粗犷、庄严的装饰手法。前厅内对称布置古典列柱，大理石镶嵌地面。入口均建有简化混水饰面的古典柱式或山花，具有折中主义建筑风格特征。现为天津市文物保护单位，特殊保护等级历史风貌建筑，第一批天津市革命文物。

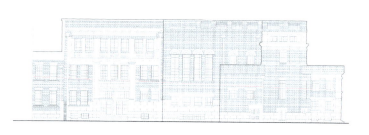

◎ 耀华礼堂侧立面测绘图

道理是在实践中领悟出来的

抗战后期和解放战争时期，耀华地下党组织领导团结广大师生，形成了一支强大的进步力量，与日伪当局国民党反动统治展开了针锋相对的斗争。

1945 年 2 月，中共晋察冀分局城工部派刘子安和刘耒进入耀华中学开展工作。刘子安任中学地理教师，刘耒插入四年级学习。刘耒是地下党负责人，除了运筹全局外，还在学生中做了大量潜移默化的宣传教育工作。由于淳朴、憨厚、好学，他很快就得到了同学们的信任和尊重。刘子安则利用担任教师的有利条件，一方面在课堂上用大量事例讲述中华民族的苦难，引导同学们谈各自家乡的情况，启发同学们的爱国主义觉悟，并经常剖析时局，详细介绍苏联的情况，引导大家打开眼界、增强信心；另一方面，他有意识地团结了一批进步同学，不少同学到刘子安的

◎耀华学校礼堂外檐细部

◎耀华学校礼堂内院

宿舍，向他请教各种各样的问题。刘子安利用谈心的机会向一些同学介绍解放区的情况，使学生们第一次知道还有共产党领导的抗日根据地。为使积极分子进一步了解共产党，刘子安组织学生们阅读《中国西北角》《萍踪寄语》《晋察冀画报》以及一些解放区的书刊。

经过一个学期的努力，党组织在学校内已培养一批进步骨干，具备了发

展党员的条件。1945年9月，在耀华图书馆旁的刘子安宿舍内，在刘耒主持下召开耀华全体党员大会，正式建立党支部，刘耒任书记。耀华党支部的成立为解放战争时期校内地下党工作的开展创造了条件。

耀华学生绝大多数家庭条件较好，生活比较富裕，生活圈子很小，有的甚至很少到租界以外的地区活动。在党组织的引导下，一些学生的觉悟有所提高，但对劳动人民的悲惨生活还缺乏直观感性的认识。为此，耀华地下党组织十分重视通过社会实践对同学们进行教育，引导这些青年人走向社会，特别是直接接触生活在社会底层的劳苦大众。

解放战争时期，地下党员沈尔琳在耀华中学任教，利用假期带领几名同学去张家口解放区参观。同学们在往返途中几次冲过国民党的封锁线，亲眼看到了一个民主自由、朝气蓬勃、蒸蒸日上的解放区。鲜明的对比、切身的体验，使这些同学的觉悟得到了提高。地下党员刘耒组织同学到北郊宜兴埠春游，同学们看到了八路军撤离时留下的标语，听到了刘耒唱的解放区歌曲，更激起了了解共产党和解放区的愿望。在南运河畔芥园附近，同学们第一次见到了贫民窟的惨状，钻进低矮、阴暗、潮湿的窝棚里，访问、了解贫民的生活，倾听穷苦百姓对旧社会的控诉，有的同学还把带去的一些衣物赠送给他们。劳动人民的真实生活状态成为一个实实在在的课堂，没有人讲更多的道理，道理是在实践中领悟出来的。正如一位同学参观后所写下的：现在看得更清楚了，这个吃人的社会非推翻不可。

这一时期，耀华地下党支部组织得最成功的社会实践活动是粥厂服务活动。1948年初，仁立毛纺厂、交通银行等6个单位在墙子河畔的一片开洼地里联合开办了一个粥厂，领粥的贫民共有1 600多人。考虑到一般同学都喜欢参加社会服务活动，党组织决定利用寒假组织同学们去粥厂服务，进行社会实践。由于学生去服务可以减少厂方的工作量，因而也受到厂方的欢迎。在活动中，党组织确定了三条原则：第一，通过活动要更广泛地团结群众；第二，通过实践活动要达到教育学生的目的；第三，扩大社会影响，并决定在服务活动结束以后，举办平民夜校。

参加粥厂服务的学生有90多人，圣功女中的一些同学也加入其中。为做好服务和宣传教育工作，全体参加活动的同学共分为两组：一个是服务组，主要是帮助粥厂维持秩序，划领粥票；另一个是教育组，负责教领粥的孩子们识字唱歌，后来一些领粥的成年人也参加进来。教育组的同学们还自编了《我们都是人》《王大娘上粥厂》《正月里来》《快来参加识字运动》4首歌曲，每天早晨利用人们等候领粥的时间边教唱歌边教识字。由于这些歌倾诉了贫苦大众的悲苦，也反映了学生们对劳动人民的深切同情和对黑暗社会的不满，受到了领粥群众的欢迎。

通过社会实践，学生们对劳动人民的感情日益加深，不仅服务更为热心，而且还想了一些主动为贫苦群众服务的办法。他们自己凑钱，买了信封、信纸、邮票，为领粥人代写家信，并负责投寄，后来附近工人也来找同学们代写书信。粥厂服务即将结束时，为了检验认字成果，同学们还举行了一次考试，对成绩优秀者颁发自备的奖品，鼓励孩子们更好地学习。

虽然粥厂服务只有一个月的时间，但是很多同学的思想感情起了很大变化，也产生了很好的社会影响。一位领粥的老大娘感动地说："你们是少爷，我们是穷人，可是你们反倒伺候起我们来了。"另一位老大娘请同学们代写书信时，谈到她的悲惨遭遇，边说边哭，同学们也随着落泪。不少从来不问政治的同学变成了积极分子。

开展粥厂服务期间，地下党员十分注意做好统战工作，与厂方负责相关工作的人结交朋友，同学们进入粥厂后，十分尊重厂方负责人，遇事主动征求其意见，并提出很多为平民服务的措施，使厂方深受感动。在粥厂服务结束后，同学们在基督教青年会举办了一场同乐会，邀请各有关公司、企业的负责人参加，并请他们讲话，会上还组织30多名领粥的孩子登台表演。厂方负责人深受感动，当场捐款60余万元给孩子们。

1949年12月中旬，国民党军队3 000余人强行进驻耀华中学。企图依托学校的楼房和发射阵地构成了据点式防御，与天津警备司令部、海光寺防御工事形成市区布防核心区，以负隅顽抗。1949年1月15日凌晨，人民解放军在金汤桥会师后，即在市内展开巷战。中午，三路攻城部队发现耀华国民党守军，为了尽可能保护学校，解放军没有动用大炮进行轰击，也没有组织连续爆破，而是展开了逐楼逐层、短兵相接的激战。经过3个小时战斗，于下午3时，攻克国民党守军在天津市内的最后一个据点，天津宣告解放。

耀华中学作为近代津门名校，自地下党组织在校开展工作起，无论是学运高潮还是低潮，党组织的活动都从未间断过，地下党员依靠群众、发动群众、互相配合、团结协作，形成合力，使党组织的战斗力不断增强，最终与攻城部队胜利会师，共同开启学校新的发展历程。

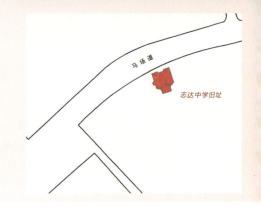

志达中学旧址

位于河西区马场道 123 号

◎志达中学旧址外观

» 建筑历史与风貌

志达中学是私立志达学校中学部，创办于 1933 年，校址初在英租界 56 号路（今西安道）。1936 年，志达学校中学部迁至马厂道 49 号（今马场道）。学校设有初中部、高中部，并附有学生宿舍，招收寄宿生。至 1948 年，该校有 12 个班，759 名学生，36 名教职员。天津解放后，该校由政府接管，更名为天津市二十二中学，原校址由天津财经大学分院使用。

志达中学旧址原为民国首任海军总长刘冠雄旧居。旧居建于 1922 年，三层砖木结构（带地下室），建筑占地面积 572 m²，平面造型独特，酷似双筒望远镜。外檐为红缸砖清水外墙，立面满布水泥抹灰横线条装饰，部分点缀砂石罩面，与红砖墙面形成强烈的色彩对比。背立面筑有牛腿支撑的阳台，带有花瓶状栏杆。坡顶出檐深远，以木构件支撑。立面设计以方窗为主，局部布置大拱券窗。建筑内装饰讲究，设备齐全，保存完好。现为天津市文物保护单位，重点保护等级历史风貌建筑。

◎志达中学旧址背面

◎檐口细部

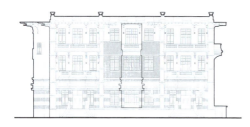

◎志达中学旧址正立面测绘图

» 红色往事

鸣新求真知，夜校惠平民

"七七"事变后，党组织即断续派地下党员进入志达中学活动。1944年在地下党员的指导下，进步学生自发成立进步社团——鸣新社，并陆续吸收本校和周边学校学生加入，其中一些进步学生先后加入党组织。

鸣新社共有成员有20余人，1/3是志达中学学生，其余包括耀华中学、广东中学、圣功女中的学生，召集人是志达中学学生孙锡九和李正之。鸣新社成立之初，成员们满怀爱国热情，对即将到来的胜利和战后的安定生活充满向往。战后，国民党的劫收和美军在平、津、沪、汉等城市的横行霸道，使学生对国民党统治产生动摇，甚至对国家、民族和个人的未来感到迷茫。

1945年2月，圣功女中学生、地下党员陆树慰通过同学孙锡杰（鸣新社成员）介绍加入了鸣新社。陆树慰在小组活动时经常启发大家，引导大家辨明是非，提高认识，看到光明。此后，广东中学学生地下党员国浩德也加入鸣新社，秘密指导成员活动。

阅读进步书籍是鸣新社成员提高思想觉悟的一个重要途径。当时，国浩德推荐了不少进步书籍，每个成员都如饥似渴地阅读这些所谓的"禁书"，开阔了成员的眼界，他们在一起讨论、争辩，以求真知。成员徐晋芳省吃俭用凑钱为大家购买《大众哲学》等进步书刊，并与书店老板建立交情，一有好书就专门给他留下。这些进步书刊使成员们明辨了是非，认清了方向，为成员们指明了前进的方向。

鸣新社还自办了刊物——《鸣新周报》，主要内容是隐晦地表达对日本帝国主义的仇恨，也刊登一些如何做人的文章，倡导做一个有道德的、不随波逐流的人。《鸣新周报》还通过刊登成员创作的爱国诗歌歌颂祖国大好河山，表达强烈的爱国情感。此外，《周报》也刊载过反对封建礼教的文章，宣传民主斗争的文章。总之，《周报》在当时颇受同学的欢迎，发挥了启蒙学生思想的作用。

解放战争时期，志达中学成为天津学运中具有相当影响力的学校。抗战胜利后不久，志达中学约有30名师生参加了全市反"甄审"请愿游行活动。不久在校友的支持下，又创办了一所志达平民义务小学，属夜校性质，教师主要是志达中学师生，生源主要是谦德庄（今河西区东北部）一带贫民子女。每天晚上上课，教师义务讲授，不仅免收学费，有些学生的书籍文具都是兼课老师凑钱给买的。孙锡九等鸣新社成员大部分都是夜校的义务教员，实际上掌握了夜校的领导权。他们在给这些贫民子弟传授文化知识的同时，还向他们传输爱国思想、革命道理，把这些劳动人民发展为革命斗争的依靠力量。课上他们常给学生讲时事，讲爱国故事，讲抗日故事，课间还会教唱《义勇军进行曲》《大路歌》《开路先锋》等进步歌曲，还曾带着这些学生到南开大学等校园参加爱国活动，深受学生们的欢迎。后来，夜校又办了两个成人班，主要接收东亚毛纺公司等工厂工人。鸣新社部分成员正是通过夜校和东亚毛纺公司的工人建立联系，毕业后转到工运口开展工作。

平民夜校教师教得热情，学生学得认真，校风正派，成绩显著，深受谦德庄一带劳动人民的欢迎，学生最多时达 200 多人。中华人民共和国成立后，这些学生大多数积极加入街道组织，踊跃参加各项社会工作。

圣功女子中学旧址

位于马场道 99 号（今新华中学所在地）

◎ 圣功女子中学旧址外观

◎ 外立面现状

» 建筑历史与风貌

圣功女中创立于 1914 年，初名天津圣功学堂、圣功女学校，校址设在法租界，"圣功"取自《易经》"蒙以养正，圣功也"之句，校训为"温良恭俭"。1940 年秋天，圣功女子学堂中学部迁至今马场道新校舍。学校师资力量雄厚，教学质量高，以对学生要求严格、校舍整洁著称。1952 年，学校收归国有，先后更名天津师范学院附属女子中学、天津师范大学附属第一中学、河北大学附属中学，1973 年定名新华中学。

圣功女子中学旧址现存历史遗存圣功楼，建于 1947 年，为四层砖混结构楼房，带地下室，建筑占地面积 772.8 m²。建筑外檐为硫缸砖清水墙，平屋顶，外跨高台阶直达二层入口。建筑整体方正，庄重大方。现为尚未核定公布为文物保护单位的不可移动文物，一般保护等级历史风貌建筑。

» 红色往事

见缝插针，积蓄点滴力量

圣功女中是当时天津市教会重点学校之一，学校历任董事都是外国神父。尽管学校在教会势力把持下进步师生很难开展活动，但党组织依然先后派一些地下党员打入校内开展工作。1937 年，地下党员曾在校内组织"女同学会"开展抗日救亡活动。1945 年，中共冀中区委派地下党员进入学校领导学生冲破教会势力阻拦，参加反"甄审"斗争和反内战游行等爱国学生运动。

由于圣功女中与志达中学距离较近，两校地下党员和进步学生联系非常密切，一些圣功女中的学生到志达中学兴办的志达平民义务小学任教，并为贫困家庭的孩子买文具、书籍，利用义教活动宣传爱国进步思想。在志达中学地下党员组织的参观贫民窝棚区的活动中，圣功女中的学生也参与其中，深受教育。

1945 年下半年的反"甄审"斗争中，圣功女中地下党员刁书方带领 100 余名学生冲破校方阻拦，加入全市性的请愿游行反内战运动中，为响应全国学联号召，刁书方以副班长的公开身份发动组织全校罢课活动，正当其在班上发动同学，准备分头到各班串联时，被信教同学告密，校长立即召集全校班长会，阻挠罢课，刁书方与校长展开面对面辩论。此次罢课斗争虽因学校宣布停课而遭破坏，但也充分显示了学生运动的威力。

天津解放前夕，圣功女中教员司徒敏的爱人方某是中共派入国民党天津市政府的情报人员，方某通过司徒敏掌握学校动向，了解情况，相机工作，向进步师生渗透党的政策，做好宣传工作。方某在撤出天津前交给爱人两个任务：一是了解监视校内教会势力，在可能的情况下，宣传党的政策，保护进步学生；二是利用关系想办法保护学校财产和校内档案。司徒敏利用住校的便利条件，积极、隐蔽、广泛地搜集校内各方面信息动态，主动接触校内师生，特别是了解到天主教"圣母军"的组织情况及档案存放地点，这对解放后的接管工作，特别是稳定师生队伍和新校委会的建立发挥了主要的作用。此外，天津解放前夕，圣功女中地下党员齐振勋将解放军的《约法八章》，复写若干份，在校内分发，并寄给一些工厂、机关的负责人，争取他们保护工厂、学校财产，为天津解放做出了有益的贡献。

在教会势力控制很严、条件特殊的圣功女中，虽然未能建立地下党组织，但校内地下党员尽己所能开展革命活动，通过艰苦的点滴工作，逐渐争取了进步师生，扩大了进步势力，最终迎来了天津的解放和学校的新生。

木斋中学旧址

位于河北区建国道民权路 1 号

◎ 木斋中学旧址建筑外观

» 建筑历史与风貌

木斋中学是私立木斋学校的中学部，前身为 1909 年时任直隶提学使卢木斋创办的蒙养院。1916 年，在蒙养院基础上创办卢氏小学，后更名木斋学校。1932 年增设中学部，1939 年秋始设高中部。全面抗战时期，木斋中学曾两度搬迁，1942 年迁至意租界。至天津解放前夕，该校有学生 597 人，14 个教学班。1952 年由人民政府接管，更名为二十四中。

旧址现存历史遗存仅一座二层砖木结构小楼，双坡顶，外檐为红砖清水墙。现为尚未核定公布为文物保护单位的不可移动文物，第一批天津市革命文物。

» 红色往事

壁报战，抢占校内舆论阵地

木斋中学师生具有优良的革命传统，早在抗战初期便有学生加入中华民族解放先锋队，1942 年秋，党组织派地下党员康力、楚云考入该校，加入抗日救国联合会。解放战争时期，校内建立中共地下党支部，领导开展了一系列进步学生运动。

全面抗战胜利后，国民党反动当局将沦陷区的师生视为伪教员、伪学生，要求对师生分别进行"甄审"，这一举措激起了全市广大师生的不满和愤慨。冀中区党委天津市工作委员会（以下简称"津委会"）决定因势利导发动群众开展反"甄审"运动。

当时，木斋中学尚未建立党组织，地下党员李培昌、孙会诚等刚刚打入学校开展工作，建立了党的外围组织——民主青年联合会（简称"民青"），发展了 10 余名成员。

由于校内对"甄审"问题的态度各派尖锐对立，以教务主任杜金铭为代表的反动势力与国民党当局沆瀣一气，扬言"凡是三青团员和国民党员可以不甄审"。一些不明真相的同学在此诱惑下参加了三青团。进步学生郑久贵等为此质问校方：为什么参加三青团就可以不甄审了？校方不予理睬。1945 年 11 月，校内成立了三青团区队，反动势力更加嚣张，而地下党员处于秘密状态，加之进校时间短，群众基础尚未巩固，因此在当年 12 月 31 日全市举行的反"甄审"请愿和游行中，木斋中学只有二三十名进步师生参加。

为抢占校内舆论阵地，进步同学展开了壁报战。当时，壁报活动遍及全校各个年级，全校有 20 余份壁报。其中，影响较大的有初一年级李惟一主编的《曙光》，初二年级孙皓月主编的《繁星》，初三年级孙会诚主编的《晓风》，高一年级张孝禹主编的《蓝天》等。除进步同学办壁报以外，三青团也办报，双方经常通过壁报展开针锋相对的笔战。由于进步同学大多功课比较好，文笔流畅、逻辑清晰，文章也就更有影响力，因此，在壁报战中进步力量常占据优势。尤其是学联代表张孝禹主编的《蓝天》壁报，一方面揭露校方阻挠反"甄审"的阴谋，另一方面介绍学联活动情况，鼓舞师生积极行动起来进行斗争。地下党员刘洁心等为揭露训育主任赵某的反动面目，画了一张漫画发表在壁报上，画中赵某胸前佩戴十字架，像一个伪善的传教士。漫画博得了广大同学好评，却激怒了赵某，他当众撕毁《蓝天》壁报，更加引起了同学们的愤慨。第二天，一幅大型漫画"赵某怒撕壁报"又贴出来了，画得惟妙惟肖，引起全校轰动。不久《蓝天》被校方封杀，壁报编者立即出版了《蓝天蒙难号》增刊，不仅在本校内张贴，还被借到了南开中学展贴。

1947 年暑假，地下党组织派党员刘增祚（甄健民）、王炳仁（王仁）考入木斋中学，分别在高一和高二年级就读，与原来在校的地下党员孙皓月 3 人组成木斋中学第一个党支部，刘增祚担任支部书记。

1948 年 8 月中旬，根据刘增祚的提议，学校党支部同意在校外成立一个半公开性质的社团组织，以便团结更多的同学开展活动。刘增祚与东马路天津基督教青年会两位进步干事建立联系，借用一个较大的房间专门组织社团活动。社团取名星光团，寓意黑暗中的星光给探索者以向导，并有星星之火可以燎原之意。成员有 25 人左右，刘增祚为团长，并决定每周六下午和每周日课余时间活动。活动内容主要包括补习功课，教唱进步歌曲，传授无线电装配技术，给中间和落后的同学讲一些革命道理等。党支部通过这些活动，团结了一批爱国学生，传播了进步思想。

除了建立社团，党支部在木斋中学内开办义务小学，吸引学生担任义务教师，增加他们接触社会的机会，以便更广泛地开展革命活动，同时也能解决学校附近贫苦儿童失学问题。义务小学不收学费，副校长卢毅仁本就喜欢办慈善事业，党支部为充分调动其积极性，聘请卢毅仁为名誉校长，刘增祚担任教务主任。教师大部分来自校内的民青成员和进步同学，大家利用课余时间到义小教课，学生的课本和文具等学习用品，多是同学通过义卖、义演而来，或由卢毅仁从中学拨来的部分款项解决。

　　创办义务小学不仅使社会上一批贫苦儿童学到了文化知识，更重要的是团结教育了广大师生，其中，一些进步同学正是通过参加义教活动，团结在地下党员周围，有的加入了党的外围组织，有的更是加入党组织，走上了革命道路。

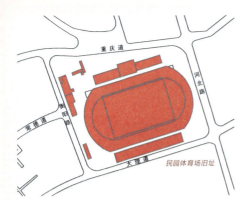

民园体育场旧址

民园体育场旧址

位于和平区重庆道 83 号

◎ 民园体育场鸟瞰图

» 建筑历史与风貌

民园体育场于 1926 年 10 月落成开幕，是一座有着百年历史、久负盛名的体育场。1920 年，因开展体育活动的需要，天津英租界工部局决定在墙外推广界（1903 年划定）新

◎ 1926 年民园开幕照片

建一座规模较大的体育场，最初只是用铁栅栏围合起来。周边的租界居民经常来此进行体育活动，每年春季还会有一些学校在此举行运动会。1925 年，英租界工部局决定邀请奥运会 400 m 冠军得主、当时正在天津法租界新学中学（中华人民共和国成立后的十七中）任教的埃里克·利迪尔（中文名李爱锐）参与设计对民园体育场的改造。于是，利迪尔根据世界田径赛场的标准及自己在世界各地参赛的经验，对诸如跑道结构、灯光设备、看台层次等的改造提出了一系列高水平建议。在利迪尔的筹划与监督下，民园体育场终于以全新的面貌成为当时在亚洲范围内首屈一指的综合性体育场。

新民园体育场建成之后，立即吸引了不少国际大赛。课余之时，利迪尔经常带着学生来此观看比赛。1929 年，利迪尔参加了英租界当局在此举办的万国田径运动会，战胜 500 m 世界纪录保持者德国选手阿图·费尔莎，夺得了本届运动会 400 m 跑的金牌。

中华人民共和国成立后，经过 1954 年、1974 年至 1982 年的 3 次大规模提升改建，民园体育场修建了新看台，在看台下设置了办公用房，场内铺设了草坪。民园体育场一度成为天津市设备最佳的灯光球场。

» 红色往事

学生运动的集合地

解放战争时期，民园体育场成为天津学生运动的重要集合地之一。抗日战争结束后，全国人民希望实现和平民主，但国民党政府却一意孤行，奉行一

党专政，并在美国支持下坚持内战政策。

1945 年 12 月，天津 22 所中学学生在民园体育场举行反"甄审"集会，并正式宣布成立天津学联。在民园体育场门前，学联负责人秦肯发表公开讲话，国民党派来大批警察，并提出要和秦肯个别谈话，学生们马上意识到此举意在逮捕秦肯，于是立即包围军警，将秦肯抢了出来。

1945 年 12 月 1 日，大批国民党特务和军人围攻西南联大和云南大学等校，致多名学生伤亡，造成震惊中外的"一二·一"昆明惨案。抗议浪潮席卷全国，消息传到天津，中共领导下的津委会（天津市工作委员会）通过学联，发动各校学生参加"巩固和平，反对内战"大会。1946 年 1 月 25 日，按照事先安排，南线各校 2 000 余人在民园集合，而后进行示威游行。同学们一路高呼"反对内战""政协只许成功，不许失败""拥护联合政府"等口号，这些口号反映了各界市民反对内战、要求和平的心愿。

1946 年 5 月 4 日，天津学生敬师助学大会在此召开。同年 12 月，北平发生了美国士兵强暴北京大学女生沈崇事件，引发抗议美军暴行运动。在地下学委领导下，天津学生组织开展了"抗暴运动"。1947 年 1 月 1 日，参加南线游行的各校学生在民园集合，经今长沙路、南京路、滨江道、和平路、东马路、金汤桥、建国道、解放桥、解放路，到承德道的美国海军陆战队司令部（原法国公议局）递交请愿书。此后，示威队伍又前往国民党天津市政府，向副市长张子奇递交请愿书。这场斗争点燃了全市人民反对美帝国主义的怒火。

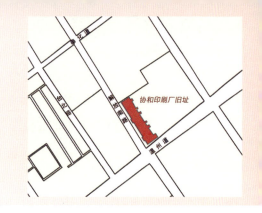

协和印刷厂旧址

位于河西区解放南路 273 号

◎ 协和印刷厂旧址外观

» 建筑历史与风貌

协和印刷厂创办于1938年初，由日本人小林德二郎投资兴建。1945年日本战败后，由国民政府经济部派员接收并于次年初复工，主要承印经济部冀热察绥区特派员办公处专用印刷品，同时对外承接印务，有工人132名。

东光大楼是日本协和印刷厂的办公用房，建于1938年。建筑占地面积840 m²，为四层砖木结构楼房。首层混水墙面，二层以上为红砖清水墙，西侧正面高台阶拱券入口。窗户形式多样，拱形窗、长方形窗、多角边窗相结合。弧形平台设铸铁栏杆，三层转角处设大露台，筒瓦坡顶。建筑体量稳重，凹凸变化丰富，建筑立面活泼，具有德国建筑特征。现为尚未核定公布为文物保护单位的不可移动文物，重点保护等级历史风貌建筑。

» 红色往事

从日资大厂到人民印刷厂

1946年2月，协和印刷厂内建立中共地下党支部，支部成员有7人，书记崔景波。1946年12月，印刷厂以高价对外拍卖。1947年初，在地下党组织的领导下，协和印刷厂联合多家企业联名上书，呈请社会局要求增加工资，要求工资与资源委员会及中纺公司各厂同等待遇。

天津解放前夕，在地下党员的发动下，工人师傅们开展爱护机器、保护设备的群众性护厂运动，大家对设备保养高度用心、十分精细，加油、换件样样不少。厂方莫名其妙，以为时局动荡，工人们因为怕失业，开始听话了、好管理了。

协成印刷厂工人的护厂运动为解放后天津印刷工业的迅速恢复做出了相当贡献。1949年1月15日天津解放当日，解放军军代表即进驻工厂并实行接收，工厂很快更名为人民印刷厂，并开始承担中国人民银行的部分印钞业务。1954年3月，中国人民银行总行将人民印刷厂定名为国营543厂，并扩大印钞业务，从而奠定了该厂在印刷行业内的重要地位。

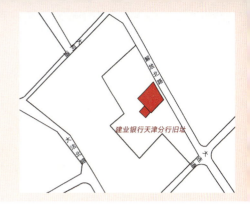

建业银行天津分行旧址

位于和平区解放北路 190 号（原花旗银行旧址）

◎建业银行旧址（原花旗银行大楼）外观

339

» 建筑历史与风貌

建业银行是旧中国私营商业银行，由永利化学工业公司的范鸿畴（范旭东胞弟）、中国共产党重庆组织代表龚再僧（即龚饮冰）、聚兴城银行总经理李维成等于 1943 年春发起成立。1944 年 6 月 1 日开业，总行设在重庆，1946年 12 月，总行迁往上海，先后在成都、长沙、上海、汉口、天津、南京等地设分行。资本初定 1 000 万元，主要由爱国实业家范旭东创办的工业企业投资和党组织委托龚再僧的营运资金投资。银行设立之初，中国共产党重庆组织的投资占 17%，此后曾两次增资，所占比例达 44%。中华人民共和国成立后，于 1950 年 3 月再次增资，公股占半数以上，1951 年 5 月与新华、四明、中国实业、中国通商 4 家公私合营银行成立联合总管理处，1952 年 12 月参加金融业全行业公私合营，与其他银行、钱庄共同组成统一的公私合营银行。

建业银行天津分行成立于 1947 年，是建业银行最后设立的分行，蔡宝儒任经理，最初在地下党领导的广大华行所在的安利大楼处借址办公，11 月初，迁至在罗斯福路（今和平路）四面钟附近。天津解放后不久，行址搬到原花旗银行天津分行旧址，原址改为办事处。银行主要是吸收永利、久大两家公司的职工存款。此外，设立外汇部，以香港南洋银行作代理行，经营外汇业务，并参加中国银行领导的外汇集团。

建业银行天津分行存续时间不长，但行址有 3 处，分别是 1947 年 6 月至 11 月在原安利大楼（原营口道 25 号，今新华国金写字楼所在地）；1947 年 11月至 1950 年 5 月在原和平路 237 号（已拆除，今四面钟附近）；1950 年 9 月至 1952 年 12 月在原花旗银行大楼（今解放北路 90 号）。

安利大楼建于 1929 年，位于英租

◎安利大楼历史照片

界达文波路及宝士徒道转角处（今建设路与营口道交口），也称达文波大楼，由英商景明工程司设计。建筑面积 8 449.98 ㎡，五层钢筋混凝土混合结构，外檐清水墙面，造型简洁。首层由洋行办公使用，临街门面房出租营业，二至五层除少数房间用作办公外，其余均为仓库，部分自用，部分出租，楼梯宽阔，装运便利，消防设备齐全，主楼后面建有二层楼房，由职工居住。

原花旗银行大楼位于解放北路 90 号，建于 1921 年，由美国著名建筑师亨利·墨菲设计。大楼为混合结构建筑，地上三层，地下一层，建筑面积 2 034 ㎡。立面由水平檐线划分为上下两段，上段在构图上相当于将女儿墙变为真正楼层，顶部中央设巴洛克式涡卷花饰，正中为刻有花旗银行标志的高大盾徽。下段为完整的三段式构图，设有由 4 根无凹槽的爱奥尼克柱式支撑的通高柱廊，柱廊两端为宽大的方形壁柱。底层中央的主入口朝向解放北路，拱券上方嵌有券心石。内部大厅设有 7 根方柱，墙面镶嵌壁柱，装修豪华。现为天津市文物保护单位，特殊保护等级历史风貌建筑。

» 红色往事

一家鲜为人知的红色银行

建业银行天津分行开业后，资本只有总行按规定拨给的固定营运资金 500 万元，并无分行自己的独立资本。经理蔡宝儒是江苏人，南洋商业学院银行专科毕业，副经理叶澧芬、襄理姚晓沧，共有行员 20 余人。

为安全起见，建业银行内部未建立党组织，也没有地下党员，但与在津专门经营药品生意的广大华行（中共地下组织）联系密切，天津分行初选址即在广大华行所在的安利大楼内。总行还出面聘请广大华行协理、地下党员李再耘作津行顾问，并由总行经理龚再僧嘱托广大华行天津分行副经理朱祖贤（中共党员）协助建业银行天津分行开展工作。

1948 年夏，解放战争形势开始发生变化，平津时局紧张，龚再僧私函蔡宝儒叮嘱其对于时局要冷静观察，注意时局发展，如一旦有事，应独立经营，不靠联行之力。蔡宝儒与顾问李再耘商量，认为应听从龚再僧指示，提早准备。蔡宝儒和主要行员带头留津工作，从而稳定了人心。1948 年底，为了保护分

◎《大公报》关于广大
华行和建业银行的广告

行迎接解放，行内制订了应变措施，日夜轮流值班，全体行员只领口粮维持生活，一直坚持到天津解放。全体行员这种克己奉公、爱行如家的精神，正是党组织寓思想教育于平日工作之中的显现，从而提高了普通群众的革命觉悟。

平津战役胜利后，龚再僧调到北京工作，公开本名和党员身份。1949年3月龚再僧特意来津，将仍担任建业银行天津分行经理的蔡宝儒介绍给人民银行何松亭等负责人，天津建业银行由此最先与人民银行建立联系，作为开展人民金融事业的重要一环。4月，龚再僧在陪同刘少奇来津考察时，顺道视察天津建业银行。

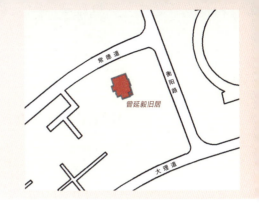

曾延毅旧居

位于和平区常德道 1 号

◎ 曾延毅旧居外观

» 建筑历史与风貌

曾延毅旧居建于 1931 年，为三层砖木结构楼房，建筑面积 1 344 m²。建筑外檐为红砖清水外墙，方门窗，门厅由爱奥尼克柱式支撑，上筑半圆形阳台，设金属护栏，门前为扇形石阶。立面中部外凸，顶层为红瓦两坡顶，自成院落。旧居为典型的英国民居风格，典雅别致，保存完整。现为全国重点文物保护单位，一般保护等级历史风貌建筑。

曾延毅（1892—1964），湖北黄冈人。国民党将领，爱国人士，毕业于保定陆军军官学校，与傅作义为同校同学，并结为盟兄弟，多年在傅部下任职。1929 年，傅作义任天津警备司令时，曾延毅任天津市公安局局长，任职期间，曾庇护过因散发传单被捕的地下党员。1936 年参加绥远抗战。1938 年，曾延毅因伤病返津治疗，后寓居天津，不再担任军职。

曾延毅旧居所在的五大道区域开发较晚，是近代天津高级居住区的典范。在建设前期由英租界当局进行了完整的规划和精心设计，建成后管理非常严格，不准商贩摆摊设点沿街叫卖，禁止电车等公共交通车辆进入，成为基础设施完备、空间环境宜人的花园城区，吸引了大批社会上层人士入住。

◎ 主入口

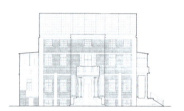

◎ 曾延毅旧居东立面测绘图

◎ 曾延毅旧居北立面测绘图

» 红色往事

从默许支持到主动配合

曾延毅女儿曾常宁、儿子曾亚宁均在耀华学校读书，并积极参与进步学生运动，先后成为共产党员和"民青"成员，对此，曾延毅一直持默许态度。1945 年 9 月，耀华党支部成立后，党组织对曾延毅的情况进行过分析，根据其过往政治表现，决定把曾延毅作为统战对象。经上级党组织同意，党员教师刘子安负责做曾延毅的工作。由于曾延毅是学生家长，刘子安借家访、家长会等机会有意识地与其接触并熟识。1946 年，国民党要逮捕刘子安，刘即以曾家为掩护，居住了一个多月，并与曾延毅多次交谈。此后，由于曾常宁、曾亚宁的关系，曾宅就成为进步同学的活动场所。进步学生常在这里组织聚会、印刷宣传品、组织读书会，后来地下党组织领导的鲁迅图书馆和未名学习会也在家中活动。对此，曾延毅均给予无声的支持。

鲁迅图书馆成立于 1945 年 10 月，由耀华校内几名进步同学自发组织成立，图书是成员拿出自己的书刊凑起来的。起初，图书馆规模不大，馆址设在进步同学刘保瑞家。由于这里可以借到市面上较难买到的一些进步书刊，吸引了不少同学，也成为进步同学聚会的场所。随着图书馆图书越来越多，影响越来越大，刘保瑞家渐渐入不敷出，活动也不太方便。1946 年初，图书馆就搬到条件较好的曾常宁家。在鲁迅图书馆不仅可以看到大量革命文艺书刊，如《钢铁是怎样炼成的》《母亲》《铁流》《宁死不屈》，以及鲁迅、郭沫若、巴金、茅盾的作品，还可以看到一些社会科学方面的书籍，如《马克思主义十二讲》《通俗经济学讲话》等进步书刊。

反"甄审"斗争胜利后，耀华党支部决定以鲁迅图书馆为基础建立一个半公开的革命团体，取名"未名学习会"，活动地点也定在曾宅。随着未名学习会的成立，为满足同学们对革命书刊的需求，图书馆藏书内容也日益丰富。地下党员通过各种渠道弄来解放区出版的《新民主主义论》《论联合政府》《晋察冀日报》《新华日报》等革命书刊。这些书的封面大多用《婴儿保育法》《三国演义》《封神榜》等书名伪装起来。图书馆的主要服务对象是未名学习会成员，同时也向广大同学开放，甚至外校的一些同学经介绍也来这里借书。

图书馆的负责人和管理人员都是地下党员和进步学生骨干，包括曾常宁、曾亚宁。他们把可以公开借阅的书刊放在外边，把"违禁"书刊放在里面，根据对借书人政治立场的了解提供借阅。这些内容丰富、富有时代战斗精神的书刊，引导一批青年走上革命道路。1946 年 6 月，为防止敌人破坏，未名学习会和鲁迅图书馆停止活动，几名党员和进步骨干把所有图书编号注册，分散存放，其中一批书转给了地下党领导的广西路青年会图书馆，一部分进步书刊和党的文献资料，珍藏在曾家三楼的阁楼上。

1948 年 9 月初，南开大学毕业生、地下党员沙小泉（本名刘芳庭）找到已从耀华中学毕业在南开大学就读的曾常宁，向其传达上级党组织的指示，希望其做好自己父亲的工作：一方面，劝降傅作义；另一方面，利用父亲在军政两界的关系获取军事情报，为解放平津做好准备。具体任务是以家庭为掩护，每天收听并记录新华社广播，一份交给沙小泉，供地下党组织使用，另一份给父亲曾延毅，并让曾延毅转给傅作义的老师刘厚同，让他们了解解放战争的形势和党的政策。

起初，曾常宁只是试探性地把新华社广播的重要消息、社论等记录下来，念给父亲听。见父亲总是默不作声，后来，曾常宁让父亲和自己一起听新华社的广播，曾延毅也没有反对。几天后，曾常宁见时机成熟，就对父亲讲明了自己的身份和任务，希望他和从解放区来的地下党员见面。曾延毅表示同意。此后，曾延毅多次在家中与地下党员会面，把傅作义的情况做了详细介绍。曾延毅知道傅作义对刘厚同非常敬重，多次找刘厚同商量对策，两人一起给傅作义写信，并前往北平约见傅作义。曾延毅与刘厚同的努力为争取傅作义起到了重要的辅助作用，加之傅作义女儿傅冬菊的作用以及全国解放形势的压力，最终促成了北平的和平解放。

此外，受天津地下党学委的指示，曾常宁还常常利用父亲在军界的社会关系，为解放军搜集情报。当时，国民党塘沽专员与曾延毅私交颇好，多次来市内到曾宅借住。每次这位专员来做客，曾常宁即特别留意其公事包和随身带的物品，先后获取"咸水沽兵力驻扎表"和"塘沽城防图"等重要情报，小心抄写后将抄件设法转交沙小泉，为人民解放军迅速解放天津做出贡献。

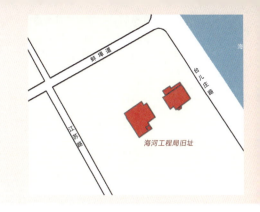

海河工程局旧址

位于天津市河西区台儿庄路 41 号

◎海河工程局旧址（2 号楼）外观

» 建筑历史与风貌

海河工程局成立于1897年，是中国第一家专业的河道疏浚机构。19世纪末，由于海河泥沙淤塞导致水患频繁，航运功能下降。1897年，时任直隶总督的王文韶与英、法驻津领事，以及西洋商会商议治理海河的方案，决定成立河道疏浚机构，即海河工程局。此后，海河工程局通过疏浚海河河道、裁弯取直、吹泥造地等措施，大大改善了海河的通航条件和天津市区的市政建设，使天津发展成为当时北方最大的贸易港口城市。

1911年，海河工程局斥资4.7万两白银在海河岸边建造3幢德式洋楼，用于办公及职员居住。1938年以后，海河工程局被日本人控制，文件也全部改用日文。天津解放后，由天津市军管会接管，1958年更名为天津航道局。

海河工程局旧址现存东、西两幢砖木结构历史建筑，建筑面积766.32㎡，为二层（局部三层）楼房，带地下室。建筑外檐为红砖清水墙，局部白水泥饰面，铁瓦坡顶，山墙带几何图案，楼顶设有天窗，局部设小阳台，方窗，窗楣带几何图案。外观简洁、明快，具有德式建筑风格。现为天津市文物保护单位，重点保护等级历史风貌建筑。

» 红色往事

忍无可忍，工人自发组织增资斗争

解放战争时期，国民党水利委员会所属天津海河工程局工人待遇很低，加之物价不断上涨，工人根本无法维持最低生活水平，而且每日工作10小时，无休息日。1946年5月30日，该局职业工会选派代表向局方请愿：提出每人每月最低工资10万元并加面粉半袋、工作时间改为8小时，星期日休息，加班应发加班费等7项要求。局方6月4日答复：工人工资暂按4万~6万元4个等级借支，6月1日起实行8小时工作日，加班费每小时按所得工资0.5%计算。同时警告工会：工人不得干涉厂方派员执行任务，工会亦不得干涉本局行政。次日，工会召集会议研究后，决定再向局方交涉，要求最低工资每人每月以6万元为限，另加面粉半袋。这比原来提出的要求已做了让步，但局方仍然拒绝。

348

经国民党市党部社会局插手"调解",13日局方答应人工增资至57 050元,接近工人提出的要求。不料局方又从中玩弄花招,次日公布了调低底薪的"技工新旧等级工资对照表"。由于局方拒绝答复工会代表的质问,毫无解决问题的诚意,因此工人群众闻讯后非常气愤,便自发组成"请愿团"到社会局请愿。社会局召集海河工程局代表一起开会解决,局方代表承认"对照表"是错误的,但对工人各项要求不作答复。

事情拖了一个星期仍未解决,工人们因数次请愿要求均被拒绝,实在忍无可忍,于是公推4名代表,率领300多名工人群众到海河工程局进行集体请愿。4名代表进入局长室,质问局长为何迟迟不做答复。局长不仅拒绝回答,而且破口大骂,勒令工人代表"滚出去"。代表们据理力争,局长恼羞成怒,首先动手,双方扭打在一起,五六分钟后,30多名持枪警察闯进办公室,不问原委,把工人代表押送警察局。请愿的工人群众见代表被捕,即尾随追去,迎面又冲来30多名警察,持枪阻拦工人,并向工人开枪,打伤请愿工人10多人。工人怒不可遏,齐集警察局空场,要求释放工人代表,后又被闻讯赶到现场的市警察局长亲自指挥用武力驱散。

为了营救被捕的工人代表,海河工程局职业工会发表宣言,呼吁全社会同情和支持。全市各业工会137个单位于26日在天津市工会开会,商讨援助办法,要求释放被捕工人代表。海河工程局职业工会抗议局方违约背信、压迫工人,并封闭小孙庄修理工厂、导致停工。大批工人前往国民党市政府、社会局、警察局等部门请愿,要求释放工人代表和严办祸首。1946年7月,国民党中央政府水利委员会为天津海河工程局"撑腰",4次呈报行政院,要求"转饬天津市政府对肇事工人应予依法严办",这与天津市政府的调解意见发生矛盾。水利委员会不顾海河工程局工人生活困境,片面强调工人"聚众殴伤长官,殊属不法已极",并急电要求天津市长张廷谔"严办肇事工人并对海河工程局严予保护"。市政府当局只能执行命令。海河工程局工人的合理增资斗争,最终遭到反动当局的蛮横镇压。

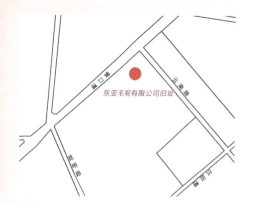

东亚毛呢有限公司旧址

位于和平区云南路 2 号

◎东亚毛呢有限公司公事楼旧址外观

◎ 东亚毛纺厂历史照片

» 建筑历史与风貌

天津东亚毛呢有限公司（简称"东亚公司"）创建于1932年4月，由爱国实业家宋棐卿集资创建。厂址初设在意租界。1936年7月，迁址英租界新厂址。1947年7月，更名东亚企业股份有限公司。

东亚公司以毛线、毛衣、驼绒、毛毯等为主要产品，拥有抵羊牌、五羊牌、孔雀牌等多个知名品牌。其中，抵羊牌毛线质量最好，是近代中国家喻户晓的名牌产品。抗战后期及解放战争时期，党组织在东亚公司内部一直有多个系统领导工人运动，并积极开展统战工作。

中华人民共和国成立后，东亚公司于1954年11月实行公私合营，更名天津市公私合营东亚毛麻纺织厂，1980年5月更名天津东亚毛纺厂。

东亚毛呢有限公司旧址建有办公楼和厂房100余间，建筑为长方形建筑群，主要出入口设在厂区东南角，门前雕"抵羊"一对，为该厂生产毛线商标，寓有抵制洋货之意。

东亚公司公事楼是一座具有典型现代建筑特征的办公楼，立面简洁，没有任何装饰，窗间墙为红砖砌筑，大面积的玻璃窗与简洁出挑的雨棚，使整个建筑具有很强的现代感。

» 红色往事

进退唯我，从容护厂迎解放

1948年下半年，国共内战形势已呈明朗化，国民党欲做垂死挣扎，天津市区处于白色恐怖之中。东亚公司产业工人多，工人运动活跃，因此，厂区周边时常有特务监视，气氛十分紧张。至 10 月底，厂内大多数党员和进步工人已引起敌人注意，部分人员及时撤回解放区，以避免重大损失。

11 月中旬，冀中系统地下党员石小东前往天津，准备以中共中央华北局代表的身份找宋棐卿谈话。当时，党组织已掌握宋棐卿的基本情况，认为宋是民族资产阶级的代表，在天津有一定的影响，如能争取过来，对党的统战工作将会有很大帮助。石小东进入天津后，住在《大公报》报社内，通过党的情报人员了解了当时天津上层社会动态和宋棐卿的近况后，即前往宋棐卿家中，向他交代了中共有关保护民族工商业政策，希望其组织工人保护工厂，严防国民党特务的破坏，宋当场表示同意。次日，石小东返回解放区。

平津战役前夕，冀中系统的领导向地下党员张国钧传达了有关护厂迎解放的指示。张国钧立即向厂内地下党员传达了上级指示，讲明全国形势，强调防止国民党特务的破坏、组织护厂队的重要性，并研究应对措施。当时，东亚公司工会只剩张国勋（地下党员慧云直接领导的秘密关系）一人主事，其他加入工会的地下党员全部被捕。由于张国勋尚未暴露身份，于是立即以工会的名义找厂方协商组织护厂问题，并取得一致。商定由厂方和工会共同出面组织工人护厂队，按事先的布置，准备了两套方案：一是如果敌人来得多，即组织全体工人与敌方据理力争；二是如果敌人来得少，就直接打出去。工人们还准备了砖头、木棒、石灰袋子等以备不时之需。

1949 年 1 月上旬，解放军已兵临城下，13 日，全厂停工，护厂队的工人们在党组织的领导下，夜以继日地守护工厂。14 日晚上，张国勋、张国钧两人找到之前联系的秘密关系马树元，一起来到公事房，按上级领导事先的布置，由马树元执笔，草拟一张布告，上书："奉上级令，为协助人民解放军顺利开展工作，维护本公司产业安全，并建立革命新秩序，特组织工人纠察队，希本公司工友踊跃参加为荷"。布告贴出后，很快就有许多工人报名。纠察队由地下党员张国钧等负责，纠察队队员找到厂务主任，让其开仓库拿出半匹布，用来给工人纠察队做袖标，厂务主任非常配合，打开仓库拿出了一匹白布。

1 月 15 日清晨，一队解放军进入东亚公司，工人们欢呼雀跃。张国钧、张国勋带着几个工人跑进饭堂，抬来几大桶刚熬好的米汤，让解放军战士解渴。得知解放军还要向耀华中学方向进攻时，两名工人主动带路。

在党的地下组织和工人们的共同努力下，东亚公司完好无损地回到了人民手里。天津解放后第三天，东亚公司即正式复工，与全市人民一起迎来了国家民族的新曙光。

刘少奇东亚之行

天津解放后，为宣传贯彻党的七届二中全会精神，经毛泽东提议，刘少奇于1949年4月10日至5月7日到天津进行调查研究。刘少奇此次天津之行的目的十分明确：解决恢复生产、发展经济问题。

1949年4月21日，刘少奇和夫人王光美在华北纺织工业局负责人的陪同下乘车来到东亚公司，在公事楼前受到东亚公司全体管理人员和工人代表的热烈迎接。随后，刘少奇和王光美一行步入二楼会客室座谈。其间，刘少奇对企业的发展规划给予肯定和赞赏。

座谈结束后，刘少奇一行还参观了东亚公司的毛纺、麻纺车间。在麻纺车间，刘少奇与正在工作的东亚党支部书记、职工临时代表会主席张国钧等工人握手，询问了工人们的生活和工作情况。随后，刘少奇一行又乘车到东亚小学和东亚幼稚园视察。

刘少奇的东亚之行使公司全体职工倍感自豪和光荣，全厂职工生产热情空前高涨，纷纷表示要努力生产，支援解放军南下，解放全中国。同时，天津市的工商界人士也受到巨大鼓舞，纷纷表示要迅速恢复和发展生产，为国家、民族的复兴贡献力量。

天津电报总局大楼旧址

位于和平区赤峰道 65—69 号

◎天津电报总局大楼历史照片

◎解放前天津电报总局大楼历史照片

◎现状外檐局部

» 建筑历史与风貌

  天津电报总局创立于1880年10月，为清末创办的近代电信企业。原址位于老城厢东门内大街。1881年11月津沪电报线完工之际，正式命名为中国电报总局。1884年春，总局移至上海，在各地设分局。1924年，天津电报总局迁至法租界办公。该楼原为开滦煤矿公司办公楼。1943年，国民政府交通部电信总局将各地按业务性质分别设立的电报局、电话局和无线电台等合并，改称电信局。抗战胜利后，天津电信局设在原电报总局大楼内。

  原天津电报总局大楼建于1924年，为钢筋混凝土结构楼房，地上三层，地下一层。首层为营业大厅，二至三层为办公用房。建筑立面构图采用西洋古典建筑三段式设计手法。首层为条状水泥抹灰墙面，拱券窗、方窗同时使用；二层至三层为红砖清水墙，入口、窗间及檐口下方为抹灰墙面。主入口处由4根圆柱支撑雨篷，上部及两侧有6根附壁柱，柱头为变体爱奥尼克，檐口做2个弧形山花，内有盾形装饰，以强调入口。转角处入口上部设小型阳台，上部置三角形断山花及盾形装饰。原楼顶设标志性盔顶钟塔楼，1976年在地震中损毁。建筑为平屋顶，屋顶周边设宝瓶护栏，

◎天津电报总局大楼立面测绘图

檐部出挑，檐下设齿饰。建筑整体稳重大气，立面处理繁简适度，比例良好。现为天津市文物保护单位，一般保护等级历史风貌建筑。

» 红色往事

被逼出来的"饿工"斗争

1948 年 10 月 29 日，天津电信局 1 800 名职工爆发了持续 6 天的反饥饿、求生存的"饿工"斗争，在全市各界及全国电信系统中产生了极大影响。

当时，随着国统区经济的总崩溃，极端的通货膨胀和空前的物价暴涨，特别是粮、油、布等生活必需品价格的猛涨，直接剥夺了广大人民起码的生存条件。自 1947 年夏，天津电信局职工为改善待遇，多次到国民党社会局请愿。1948 年 10 月底，天津电信局职工忍无可忍，在地下党组织的领导下，开展了震动全国的"饿工"斗争。

"饿工"斗争前夕，正值北京电信局职工组织"饿工"斗争和天津电车工人大罢工之时。电信职工首先召开临时紧急会议，选出 8 名代表提出新的改善待遇要求：一月薪金之外，每人再发救济金 800 元、煤 1 吨、面粉 2 袋，并限于 29 日下午 5 点前答复，否则即举行"饿工"。会议还推选了两套指挥班子，准备所选代表一旦被捕，即由第二梯队继续领导斗争。

10 月 29 日上午 10 点，200 名电信职工代表来到电信局礼堂，要求工会出面答复条件。在反动当局授意下，几名局工会头目到礼堂和职工代表见面，软硬兼施，企图瓦解职工斗志。职工代表的据理力争使这些人无言以对，宣布工会全体辞职，让职工代表自己去和局方交涉。职工代表阮正方等人立即以小组职工代表会谈判代表的身份，上楼与局长黄如祖谈判。谈判时，国民党天津市政府当局代表及工会头目也在场。双方僵持了五六个小时，局方对职工代表提出的要求不予答复。由于担心谈判代表被扣留，在大礼堂等候的职工代表一直等到下午 3 点，最后决定先去吃饭，饭后在一分局等待结果再考虑下一步安排。

至当晚 5 点，全体职工代表在电信一分局召开会议，局长黄如祖出面答复，表示不能接受全部 3 项条件，只能先发给每个职工 120 元，代表们愤怒地表示拒绝。6点半，职工主席团主席阮正方立即指示联络组组长、地下党员刘长顺发布行动命令，全局近2 000名职工开始实行"饿工"，并发出《天津电信局全体员工为解决饥饿告各界同胞书》，通电全国各地电信局请求支援。据《大公报》报道："值班员工都坐在自己工作的地方，不工作，也不下班，除军用及新闻电报电话外一律停止发送，员工自己选出纠察人员在旁监督。"

由于"饿工"斗争触动了国民党统治当局要害机关——通信系统，因此国民党天津当局十分惊恐，10月30日清晨开始出动军、警、宪、特四处抓人，36名职工遭逮捕。为抗议当局的镇压行动，30日清晨，1 000余名电信职工来到警备司令部门外，要求释放被捕职工，再谈判其他条件。警备司令部以被捕人员身份需进一步"侦察"为由拒绝释放。职工群众又来到电信局，把电信局团团围住要求局长出面。局方推脱释放被捕人员非局方所能答复，职工则坚持不释放代表就不谈判，事态陷入僵局。参加"饿工"斗争的电信职工自上午到深夜，轮流在电信局门前守候，据《大公报》报道："夜间200多人则聚集电信局门口，拥被相依，状极凄切。"国民党反动当局出动装甲车和大批军警特务，并架起机关枪，职工群众情绪激昂，毫无惧色，一些代表向来访的记者呼吁舆论支持"饿工"。至深夜12点，反动军警借口宵禁时间已到，把职工押上汽车，强行疏散到墙子河外和民园体育场等处。

次日，电信局门前布满铁丝网，后门停装甲车一辆，警察荷枪实弹来往巡逻，其他各分局都有警察把门。电信职工仍然坚持"不先把人放出来，则一切条件不能考虑"。当日下午，警备司令部在各方压力下准备释放部分员工，但被释放职工拒绝出狱，要求释放全部职工，并决定在狱中绝食，以示抗议。

天津电信职工"饿工"斗争得到了广大市民的同情和支持，在一些城市也引起了连锁反应。市内许多电话用户对"饿工"斗争表示理解和同情，北平、塘沽电信职工代表来津慰问，南京、汉口、青岛、唐山等地电信职工发来慰问电，四面八方的同情、声援，鼓舞了职工的斗志。

11月1日，国民党天津总工会出面调解，职工坚决表示必须先释放被捕代表再谈复工。同日，天津警备司令陈长捷发表威胁性谈话，声称"此次电信工潮，其中确有匪谍操纵。……当前戒严时刻，依法不得有聚众、请愿、游行、罢工等行为，饿工实际与罢工无异"，并扬言："若再拖延不能复工，只有出于军管一途。"天津电信职工毫不妥协，团结一致，在全国电信职工支持下继续坚持饿工斗争。

11月4日，南京国民政府社会部部长谷正纲给天津市长杜建时发来特急密电，要求"妥速解决，以免事态扩大"。当日，由于新选出的职工代表中混入国民党特务分子，谎称被捕人员已经获释，欺骗职工于当日中午12点复工。当复工职工发现被捕同事并非全部释放，方知被骗，不少人失声痛哭，但局面已不可挽回。局方迫于舆论压力答应改善职工待遇，每人发救济金240元，为员工每人购买面粉一袋，另外与工人代表共同去交涉配给煤问题。

复工后，电信员工为营救仍在关押中的7名职工继续努力。11月23日，警司又释放4人，但仍将阮正方等3人关押不放。此时，平津战役开战在即，地下党员已转入组织群众开展护厂斗争。3名被捕人员直至天津解放才最终出狱。

"饿工"斗争和全国人民反饥饿、反内战斗争相呼应，极大地震动了即将覆灭的国民党统治，有力地配合了人民解放战争，加速了国民党反动统治的灭亡。

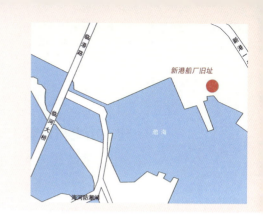

新港船厂

位于滨海新区新港机厂街 1 号

◎ 新港船厂公事房外观

» 建筑历史与风貌

新港船厂始建于 1939 年，初名北支新港临时建设事务局机械工厂，主要从事筑港机械和工程船舶修理。全面抗战爆发后，日军为掠夺华北资源，开始在塘沽修建新海港。1940 年 10 月，新港筑港工程正式开工，机械工厂更名新港工程局机械修造厂，此时只能对筑港机械和工程船舶进行小故障维修。1944 年 4 月，由于修理大型船舶的需要，厂区开始兴建 3 000 吨干船坞，但至日本战败，仅建成坞底。日本投降后，由国民政府交通部接收，由于管理混乱，工厂陷于瘫痪状态。1948 年 4 月改组，并更名交通部新港工程局修理总厂，有工人 1 000 余人，原有 3 000 吨干船坞续建竣工。但由于时局动荡、工人罢工，工厂不能正常运转。

1949 年 1 月，塘沽解放后由军事管制委员会接管，更名为"交通部新港工程局第一修船厂"。中华人民共和国成立后，修船厂逐步发展成为国内骨干造船企业，是华北地区最大的专业修造船基地。2017 年 11 月，工厂整体搬迁完毕。随时代变迁，工厂虽曾数易其名，但人们仍习惯称之为新港船厂。

新港船厂老厂区现有历史建筑公事房 1 座、二号船坞 1 处、二号造船平台 1 处，占地 90 000 ㎡。新港船厂既是日本侵华的历史见证，又是中国造船工业的代表性遗存。现为尚未核定公布为文物保护单位的不可移动文物。

» 红色往事

压不住的船厂工潮

新港修船厂地处大沽战略要地，国民党当局在船厂内设有警务组、除奸组、驻厂部队等反动组织，极力强化特务统治，唯恐工人闹事。

从 1947 年春起，新港修船厂以经费拮据为由，拖欠工资、数次裁员。工人迫于生计，自发地组织起来举行罢工，多次与厂方交涉无效后，工人开始消极怠工。1948 年 3 月 9 日，厂内三青团骨干、人事科干事、工会理事孟某来到钳工场房巡查，见工人们三五成群地在一起烤火闲聊，便火冒三丈，命令工人回到各自岗位。工人们表示拒绝。孟某恼羞成怒举枪恐吓工人，枪虽未响，但激起了众怒，工人们挥拳朝其冲过去。孟某见状转身逃进了警备队机枪连，以求军警庇护。此事发生后，修船厂工人联合船闸工人掀起了罢工高潮。

3 月 11 日，新港修船厂和新港船闸等处工人 600 人先后罢工，致使工厂全面停产，船舶停航。工人推举 6 名代表向局方请愿，提出 3 项条件：一是增加底薪；二是补发前两个月所欠工资；三是惩治孟某持枪恐吓杀人未遂罪。局方派主任秘书熊某接待了工人代表。他极力说明局方经费困难，底薪尚难增加，并解释：改变面粉配给办法，局方亦无能为力，因政府规定只限五大都市，塘大地区无法照此办理。唯薪金数 3 月恢复，工人每人可先借 100 万元。局方答应向交通部请求提高工增待遇，工人罢工告一段落。但局方随即以经费困难为由，突然宣布裁员 200 余人，约占全体职员的 1/3，并首先将局长的儿子裁员，以此缓和工人情绪。由于厂方迟迟没有改善工人待遇，工厂仍处于半停产状态。至 5 月中旬，修船工人再次罢工，局方改变策略，"发动"员工检举煽动工潮者，姚贻枚、靳国贤等 20 余名地下党员和进步工人被逮捕。

姚贻枚、靳国贤均是北平的大学生，毕业后于 1947 年底来到塘沽进入新港工程局工作。姚贻枚当时为浚勘队副队长，靳国贤是一名职员。两人在同工人的接触中建立了深厚的感情，当了解到工人们希望这些大学生组织一个夜校教工人学文化，便在修船厂食堂办起工人夜校，姚贻枚、靳国贤等教师授课，学员有 30 余人。夜校授课内容倾向进步，讲授的内容主要是社会发展史、社会见闻，以及要改变社会面貌就必须革命等浅显道理。夜校很快被特务盯住，提醒工会理事不要掉以轻心，要严密监视，发现问题及时上报。当 5 月中旬工潮再起时，局方先从夜校下手，将夜校教师全部逮捕，当天夜里关在一所医院里，转天押送至天津，后又转到北平监狱。最终因查无实证只得释放，一行人出狱后即投奔解放区。

平津前线司令部旧址

位于蓟州区礼明庄镇孟家楼村

◎平津前线司令部旧址内院

» 建筑历史与风貌

平津前线司令部是平津战役的指挥中心，由中央军委决定于 1948 年 12 月 11 日成立。司令部等军事机关位于今蓟州区南侧礼明庄镇孟家楼村为中心的八里庄村、裴家屯村、郑家套村的若干民居内。

蓟县虽为老革命根据地，但国民党势力依然存在，出于确保首长安全等因素的考虑，平津前线司令部对各首长的驻地进行了周密安排：林彪、罗荣桓与东北野战军指挥机关位于礼明庄镇裴家屯村孟家楼。建筑原为当地一户富户农宅，砖木结构，由紧邻两路院落组成。东院有正房 5 间，门楼 1 座，西院正房为穿堂式，一明两暗，东次间约 12 m²，前委书记、司令员林彪在此居住。西次间为作战室，墙上挂满军用地图，屋顶架设防弹铁丝网。厢房供作战、机要及警卫人员居住。现为全国重点文物保护单位，重点保护等级历史风貌建筑，第一批天津市革命文物。聂荣臻所率华北军区指挥机关位于距东北野战

◎ 院落后面

◎ 平津战役聂荣臻指挥部旧址

◎ 刘亚楼驻地旧址

军机关 1.5 km，是一座四合院民居。刘亚楼驻地位于泗溜镇郑家套村郑宗顺家，距孟家楼 0.5 km。郑家深宅大院，地处全村地势制高点，有正房 3 排，厢房环绕，防御功能较强。刘亚楼住在此院二排正房东屋，西屋存放给养和杂物。

» 红色往事

挥师入关，拉开平津战役大幕

1948 年 11 月中旬，辽沈战役结束不久，按照中央军委停止休整、立即入

关的战略决策，东北野战军刚刚组建的 12 个纵队及特种兵部队百万余人迅速挥师入关，进驻华北地区，将国民党傅作义集团分割包围在北平、天津、塘沽、张家口和新保安等孤立地区。

1949 年 11 月 30 日，林彪、罗荣桓、刘亚楼、谭政率东北野战军指挥机关由沈阳出发，经喜峰口，于 12 月 7 日进驻蓟县县城南 10 km 的孟家楼。为统一指挥平津战役，11 日，中央军委决定成立平津前线司令部。13 日，为做好平津解放后的城市接管工作，中央军委任命华北野战军司令员聂荣臻为平津区卫戍司令。同日，聂荣臻由河北省平山县孙庄启程，经保定、卢沟桥等地，于 21 日晚到达平津前线司令部所在地——孟家楼，与东北野战军领导人林彪、罗荣桓、刘亚楼会合。孟家楼这座平常小村庄，由此成为林彪、罗荣桓和聂荣臻等解放军高级将领指挥平津战役的前线司令部。同时，平津前线司令部政治部设在泗溜镇的八里庄，冀东区战勤司令部和刘亚楼驻地在泗溜镇郑家套村。早在 1948 年 2 月，解放军即设立冀东区战勤司令部，领导冀东人民支援平津战役工作。各专区和县设战勤指挥部，村设战勤生产委员会，对生产和战勤工作实行统一领导。张明远任冀东区战勤司令部司令员、区党委副书记，李楚离任政委。

前线司令部建立后，立即动员蓟县、津武、宁河等县人民群众参军参战，全力支持解放军的平津战役。各县仅用 8 天时间，就运粮 1.4 万 kg，运草料 2.1 万 kg，杀猪 110 头，赶制鞋袜 2 810 双，提供挖堑壕用的铁锹、铁镐 2 000 把。蓟县 5 万民工冒风雪，突击两天一夜，抢修公路 300 km，冀中 3 800 人的架桥大军，9 天时间在大清河上架桥 30 座。4 万余人的砸冰队将大清河安新至杨柳青 130 km 水路的冰层砸开，保证了水路畅通。人民群众的大力支援为天津战役的胜利打下了坚实的后勤保障基础。

杨柳青军事管制委员会旧址

位于西青区杨柳青镇估衣街 47 号石家大院内

◎石家大院入口

» 建筑历史与风貌

在解放战争后期，中共中央根据当时新解放的城市情况复杂、矛盾尖锐，不适宜立即建立地方政权的实际情况，确定在新收复的城市实施军事管制制度，以军事管制委员会（简称"军管会"）作为城市的最高权力机关，统一领导城市军政工作。军管会主任一般由驻军最高军事首长担任。杨柳青市军事管制委员会成立于1948年12月20日，隶属中共冀中区，辖镇内各街，办公地点设在石家大院。至1949年4月，杨柳青结束军事管制。

◎ 院内

石家大院位于杨柳青镇御河桥西，门前是京杭大运河流经天津的南运河，原系

◎ 戏楼

清末天津八大家之一石元仕住宅。石家原籍山东，祖辈靠漕运发家，后在清乾隆年间定居杨柳青，以后广置田产，家业兴隆。石家于1823年析产为四大门，分别是福善堂、正廉堂、天锡堂、尊美堂。各堂门均建有一所颇具规模建筑。其中，四门尊美堂治家有道，人丁兴旺。

现石家大院即为尊美堂宅第。主体建筑始建于清光绪初年，为小式硬山做法，有200余间房屋。整个院落以箭道分为东西两路，共有10个合院，均为瓦屋面，北房均为五开间清水脊，厢房为三开间马鞍脊。整座大院呈长方形，南北长，东西短。正门坐北朝南开在南运河边，东侧五进四合院，西侧由戏楼、客厅、佛堂等建筑组成。戏楼为砖木框架结构，三座垂花门融南北建筑风格于一体，设计巧妙，砖、木、石雕题材多样，工艺精美，造型别致，中西合璧。现为全国重点文物保护单位，特殊保护等级历史风貌建筑。

» 红色往事

历史名镇也曾军事管制

1948 年 11 月，辽沈战役结束后，东北野战军于 11 月 23 日挥师入关，实施对平津等地的战略包围，准备发起平津战役。12 月 20 日，东北野战军解放津西重镇——杨柳青。其部 38 军、39 军（二纵队）驻防杨柳青地区。23 日，中共冀中区八地委前委派许海涛、董成彬、李轩等工作人员进驻杨柳青，并迅速成立杨柳青市军事管制委员会，许海涛任军管会主任，董成彬任副主任，李轩任市长。军管会下设组织股、宣传股、治安股、工商股和后勤股。

杨柳青地区解放之初，群众不了解党的方针政策，天津又尚未解放，敌人造谣破坏，敌机不断袭扰，以致社会秩序动荡、群众思想混乱。为了稳定人心，军管会张贴布告，召开各界人士会议，大力宣传党的城市政策，向群众讲明解放战争形势、分析敌我力量对比，说明天津、北平即将解放，及时消除了群众的思想顾虑。与此同时，组织力量拆除敌人遗弃的碉堡工事，修复被破坏的公共设施，增加驻军数量，加强防空力量，社会秩序和群众情绪日趋稳定。

为迅速稳定社会秩序，军管会成立后，立即下令收缴反动分子暗藏的武器，共缴获长短枪 391 支、子弹 1.8 万发、接收修械所 1 座，军服军鞋 3 800 多件，接收杂粮 9.39 万 kg，小麦 0.9 万 kg。此外，军管会还建立了支前委员会，就地筹粮 10.285 万 kg，组织民夫 1 万余名，动员大车 512 辆，征集各类器材 42 种 4 000 余件，有力地支援了天津战役。

为加强社会治安管理，军管会宣布所有敌伪组织一律非法，对反革命分子的活动采取坚决镇压，对敌伪人员采取大力争取、教育改造的方针。根据依靠多数人管制少数人的精神，发动群众进行管理，以专股为主，组织登记人员学习，对其进行教育，号召他们从事生产劳动，认真改造，重新做人，同时对破坏社会稳定的抢劫、贩毒、赌博等案件及时进行打击处理，由于采取了上述措施，社会治安环境得到扭转。

1949 年 3 月在军管会的领导下，杨柳青建立了 16 个街公所。4 月，经中共冀中地区八地委与天津县商定，杨柳青地区结束军事管制，撤销杨柳青市建置，划归天津县，成立杨柳青镇各级党政机构，管辖范围为镇内 16 个街。

八里庄村
和平解放北平谈判旧址

和平解放北平谈判旧址

位于蓟州区洇溜镇八里庄村

◎ 和平解放北平谈判旧址外观

» 建筑历史与风貌

和平解放北平谈判始于 1948 年 12 月中旬，是国民党华北"剿总"司令傅作义在东北野战军百万大军挥师入关、中央军委决定发起平津战役并在京东蓟县孟家楼成立平津前线司令部、人民解放军包围北平的强大军事压力下，在中共北平地下党组织策动争取、北平各界进步人士强烈要求与敦促下展开的。谈判共进行三次，前两次都是在东北野战军政治部所在的蓟县泗溜镇八里庄村西周家进行，第三次是在通州五里桥张家大院。

在蓟县泗溜镇八里庄举行的两次和平解放北平谈判都是在村民周庆海之子周新华家。旧址面积约 800 m²。原有正房 5 间，东西厢房 3 间，门楼 1 座，皆为抬梁式，硬山顶。该旧址现仅存残墙基。

» 红色往事

为千年古都和平解放而进行的三次谈判

1949 年 12 月 14 日，傅作义派华北"剿总"主办的《平明日报》社社长崔载之作为自己的代表，在曾任《平明日报》记者、采访部主任的地下党员李炳泉陪同下，一行 5 人携带一部电台秘密出城。17 日上午来到东北野战军政治部所在地蓟县八里庄村西周家，这里距平津前线司令部所在地孟家楼 5 km 左右。东北野战军司令部参谋处处长苏静负责接待崔载之一行。

12 月 19 日，刘亚楼与崔载之开始正式谈判。崔载之表达了傅作义谈判诚意后，提出三项和谈条件：解放军停止一切攻击行动，两军后撤，通过谈判达到平、津、张、塘一线和平解决问题；为搞到一些蒋介石的大型飞机，解放军让出南苑机场；为制约城内蒋系军队，解放军将新保安包围的第 35 军放回北平。此外，还表示傅作义愿意参加华北联合政府，军队将交给联合政府指挥。刘亚楼则阐明了中共和平解决平津问题的基本原则：以放下武器、解除武装为前提，绝不允许保留其反动武装；不建立华北联合政府；把中央军顽固的军、师长逮捕。如同意这些条件，可以保障傅作义本人及其部属生命安全和私人财产免受损失。这次谈判由于双方条件差距太大，未获结果。崔载之奉命回北平，但李炳泉和带来的电台仍留在八里庄，双方继续保持联系，第一次谈判就此结束。

就在傅作义犹豫不决之时，华北、华东战场局势发生了巨大变化。先是解放军采取"打两头孤立中间"的策略，12月24日，攻克新保安、张家口，全歼傅作义两支精锐部队35军和105军，斩断了傅作义的西逃之路。25日，中共中央宣布蒋介石等43人为头等战犯，傅作义位列其中。这些都给傅作义极大的震慑。

1949年1月6日，傅作义第二次派出谈判代表——华北"剿总"少将、民事处处长周北峰和民主人士、燕京大学教授张东荪。周北峰与傅作义是同乡，曾受傅之托到延安与中共中央商谈合作问题，此后多次代表傅作义与中共进行接触。张东荪受到国共双方信任，此行作为第三方代表负责居中调停。一行人经东北野战军第2兵团司令部所在地青龙桥，于次日到达蓟县八里庄，与平津前线司令部领导人林彪、聂荣臻、罗荣桓、刘亚楼等进行第二次谈判。这次谈判分两次进行，8日上午，聂荣臻与张东荪、周北峰分别进行交谈，并将会谈要点电告中央军委。根据中央军委复电指示，9日上午林彪、聂荣臻一起从平津前线司令部孟家楼来到八里庄，同张东荪、周北峰会谈。谈判中，中共方面提出：在所有的军队一律解放军化，所有的傅作义部所辖的地区一律解放区化的条件下，对傅部起义人员一律不咎既往，所俘傅部人员一律释放，傅作义部队总部及高级干部人员一律予以适当安排。对此张东荪、周北峰十分满意，并且提出了军队改编的方案，即傅方军队调出平津两城，遵照人民解放军命令开赴指定地点，通过整编方式，根据人民解放军的制度改编为人民解放军。这次谈判取得了很大进展，双方草签了一份书面《谈判纪要》，并约定1月14日为傅方答复的最后期限。和平解放北平的时机日趋成熟了。

第二次谈判虽取得很大进展，但傅作义仍然犹豫不决。14日是傅作义做出答复的最后期限，傅派出华北"剿总"的副总司令邓宝珊作为全权代表，偕同周北峰出城，到达通县城西的五里桥与林彪、聂荣臻、罗荣桓进行第三次谈判。而此时，解放军已开始强攻天津市区，至15日上午双方开始正式谈判之时，解放军已基本攻克天津，天津自然不在谈判范围之内，而北平也成为名副其实的孤城，20多万守军完全在解放军包围之中，傅作义已没有讨价还价的筹码。因此，第三次谈判进展很快。16日，双方达成了初步协议。21日，傅作义在华北"剿总"机关及军以上人员会议上，宣布了北平城内国民党守军接受和平改编，发出了《关于全部守城部队开出城外听候改编的通告》。22日，傅作义在协议书上签字，并发表广播讲话。同时，城内国民党守军开始移驻城外指定地点听候改编。千年古都北平终于成功实现和平解放。

平津战役天津前线指挥部旧址

位于西青区杨柳青镇药王庙东大街4号

◎ 平津战役天津前线指挥部旧址入口

» 建筑历史与风貌

平津战役天津前线指挥部是中国人民解放军解放天津战役的指挥机关。自1949年1月2日至15日，时任东北野战军参谋长、天津前线指挥部司令员刘亚楼在此成功指挥了一场大规模的城市攻坚战，为北平和平解放创造了有利条件。

◎ 陈列室内景

平津战役天津前线指挥部旧址原为杨柳青"戴记钱铺"，是典型的北方四合院，占地384 m^2，传统抬梁式结构，青砖砌墙，有正房5间，东、西厢房各3间，倒座4间，单体影壁1处，有1座砖筑月亮门将倒座与正房、东西厢房隔开，门楼1间。1983年修缮后辟作"平津战役天津前线指挥部旧址陈列馆"，建筑面积134.76 m^2，展厅面积122.76 m^2。海军原司令员萧劲光大将亲笔题写馆名。现为天津市文物保护单位，重点保护等级历史风貌建筑，第一批天津市革命文物。

陈列馆的基本陈列分为3部分：一是前线指挥部复原陈列，复原了当年天津前线指挥部指挥作战的现场，包括刘亚楼和秘书在作战室里指挥作战的大幅照片、平津战役地形图等；二是辅助陈列，通过大量实物、照片和文物资料，再现了东北野战军与国民党军激战津门的战争场景；三是英烈事迹陈列，展示了在解放天津战役中英勇牺牲的部分英雄的事迹和照片。此外，陈列馆还保存了平津前线司令部林彪、罗荣桓敦促国民党天津警备司令长官陈长捷放下武器的亲笔信，以及陈长捷制定的战时手令等珍贵文物。

» 红色往事

近抵前线，指挥天津战役

1948年11月，东北野战军取得辽沈战役胜利后，于23日挥师入关，实施对天津的战略包围，准备发起平津战役。12月初，在蓟县孟家楼设平津前线司令部，20日，津西重镇杨柳青解放，23日，杨柳青市军事管制委员会成立。30 日，时任东北野战军参谋长的刘亚楼被任命为天津前线总指挥。当日，刘亚楼率精干人马从孟家楼出发，于 1949 年 1 月 2 日秘密进驻位于杨柳青的天津前线指挥部。此后，直至天津战役结束，我军高级指战员曾多次在此召开军事会议，部署天津战役作战方案，指挥前线作战。1 月 6 日，指挥部曾遭国民党飞机轰炸。14 日上午 10 点整，刘亚楼在此发出了攻打天津的总攻命令。经过 29 个小时的激战，人民解放军以伤亡 2.3 万人的代价，取得歼灭国民党军 13 万余人、活捉国民党军天津警备司令陈长捷、占领天津市区的重大胜利。这座当时全国第二大城市、北方经济中心、华北最大的工商业城市获得了彻底解放。

震惊中外的天津战役是平津战役的重要组成部分，也是解放战争中人民解放军第一次攻取大城市的成功战例，集军事、政治、经济等为一体的战争手段，丰富了中国共产党关于武装斗争的理论和实践，在中外战争史上留下了重要一页。

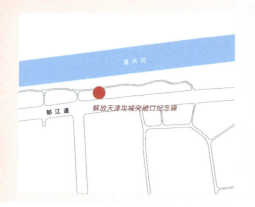

解放天津攻城突破口纪念碑

位于河西区郁江道与五号堤交口

◎ 解放天津攻城突破口纪念碑

» 建筑历史与风貌

解放天津攻城突破口是指 1949 年 1 月 14 日上午天津战役打响后，东北野战军第 46 纵队战士经过十余小时浴血奋战，从天津东南尖山一带率先突破国民党坚固的城防工事，进而打开了进攻市区的南突破口。

2002 年，为纪念东北野战军第 46 纵队胜利攻破天津城南国民党军城防工事，天津市政府修建解放天津突破口纪念碑。纪念碑依复兴河而建，分左右两座并排矗立，靠近西侧的纪念碑底座上，雕刻着"解放天津突破口纪念碑"字样。东侧的纪念碑上，不规则的石头上铭刻着"一九四九年一月十四日"，背面庄严地雕刻着"解放天津突破口纪念碑记"，以纪念革命烈士们的英雄壮举。2009 年，被市委、市政府命名为天津市爱国主义教育基地。

» 红色往事

登城先锋，血洒城南突破口

天津东南的尖山地区是当时国民党守军"大天津堡垒化"城防工事重点防线，解放天津攻城突破口紧邻复兴河。复兴河原为南围堤河，是晚清修筑津浦路陈塘支线时因路基用土就地开挖而形成的一条人工河，位于海河西侧，东西走向，西起纪庄子，与卫津河交汇，东至下河圈海河闸口，与海河相连，全长 5.8 km。南围堤河自挖通后，逐渐成为天津南郊一条重要的引水灌溉和排涝的河流。20 世纪 40 年代，天津国民党守军将南围堤河加深、加宽，挖成一条 3 m 深、10 m 宽的城防河，成为围绕津城、长达 43 km 的城防河的一部分，而且南围堤河靠市内一侧沿河筑起一道 6 m 高的土墙，墙上密布铁丝网、电网，每隔 200 m 筑一座大碉堡，周围设子母堡群，以期形成阻挡解放军攻城的坚固工事。

1949 年 1 月 14 日，中国人民解放军以摧枯拉朽之势向天津国民党城防发起总攻。根据解放军天津前线指挥部"东西对进、拦腰截断、先南后北、先割后围、各个击破"的作战方针，上午 8 时，人民解放军 46 纵队对国民党天津城防南部防线发起攻击，在尖山以南护城河（即复兴河）东西两侧地段发起强攻。由于地形不利，几次强攻未能奏效。

在调整部署后，解放军以强大火力压制住敌人地堡群的火力，137 师 409 团重新发起冲击，3 营 7 连和 1 营 2 连战士率先冲在前面，2 连 3 排 3 班长吕树华高举"登城先锋"的红旗，率领全班战士跃出战壕冲向突破口。由于敌军居高临下，吕树华在冲锋过程中中弹牺牲，战士于米福接过红旗继续前进。在通过第三道铁丝网时，于米福被挂倒，副班长罗开云接过红旗继续前冲。通过护城河时，罗开云身负重伤，于米福再次接过红旗，终于在 13 时 32 分将"登城先锋"的红旗插上城头。

随后，46 纵所属各部队乘胜追击，相继歼灭了土城、杨庄子、福建路、西楼、马场一带的敌人，直插位于城市中心区的耀华中学，最终与其他攻城部队胜利会师。整个战役中，46 纵共歼敌 2.6 万人，491 名战士英勇牺牲，2 424 名战士光荣负伤。

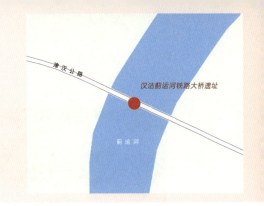

汉沽蓟运河铁路大桥遗址

位于滨海新区汉沽街北部蓟运河上

◎ 蓟运河铁路大桥老桥桥墩及新桥

◎桥头碉堡

» 建筑历史与风貌

汉沽蓟运河铁路大桥第一代桥建成于 1888 年，是当时唐山至塘沽铁路线（唐胥铁路延长线）。该桥是连接京津与冀东地区的要冲，也是华北经铁路进出东北的一处重要交通节点。桥梁由直径 30 英尺的铁梁五连、80 英尺旋开桥 1 座和直径 50 英尺的铁梁十连构成。桥基和桥墩绝大多数是石造结构。由于当时蓟运河运输繁忙，其中一段桥身设计成旋开式。1900 年庚子事变，桥梁被毁，火车运行中断。

第二代桥建成于 1905 年 7 月，桥行间由 200 英尺的两连、100 英尺的一连和 50 英尺的一连构成，桥长 642.79 英尺，呈"工字梯形"。时称"北塘河铁桥"，中华人民共和国成立后统一编称下行"55 号"桥。

第三代桥建成于 1943 年。全面抗战爆发后，为掠夺华北资源，日军修建北京至唐山铁路复线，在蓟运河第二代铁路桥下游 100 m 处修建此桥。造桥所用钢材均由外国进口，桥梁形态呈弧形，长度与北面的下行"55 号"桥基本相同，均为单轨铁路桥。1948 年 11 月，辽沈战役之后，东北野战军东路部队与国民党军队在此展开激烈战斗，最终夺下并保住了大桥，为大部队西进打开通道。中华人民共和国成立后统一编称上行"56 号"桥。1976 年 7 月唐山大地震中，第二代桥和第三代桥均遭重创，严重影响桥体的荷载能力。

第四代桥建成于 1983 年。为满足京山线日益增长的客货运输需要，在两座旧桥上游由中铁大桥局设计施工双线新桥，即今天横跨蓟运河上的京山铁路汉沽铁路大桥。原有的两桥拆除了钢梁和支座，只保留了墩台部分。全桥由三跨各长 80 m 的双线连续钢桁架梁和一跨长 32 m 的双线半窨式钢桁架梁组成，主桁高 11 m，宽 9.8 m。

夺桥之战，扫清西进市区之路

1948 年 11 月，辽沈战役中，东北野战军一鼓作气，一路南下，于 12 月 14 日到达汉沽。横跨在蓟运河上的汉沽铁路大轿成为解放军西进天津的必经之路。由于桥身狭长，周边地势平坦，敌人试图利用天然屏障，将解放军阻挡于蓟运河东岸，使津塘之敌得以喘息，争取从海上逃跑。当时，敌军日夜驻守在南北两座大桥沿岸的 8 个碉堡里，封锁了桥头大约半径 100 m 宽的地面。

为了迅速消灭敌人，团部命令 1 营 2 连立即出动，压住敌人火力。2 连连长张贵带领 3 排战士从铁路两侧迂回桥头附近。2 排做掩护架起两挺重机枪、几挺轻机枪，猛烈地向桥口碉堡射击。连长命令 3 排冲上桥头。由于敌人火力太猛，我军行动又无法隐蔽，结果大部分同志牺牲了。

由于伤亡过大，团部命令 4 连组成尖刀班，接替 2 连，由 2 排做掩护，顺着南桥头的路基冲上去。与此同时，1 排全体战士从南桥南边的稻地沟里向桥口靠近，在距离大桥 100 多米的地方，与桥下营房内敌人交火。由于解放军以稻地沟棱做掩体，没有太大的伤亡。这时，团部看到 1 排从南桥稻地里向敌人突击的办法很好，立即调来部队进行增援。敌人招架不住，溃退于南桥口。在桥口潜伏的 4 连尖刀班，立刻冲了上去，与敌人展开了肉搏战。担任掩护任务的 4 连 2 排，趁机迅速向大桥口推进。

死守在桥西口的国民党军，看到桥东口已经展开了肉搏战，以为桥口被解放军占领，立即将汽油泼在桥上的枕木和路板上，用火点燃，桥上瞬时燃起熊熊大火。桥东头炮楼里的守敌见枕木着火，已无退身之处，自然无心恋战。解放军遂抓住时机立即吹起冲锋号，攻取东桥头。但西桥口的敌人仍做垂死挣扎，将轻重火力集中到西桥口，向桥上桥下猛烈射击。4 连 2 排排长吴春田带领全排战士在大桥上匍匐前进。与此同时，解放军将桥西头的炮楼炸毁，战士们蜂拥而上，冲到桥西口，敌人被打得狼狈不堪，急忙向茶淀方向逃窜，被我部队在途中全部消灭。至此，解放军拿下了蓟运河铁路大桥，为野战部队迅速西进扫清了道路。

金汤桥——解放天津会师地

位于河北区建国道西端与水阁大街之间的海河上

◎ 金汤桥历史照片

» 建筑历史与风貌

金汤桥建于 1906 年，由津海关道和奥、意租界领事署及比商天津电车司合资建设，取"固若金汤"之意，是天津最早也是国内仅存的三跨平转式开启的钢结构桥梁，长 76.4 m，宽 10.5 m。金汤桥是天津市现存早期建造的大型多功能铁桥的代表作。现为天津市文物保护单位，第一批天津市革命文物。

◎金汤桥现状

1949 年 1 月 15 日凌晨 5 时，天津战役攻城部队从东西两个方向在金汤桥上胜利会师，该桥遂成为象征天津市解放的标志性建筑。

» 红色往事

全歼守城敌军之关键

早在"五四"运动时，由于金汤桥桥西即是天津警察厅等军政机关，天津市各界反帝爱国游行队伍经常通过金汤桥，直奔警察厅示威，抗议军警干涉爱国活动的口号声、演讲声时常震撼金汤桥两岸，给天津人民留下了深刻的印象。

天津战役前夕，根据天津市区南北长、东西窄的地形特点和守敌布防情况，前线总指挥刘亚楼部署了"东西对进、拦腰切断、先南后北、先割后围、各个击破"的作战方针。而东西对进的会师地点正是金汤桥。1949 年 1 月 14 日上午 10 时，人民解放军投入了 5 个军 22 个师 34 万兵力，从东、西、南三个方向向国民党守军发起总攻击，打响了解放天津的战役。

解放军东线部队向民权门挺进。民权门有守敌 4 个营，并配备 1 个团的机动兵力，碉堡近百座，还有电网吊桥，是敌人重点把守的八个门之一，被敌人称为"天津之标准工事"。争夺民权门是一场极艰巨的战斗：人民解放军两个纵队在密集炮火掩护下，冒着枪林弹雨猛攻城门，连续 5 次打退数倍于我军的敌人，共歼敌 5 000 余人。杀开民权门后，部队立即分四路沿着金钟河向西继续挺进，在金钟河大街上又与一个营的守敌展开激战，直到当晚才歼灭敌人，全面突破东北防线，并乘胜向金汤桥挺进。

与此同时，西线解放军也冒着敌人的重炮轰击、飞机乱炸，在西营门一线展开激烈战斗，突破敌军西北防线，沿着西马路、鼓楼大街向金汤桥挺进，在桥头占领了警察局，活捉局长李汉元。

15 日凌晨，西线与东线解放军在金汤桥胜利会师，完成了"拦腰斩断"的作战目标，切断了国民党守军的南北联系，打乱了其作战部署，彻底动摇了国民党守军的信心，成为全歼守城敌军的关键。

天津的解放使北平彻底沦为一座孤城，20 多万守敌完全在解放军严密包围之中，傅作义再无与共产党谈判的筹码，大大加快了北平和平解放的进程。

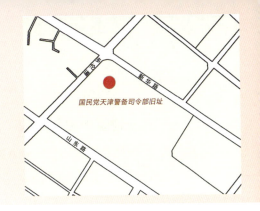

国民党天津警备司令部遗址

位于和平区原新华北路与多伦道交口（今八一礼堂西北侧）

◎ 国民党天津警备司令部历史照片

» 建筑历史与风貌

国民党警备司令是南京国民政府时期在重要城市设立的军政部门，直属国防部，也直接受蒋介石行营、行辕指挥。警备司令部司令有权指挥驻地管辖范围内的军、警、宪、特，但没有人事任免权。解放战争时期，国民党天津警备司令部设在原日租界胜利公园内的日本公会堂。

天津日本公会堂是集图书馆、俱乐部、租界局、民团事务所等功能于一体的公共文化建筑，不仅供天津日本侨民日常使用，也是日租界名流政要重要的社交平台。公会堂建筑平面呈对称布置，立面为横向三段构图，四角设置4个尖顶塔楼。塔楼尖顶呈曲线形，大斜坡式屋顶，覆以红色筒瓦，山墙做巴洛克式山花。主体建筑仿砖木结构，墙面为青色水泥抹面，转角隅石以彩绘仿岩石镶嵌。1961年，日本公会堂拆除。

» 红色往事

打进天津卫，活捉陈长捷

1948年6月，在傅作义的鼎力推荐下，陈长捷调任天津警备司令部司令。到任后，陈长捷指挥国民党守军日夜清理天津外围防御阵地前1 km内的树木房屋，形成天津城外10 km的真空地带。同时还在重点区域内埋设近4万颗地雷，在天津市内各主要十字路口、胡同口、巷口赶筑临时碉堡。为了阻止解放军进攻，国民党守军利用原有河道环绕天津市区专门挖了一条宽约10 m、深约4 m、长达40多千米的护城河，河外侧有铁丝网、雷场等，形成了一套完整的防御体系。但天津战役枪声未响之时，天津城防工事、军力部署等绝密情报已被市内地下党获取，并送到了平津战役天津前线指挥部，被攻城总指挥刘亚楼标注在作战地图上，并据此制定了"东西对进、拦腰斩断、先南后北"的作战方针。

平津战役前夕，"打进天津卫，活捉陈长捷"即成为参战部队指战员广为流传的口号和共同目标。1949年1月12日18时，林彪致电刘亚楼及参战各纵队首长："盼你们将陈长捷、林伟俦、刘云瀚相貌、口音、年龄，等等，事先通报部队，以便打下天津后活捉三匪首，给北平敌以精神打击。"①

为迅速抓获陈长捷等高级将领，1 月 14 日 15 时，东北野战军炮兵用日制 150 mm 大口径火炮，从天津外围东、西两个方向，向国民党天津警备司令部及核心防守区内重要军事目标实施精确射击，使司令部通信系统遭到严重破坏，给守军在心理上以强烈震慑。

攻击敌警备司令部战斗于 15 日凌晨 5 时展开。据守警备司令部的是特务营，装备先进，火力较强，担任主攻任务的 1 团 2 营在 3 营配合下，对敌司令部展开猛烈攻击。该营 5 连以

◎ 人民解放军攻克国民党军天津警备司令部

连续爆破，首先攻占多伦道中原里大楼，拔掉了守军西翼屏障，并控制了迪化道（今鞍山道）与多伦道上的街心碉堡，与此同时，扫清了敌特务营各外围支撑点。随后，2 营从不同方向向敌司令部发起强攻。在猛烈火力掩护下，4 连从今新华路向敌发起攻击，机枪 3 班 9 名战士每人手持 1 挺机枪，以敌司令部院墙为掩护向院内扫射，同时翻墙而入。随后，4、5、6 连乘机冲进司令部大门，与躲藏在院内和楼内顽抗之敌展开逐层逐屋争夺，并占领司令部大楼。

此时，6 连 1 排副排长邢春福从打入敌特务营并任敌警卫 4 连连长的地下党员王亚川处了解到：陈长捷就躲藏在院内地下室。随即，邢春福带领战士王义凤、傅泽国冲进地下室。当时由于地下室很暗，3 人只能沿台阶摸索前进，在左转弯时发现有一房间用棉门帘遮挡，王义凤立即以刺刀挑开了门帘，大喊："缴枪不杀！"司令陈长捷、副司令邱宗鼎及国防部高级视察官程子践等 10 余名高级军官被俘。而此时陈长捷一手下竟提出"起义"要求，

① 天津市档案馆. 解放天津. 北京：中国档案出版社，2009：115.

邢春福断然拒绝道："没有'起义'这一说，只有投降这一条！"

天津解放后，参加攻击敌警备司令部并活捉陈长捷的3名战士受到通令嘉奖。其中，邢春福被授予"战斗英雄"称号，记大功1次；王义凤被授予"独胆英雄"称号；傅泽国被授予"战斗英雄"称号。

天津市军事管制委员会旧址

位于和平区承德道 12 号（原法国公议局）

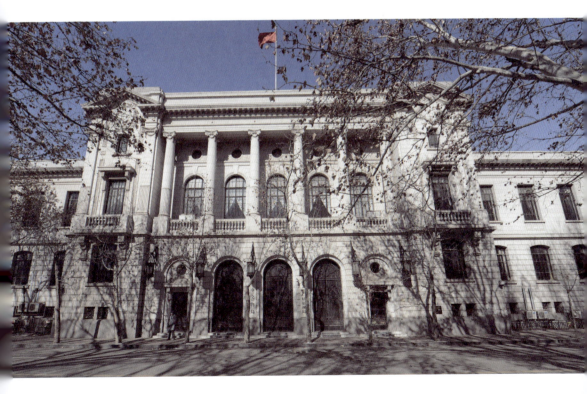

◎ 天津市军事管制委员会旧址外观

» 建筑历史与风貌

天津市军事管制委员会（以下简称"军管会"）是天津解放之初实施军事管制时期的全市最高权力机关。1949 年 1 月 15 日下午，军管会在原法国公议局对外正式宣告成立。不久，军管会迁至张园办公。

军管会第一处办公地原为法租界公议局，是租界时期天津法租界内负责行政事务的综合管理机构，直接受天津法租界董事会领导。日伪时期，伪"天津特别市政府"在此办公。1945 年，日本无条件投降，大楼被当时的国民政府天津市政府收回。9 月 30 日，美国海军陆战队在塘沽登陆，并将法国公议局大楼改为驻津美军司令部。10 月 8 日上午 9 点，驻天津日军投降仪式在司令部门前广场举行。

法国公议局建于 1931 年，先由法国建筑师慕乐做方案设计，后由义品公司建筑师孟德尔松正式设计。该楼在天津各租界统治机构建筑中，是现存规模宏大、艺术水准高超、保存最完好的典型实例。现为全国重点文物保护单位，特殊保护等级历史风貌建筑。

法国公议局立面采用严谨的纵横三段式构图手法，建筑整体简洁洗练，中央突出，两翼舒展。主楼分主体部分和左右两翼，两侧各有一配楼。底层基座部分采用深凹槽的仿花岗块砌筑，建筑主体中央设置 3 个半圆拱券铁花大门。配楼也采用深凹槽的仿花岗块砌筑，设 7 个扁弧形拱窗，粗犷有力，突出基座的稳重感。主楼主体二层立面中部为 6 根爱奥尼克巨柱式空柱廊，柱头为对角卷涡式，柱墩间设有宝瓶式栏杆。墙上设有半圆拱门，门上方设圆窗。主楼两翼有开窗的石墙，石墙两侧采用爱奥尼壁柱装饰。配楼中部为 7 个方窗，窗下带方格装饰，较为简洁明快。屋檐部分额枋、檐壁、檐口三部分，檐口上有女儿墙，下有檐托及齿饰。主楼两翼的檐部设有三角形断山花，且有盾徽、璎珞等浮雕，做工精细优美。建筑内部的装修和灯饰等具有装饰艺术风格特征。

◎大厅

◎议事厅

◎侧入口细部

» 红色往事

接管大城市的"天津方式"

近代天津是北方经济中心、全国第二大城市，因此，早在组织平津战役之时，毛泽东、周恩来就已经考虑到战争结束后天津城市接管问题。

为迎接天津解放和胜利完成接管工作，在党中央的部署下，华北局集中大批干部在河北胜芳进行集训学习。接管干部克服驻地胜芳艰苦的生活条件，认真学习城市政策、接管方针和相关业务知识，废寝忘食地分析战地情报，筹划接管方案。

与此同时，中共中央着手组建天津市党政领导机构，1948 年 12 月 13 日任命黄克诚为中共天津市委书记兼军管会主任，黄敬为天津市市长兼军管会副主任，并明确接管天津的方针是：肃清暗藏敌人，接管国民党反动政府的一切政权机构，改造旧城市，恢复与发展生产，支援解放战争。1949 年 1 月 9 日，华北局电示天津市委，确定黄克诚、黄敬、黄火青、许建国、王世英 5 人为军管会委员。中共天津市委常委会由黄克诚、黄敬、黄火青、许建国、张友渔 5 人组成。

1949 年 1 月 14 日，人民解放军向天津城区发起总攻。1 月 15 日下午，军管会主要领导带领 7 000 余名接管干部冒着硝烟弥漫的战火，紧随攻城部队陆续进入天津市区，在当时的天津公议大楼对外宣告了中国人民解放军天津市军事管制委员会成立。军管会下设办公厅、行政部、接管部、文教部、市政接管处及塘大军管分会、天津市纠察总队。同时，军管会发布《天津市军事管制委员会布告》（军字第一号），规定在天津市内并东至塘沽、大沽，南至静海，西至杨柳青，北至杨村所辖区域内实行军事管制，成立中国人民解放军平津前线司令部指挥之下的天津区军事管制委员会，为该区军事管制时期的权力机关。同日，以黄敬为市长、张友渔为副市长的天津市人民政府也宣告成立。

对于有着丰富武装斗争经验和农村工作经验的共产党人来说，第一次接管天津这样一座工商业大城市，千头万绪、错综复杂的城市工作让广大接管干部很难应付自如，有些失误偏差是难免的。首任市长黄敬曾指示接管干部要"慎重考虑、要稳、要准、多调查研究"。市军管会遵照"各按系统，自上而下，原封不动，先接后管"的方针，在地下党的配合下，紧张而有序地接管了国民党天津市政府、警察局、报社、电台、水厂、电厂、银行等重要部门。对于直接关系国计民生的部门，坚持接管与恢复并行不悖的原则，以最快速度恢复生产，安定人民生活。各部队严格执纪、认真检查，基本遵守"原封不动、缴获归公"的规定。在接管过程中，军队和广大基层干部遵纪守法、加班加点、同甘共苦、雷厉风行、不求索取，在广大市民中树立了人民军队和党的干部的良好形象。

由于正确执行各项接管政策，天津的接管工作相当顺利。除个别遭敌特破坏或战争毁坏的部门外，大部分单位的接管工作在 3~5 日内基本完成，至 2

◎ 天津市军事管制委员会成立历史照片

月底全部完成。一座 200 万人口的大城市，迅速平复战乱，城市水电、交通、教育、商业等公共事业恢复运转，工厂、企业先后恢复生产，社会秩序重新走向安定。

　　天津是中国共产党接管的第一批城市，也是中国共产党接管的第一座人口超 200 万的近代租界型大都市。顺利接管天津，正确处理中外关系，不仅关系着天津经济的恢复和发展，也彰显了中国共产党领导的人民政权在管理大城市上的能力和决心。与此同时，成功接管天津对解放和接管南方大中城市也有着重大意义：一方面为稳定新生人民政权、支援全国解放战争创造了条件，另一方面也积累了相当丰富的城市接管经验。

平津战役纪念馆

位于红桥区平津道 8 号

◎ 平津战役纪念馆外观

» 建筑历史与风貌

平津战役纪念馆是全面展现平津战役伟大胜利的专题纪念馆。纪念馆于1997年建成，占地 47 000 m²，建筑面积 14 000 m²，由胜利广场、主展馆、多维演示馆和军威园 4 部分组成，是国家 AAAA 级旅游景区，为国家一级博物馆。

1994 年 8 月 23 日，中共中央政治局常务委员会十四届第 67 次会议决定在天津修建平津战役纪念馆，并责成北京军区牵头，会同北京市、天津市共同完成建馆工作。1995 年 11 月 29 日工程奠基，1997 年 7 月 23 日建成开馆。聂荣臻元帅生前为纪念馆题写馆名。

序厅正中央的铸铜雕像《走向胜利》，表现了中共中央毛泽东和刘少奇、朱德、周恩来、任弼时五位书记的领袖风采；墙屏上毛泽东主席关于平津战役作战方针的浮雕手迹熠熠生辉；环周巨幅壁画《胜利交响诗》反映了东北、华北两大区军民英勇奋战、夺取战役胜利的宏大场面。

平津战役纪念馆基本陈列包括战役决策、战役实施、人民支前、伟大胜利、英烈业绩 5 个部分。战役决策厅通过对中共中央九月会议和全国与华北战略形势的发展变化，平津战役的方针和部署等诸多重大历史事实的追溯，展示了平津战役发生的背景与全国战场的关系；战役实施厅通过大量照片、文献、实物等史实材料与图表、绘画等辅助展品有机结合，全面、真实地展现了平津战役从发起到胜利结束的光辉历程；人民支前厅运用大量史料，翔实地展现了东北、华北各级中国共产党组织、政府和解放区广大人民群众踊跃支前的历史场景，深刻地揭示了人民是胜利之本这一革命战争规律；伟大胜利厅陈列了平津战役取得的辉煌战绩和北平、天津以及全国各地欢庆胜利的场面等内容；英烈业绩厅陈列了中国共产党党的三代领导核心毛泽东、邓小平、江泽民和其他领导同志的题词，其中英烈名录墙将战役中牺牲的 6 639 名烈士姓名镌刻在上，寄托了对烈士的深切怀念和敬仰。

扫码关注公众号，
听讲解

后 记

2021 年注定是鲜红的，因为这一年伟大的中国共产党迎来了百年华诞。作为城市建筑史和天津地方党史研究者，我们谨以此书向中国共产党的百年华诞献礼，向党的二十大献礼。

叙述天津地方党史和革命遗址的图书已经很多，但以建筑为切入点，将城市历史与党史相结合的读物却很少。2020 年岁末，在与天津科学技术出版社方艳副总编辑的闲聊中，她对这一想法颇感兴趣，并提出《天津百座建筑中的百年党史》这一大气的书名。我们欣然接受，三位作者的编写思路也得到出版社的支持，于是就有了这本书。

从动笔之初，我们没有太多奢望，只是希望以各自的专业知识，完成一本严谨、生动、如实的地方党史通识性读物。因此，本书在方法上注重爬梳史料细节，特别翻阅了原天津党史资料征集委员会编写的全部天津党史资料丛刊和天津党史相关人物的传记、资料。在写法上追求脉络清晰、语言平实，尽力把建筑里的红色历史写得细一些、生动一些、全面一些，以增强党史的可读性和说服力。

本书的参与者来自不同领域、不同专业，三人一起拟定提纲、推定建筑、寻觅史料线索。兰巍、杨静老师发挥学科优势，负责确定建筑的地理坐标、专业测绘、风貌分析，兰巍撰写本书建筑历史风貌部分，共 190 页，15.2 万字。史煜涵老师在以往工作积累和研究成果的基础上负责建筑红色历史的挖掘整理撰写。

本书是天津城建大学兰巍作为项目负责人主持的天津市哲学社会科学规划研究项目成果（项目编号：TJDJ20XSX-006）。本书在编写过程中，得到了天津社会科学院历史研究所原所长罗澍伟老师的指点与帮助；市委党史研究室领导、同人在百忙之中认真审读，提出许多非常中肯的修改意见。北京工业大学杨昌鸣教授，天津大学王蔚教授和张威副教授，城市史学者张翔先生，河北区文物管理所徐燕卿所长，和平区文物管理所高金铭所长，中国银行天津和平支行王靖先生，中共蓟州区委党校刘闫明副校长、郭忠宝副校长、康国海副校长，天津城建大学李小娟老师和杨悦老师，天津大学建筑设计研究院杨潇先生对本书建筑历史特色分析和资料搜集给予指导并鼎力相助。原和平区委党史研究室主任郭长龄、副主任孙健一直给予关注和鼓励，并热情地帮助沟通协调一些具体事宜。三位作者所在单位的领导同事也给予了大力支持和帮助。何成、孙健、杨立鹏老师不辞辛苦，奔走拍摄，提供了大量的摄影作品。在此向所有前辈和师友致以最诚挚的谢意，是他们的指导与帮助让我们有了努力进步的信心和可能。天津城建大学项金鑫、孙英、胡洁、金晓彤、庄秋实、首冬梅、古雅竹、秦美露、张福彪、张伟、孙超军、李富年、姜珊、蒋茸茸、赵潇宇、李淑贤、康湘晗、闫若杉、刘锦达、张宇航、李芳秋、马炳坤、陈宗普、鲁划等同学参加了现场勘察和测绘工作，在此一并表示感谢。

尽管我们倾注了心血，本书也对天津地方党史研究做了一些原创性的探索，但仍只属于阶段性的成果。囿于水平和精力，本书存在很多不足与疏漏，敬请广大学者和普通读者批评指正，以帮助我们更好地展开研究。我们将把所有的意见、鼓励、批评化为进一步做好天津城市史、天津地方党史研究的动力，继续努力讲好红色故事，让更多人真正理解党的历史，真正从党史中汲取智慧与力量。

参考文献

［1］中央档案馆.中共中央文件选集（1921—1949）［M］.北京：中共中央党校出版社，1989.

［2］中共中央文献研究室.毛泽东年谱：上卷［M］.北京：中央文献出版社，1993.

［3］中共中央文献研究室.刘少奇年谱：上卷［M］.北京：中央文献出版社，1996.

［4］中共中央文献研究.周恩来年谱：上卷［M］.北京：中央文献出版社.1997.

［5］李大钊.李大钊全集［M］.北京：人民出版社，2017.

［6］刘少奇.刘少奇选集［M］.北京：人民出版社，2018.

［7］中共中央北方局资料丛书编审委员会.中共中央北方局：综合卷［M］.北京：中共党史出版社，1999.

［8］中共中央北方局资料丛书编审委员会.中共中央北方局：北方区委时期卷［M］.北京：中共党史出版社，2000.

［9］中共中央北方局资料丛书编审委员会.中共中央北方局：土地革命时期卷［M］.北京：中共党史出版社，2000.

［10］中共河北省委党史研究室.中共顺直省委［M］.北京：中共党史出版社，1994.

［11］中共天津市委党史资料征集委员会.平津唐点线委员会［M］.北京：中共党史出版社，1988.

［12］中国人民政治协商会议全国委员会文史资料研究委员会.文史资料选辑10［M］.北京：中华书局，1961.

［13］冀中人民抗日斗争史资料研究会.冀中人民抗日斗争文集：第9卷［M］.北京：航天工业出版社，2015.

［14］中共武汉市委党史研究史.黎智纪念集［M］.武汉：武汉出版社，

2004.

［15］中共天津市委党史研究室中共玉田县委党史研究室 . 江浩传及其史料［M］.1996.

［16］中国人民政治协商会议天津市委员会文史资料研究委员会 . 天津文史资料选辑：第 1–88 辑［M］. 天津：天津人民出版社，1987–2000.

［17］中共天津市委组织部，中共天津市委党史资料征集委员会，天津市档案馆 . 天津市组织史资料（1920—1987）［M］. 北京：中国城市出版社，1991.

［18］中共天津市委党史资料征集委员会 . 马克思主义在天津早期传播［M］. 天津：天津人民出版社，1989.

［19］崔志勇 . 李大钊与北洋法政专门学堂［M］. 中国人民政治协商会议天津市河北区委员会，2014.

［20］天津市妇女联合会 . 邓颖超与天津早期妇女运动［M］. 北京：中国妇女出版社，1987.

［21］政协天津市文史资料委员会 .20 世纪初天津爱国教育家马千里先生诞辰百周年纪念（1885—1985）.

［22］中共天津市委党史资料征集委员会，天津市妇女联合会 . 天津女星社［M］. 北京：中共党史资料出版社，1985.

［23］天津历史博物馆，南开大学历史系 . 五四运动在天津［M］. 天津：天津人民出版社，1979.

［24］中共天津市委党史资料征集委员会，天津市总工会工运史研究室，天津市历史博物馆 . 五卅运动在天津［M］. 北京：中共党史出版社，1987.

［25］中共天津市委党史资料征集委员会 . 一二九运动在天津［M］. 天津：南开大学出版社，1985.

［26］中共天津市委党史研究室 . 解放战争时期天津学运史料（上下）［M］. 天津：天津古籍出版社，1996.

［27］天津市档案馆 . 解放天津［M］. 北京：中国档案出版社，2009.

［28］中共天津市委党史资料征集委员会，天津市档案馆.天津接管史录（上、下卷）［M］.北京：中共党史出版社，1991.

［29］王文俊，梁吉生.南开大学校史资料选（1919—1949）［M］.天津：南开大学出版社，1989.

［30］天津电信史料编委会.天津：天津电信史料（第一辑，第二辑）.1992.

［31］《天津金融工运史料》编委会.天津金融工运史料（解放前部分）.1996.

［32］张绍祖.津门校史百汇［M］.天津：天津人民出版社，1994.

［33］天津档案馆.天津档案与历史（第一辑）［M］.天津：天津人民出版社，2008.

［34］中共天津市和平区委党史资料征集委员会.和平党史资料汇编（1919—1949）［M］.天津：中共天津市委党史资料征集委员会，1991.

［35］中共天津市红桥区委党史资料征集委员会.红桥党史资料汇编（1919—1949）［M］.天津：中共天津市委党史资料征集委员会，1996.

［36］中共天津市河北区委党史资料征集委员会.河北党史资料汇编（1919—1949［M］）.天津：中共天津市委党史资料征集委员会，1993.

［37］中共天津市南开区委党史资料征集委员会.南中星火：南开党史资料汇编（一）［M］.天津：中共天津市委党史资料征集委员会，1991.

［38］中共天津市河东区委党史资料征集委员会.沽上春秋：河东党史资料汇编（1924–1949）［M］.天津：中共天津市委党史资料征集委员会，1990.

［39］天津市塘沽区委党史征集委员会.大沽口怒涛：塘沽党史资料汇编［M］.天津：中共天津市委党史资料征集委员会，1991.

［40］中共蓟县县委党史资料征集办公室委党史资料.蓟县革命史（1919—1949）［M］.天津：中共天津市委党史资料征集委员会，1985.

［41］中国共产党天津志编修委员会，天津地方志编修委员会.天津通志·中国共产党天津志［M］.北京：中共党史出版社，2007.

［42］天津地方志编修委员会.天津通志·附志·租界［M］.天津：天

津社会科学院出版社 .1996.

［43］天津市汉沽区地方志编纂委员会 . 汉沽区志［M］. 天津：天津社会科学院出版社，1995.

［44］天津市塘沽区地方志编修委员会 . 塘沽区志［M］. 天津：天津社会科学院出版社，1996.

［45］《蓟县文物志》编纂委员会 . 蓟县文物志［M］. 天津：天津人民出版社，2014.

［46］天津地方志编修委员会 . 天津通志・金融志［M］. 天津：天津社会科学院出版社 ,1995.

［47］天津市房地产管理局 . 天津房地产志［M］. 天津：天津社会科学院出版社，1999.

［48］天津市地方志编修委员会 . 天津通志 . 邮电志［M］. 天津：天津社会科学院出版社，2002.

［49］和平区地名志编纂委员会 . 天津市地名志 01 和平区［M］. 天津：天津人民出版社，1998.

［50］河东区地名志编纂委员会 . 天津市地名志 02 河东区［M］. 天津：天津人民出版社，1996.

［51］河西区地名志编纂委员会 . 天津市地名志 03 河西区［M］. 天津：天津人民出版社，1999.

［52］南开区地名志编纂委员会 . 天津市地名志 04 南开区［M］. 天津：天津人民出版社，1998.

［53］河北区地名志编纂委员会 . 天津市地名志 05 河北区［M］. 天津：天津人民出版社，1998.

［54］红桥区地名志编纂委员会 . 天津市地名志 06 红桥区［M］. 天津：天津人民出版社，1997.

［55］中共天津市委党史研究室 . 中国共产党天津历史：第 1 卷［M］. 北京：中共党史出版社，2005.

［56］王凯捷 . 天津抗战［M］. 天津：天津人民出版社，2005.

［57］王凯捷 . 天津方式［M］. 北京：中共党史出版社，2007.

［58］于健 . 天津现代学生运动史［M］. 天津：天津古籍出版社，2007.

［59］天津市委党史资料征集委员会 . 共产党人在天津监狱中战斗生活纪实［M］. 天津：天津人民出版社，1984.

［60］南开大学校史编写组 . 南开大学校史（1919—1949）［M］. 天津：南开大学出版社，1989.

［61］天津市总工会工运史研究室 . 天津工人运动史［M］. 天津：天津人民出版社，1989.

［62］清华大学北京大学"一二·九运动史"编写组 . 一二·九运动史［M］. 北京：北京出版社，1961.

［63］何天义 . 日军枪刺下的中国劳工——华北劳工协会罪恶史［M］. 北京：新华出版社，1995.

［64］薛梅卿，从金鹏 . 天津监狱史［M］. 天津：天津人民出版社，1999.

［65］天津航道局 . 天津航道局史［M］. 北京：北京人民交通出版社，2000.

［66］天津市公共交通集团（控股）有限公司 . 天津百年公交，2014.

［67］天津中华基督教青年会 . 天津中华基督教青年会与近代天津文明［M］. 天津：天津人民出版社，2005.

［68］中共天津市委党史研究室 . 天津市革命遗址通览［M］. 北京：中共党史出版社，2012.

［69］中共天津市委党史研究室 . 天津市革命遗址图册［M］. 天津：天津人民出版社，2014.

［70］张守仁 . 和平区革命遗址［M］. 天津：天津人民出版社，1997.

［71］中共中央文献研究室 . 毛泽东传（1893—1949）［M］. 北京：中央文献出版社，2004.

［72］中共中央文献研究室.周恩来传（1898—1949［M］.北京：中央文献出版社，1989.

［73］中共中央文献研究室.刘少奇传［M］.北京.中央文献出版社，1998.

［74］中共天津市委党史资料征集委员.刘少奇在天津［M］.天津：天津人民出版社，1993.

［75］穆欣.林枫传略［M］.哈尔滨：黑龙江人民出版社，1990.

［76］谢小希.孤胆英雄谢甫生［M］.北京：人民教育出版社，2017.

［77］姚华飞.秘战英雄陈养山［M］.北京：中共党史出版社，2018.

［78］中共北京市委《刘仁传》编写组.刘仁传［M］.北京：北京出版社，2000.

［79］江国岭.我的丈夫傅莱——一个奥地利人在中国的65年［M］.北京：中国电影出版社，2015.

［80］中共天津市委党史资料征集委员会.战斗在天津的共产党人［M］.天津：天津人民出版社，1991.

［81］万新平.天津近代历史人物传（二）［M］.天津：天津人民出版社，2016.

［82］万新平.天津近代历史人物传略（四）［M］.天津：天津人民出版社，2018.

［83］于文级.李爱锐传略［M］.天津：天津社会科学院出版社，2009.

［84］姚锦.姚依林百夕谈［M］.北京：中央党史出版社，2008.

［85］爱泼斯坦.见证中国：爱泼斯坦回忆录［M］沈苏儒，贾宗谊，钱雨润，译.北京：新星出版社，2015.

［86］左森，胡如光.回忆北洋大学［M］.天津：天津大学出版社，1987.

［87］天津文史研究馆.津门史缀［M］.上海：上海书店，1992.

［88］张泉芬.西于庄记忆［M］.天津：天津社会科学院出版社，2014.

［89］孙昭恺.旧大公报坐科记［M］.北京：中国文史出版社，1991.

［90］冀热辽人民抗日斗争史研究会编辑室.冀热辽人民抗日斗争文献·回忆录（一）［M］.天津：天津人民出版社，1985.

［91］张大中.我经历的北平地下党［M］.北京：中共党史出版社，2009.

［92］中共天津市委党史研究室.天津人民抗日斗争图鉴［M］.天津：天津人民出版社，2015.

［93］天津市历史博物馆，天津市地方志编修委员会，天津市政协文史资料研究委员会，中共天津市委党史资料征集委员会，天津市城市建设志编修委员会.近代天津图志［M］.天津：天津古籍出版社，2003.

［94］王绍周，陈志敏.里弄建筑［M］.上海：上海科学技术文献出版社，1987.

［95］高仲林.天津近代建筑［M］.天津：天津科学技术出版社,1990.

［96］荆其敏，张丽安，邱上嘉.天津的建筑文化［M］.天津：天津大学出版社，1998.

［97］腾绍华，荆其敏.天津建筑风格［M］.北京：中国建筑工业出版社，2002.

［98］兰巍.装饰主义建筑［M］.天津：天津大学出版社，2009.

［99］天津市历史风貌建筑保护委员会办公室天津市国土资源和房屋管理局.天津历史风貌建筑图志［M］.天津：天津大学出版社，2012.

［100］杨秉德.石库门里弄民居［M］.北京：中国建筑工业出版社，2016.

［101］宋昆.地图中的近代天津城市［M］.天津：天津大学出版社，2019.

［102］《天津市商用地图册》编委会.天津市商用地图册（1-6）［M］.上海：上海翻译出版有限公司，1990.

［103］国家文物局.中国文物地图集天津分册［M］.北京：中国大百科

全书出版社，2002.

［104］天津规划局和国土资源局.天津城市历史地图集［M］.天津：天津古籍出版社，2004.

［105］《天津市政记忆》编辑委员会.天津市政记忆（一、二）［M］北京：人民交通出版社有限公司，2016.

［106］罗章龙.亢斋汗漫游诗话（三）［J］.湘江文艺，1980（2）.

［107］杨秉德.里弄住宅初探［D］.天津：天津大学，1981.

［108］张新法，王玉斌.土地革命战争时期中共河北省委能保存下来的原因初探［J］.中共党史研究，1996（2）.

［109］朱英.五四时期的天津总商会［J］.华中师范大学学报，1997(6).

［110］刘贵贞.1933年至1937年白区党的领导机关的变迁［J］.党的文献，2003（2）.

［111］李响.百年沧桑一纸书国共恩仇漩涡中的《大公报》［J］.新华月报，2012.

［112］刘岳.浅析抗日杀奸团"锄奸"活动［J］.抗战史料研究，2012（2）.

［113］刘岳.天津"抗日杀奸团"锄奸事迹［J］.百年潮，2013（2）.

［114］刘素新.彭真与五村农民反霸斗争［J］.求知，2017（10）.

［115］刘岳.解放北平的三次和谈.北京日报，2019.

［116］史煜涵.城市的红色家庭：城市空间视野下的天津革命遗址.//2019年天津学术文库.天津：天津人民出版社，2020.

［117］杨仲达.革命伉俪李季达、王贞儒——曾在津门求壮志［J］.天津日报，2021.

［118］王勇则.中共地下党员领导天津造币厂工人运动［J］.今晚报，2021.

［119］王雅鸣.中国铁路史上第一座大桥［J］.今晚报，2021.

［120］孙亚楠.阎子亨设计作品分析［D］.天津：天津大学，2011.